设区的市立法的理论与实践研究著作

设区的市立法的理论与实践

李敏 著

知识产权出版社
全国百佳图书出版单位

图书在版编目（CIP）数据

设区的市立法的理论与实践/李敏著. —北京：知识产权出版社，2018.11
ISBN 978-7-5130-5882-7

Ⅰ.①设… Ⅱ.①李… Ⅲ.①地方法规—立法—研究—中国 Ⅳ.①D927

中国版本图书馆 CIP 数据核字（2018）第 225510 号

内容提要

本书结合作者近两年的理论研究以及从事地方立法实务的经验，一方面，在理论上系统阐述了地方立法主体扩容的历史演变、各地推进战略的思考、获得地方立法权所带来的机遇与挑战、地方承接立法权的对策思路等内容，另一方面，归纳分析了作者从事设区的市地方政府规章起草以及民政、国土、公安、城乡建设等部门领域规范性文件评估的实践成果，有利于更为全面深入地认识设区的市立法的现状，进一步丰富地方立法理论研究，不断提高设区的市立法水平。

策划编辑：蔡　虹　　　　　　　责任校对：王　岩
责任编辑：高　超　　　　　　　责任印制：刘译文

设区的市立法的理论与实践
李　敏　著

出版发行：	知识产权出版社有限责任公司	网　　址：	http://www.ipph.cn
社　　址：	北京市海淀区气象路 50 号院	邮　　编：	100081
责编电话：	010-82000860 转 8324	责编邮箱：	caihong@cnipr.com
发行电话：	010-82000860 转 8101/8102	发行传真：	010-82000893/82005070/82000270
印　　刷：	北京嘉恒彩色印刷有限责任公司	经　　销：	各大网上书店、新华书店及相关专业书店
开　　本：	787mm×1092mm　1/16	印　　张：	13.75
版　　次：	2018 年 11 月第 1 版	印　　次：	2018 年 11 月第 1 次印刷
字　　数：	220 千字	定　　价：	56.00 元
ISBN 978-7-5130-5882-7			

出版权专有　侵权必究
如有印装质量问题，本社负责调换。

前　言

　　对设区的市立法问题的研究得益于大学本科和硕士阶段有幸接受了专业系统的立法学教育，为以后的研究奠定了较为深厚的理论功底。走上工作岗位以后，通过科研项目、实务讲座、专家咨询等方式更多地接触并思考设区的市立法的相关问题。2013年11月党的十八届三中全会决定提出要"逐步增加有地方立法权的较大的市数量"，这意味着已被"冻结"20年的"较大的市"审批工作即将重启。2014年8月初次审议并公布的《中华人民共和国立法法修正案（草案）》对地方立法主体扩容的范围、权限、程序等作出新的规定，引起学术界的热烈讨论，本人也加入其中，撰写了《关于其他设区的市立法权配置与监督的若干思考——兼对苏北四市获得立法权的分析与展望》，此文获得2014年10月由中共江苏省委宣传部、江苏省哲学社会科学界联合会主办的江苏省哲学社会科学界第八届学术大会优秀论文一等奖，本人还受邀在大会作主题发言。

　　2015年成功申报江苏省教育厅基金项目《地方立法主体扩容的法律监督机制研究》和江苏省社科应用研究精品工程项目《连云港市承接设区的市地方立法权的对策研究》。2016年以"设区的市立法"作为研究主题进入南京师范大学法学院博士后流动站，跟随刘旺洪教授继续深入研究该问题。同时赴香港城市大学法律学院开展为期半年的访学交流，系统考察了"香港"地区的立法制度，其中香港城市管理立法的精细化和可操作性以及法律责任的严厉性给我留下深刻印象。本书"附录"部分向读者呈现的香港《小贩规例》即是其中的代表性立法，也为本人从事设区的市立法实务提供重要启示。

　　本人先后参与或主持了地方市容环境卫生管理立法、公共消防设施管理立法、海洋牧场管理立法以及部门规范性文件评估等课题，对设区的市立法实务的直接参与反过来又推动理论研究的提升。2017年在《苏州大学学报（哲学社会科学版）》发表《设区的市立法的法律控制机制研究——基于"五道防线"的思考》，该文结合设区的市立法实践，对现行法律构建的"五道防线"展开全面、系统的考察与分析，提出"仅靠'五道防线'难以为数量众多的设区的市立法构建全方位的法律控制机制，还需要与设区的市立法程序制度、法律规范之间的冲突裁决制度、有限的司法审查制度、法规规章清理制度、立法后评估制度等结合起来，从而形成更为严密并协调运行的法律控制机制"。

现行《立法法》仅将法律、行政法规、地方性法规、自治条例和单行条例以及规章纳入调整范围❶，规范性文件由各省分散规定。2018年国务院办公厅出台《关于加强规范性文件制定和监督管理工作的通知》，分别从"严格依法行政，防止乱发文件；规范制发程序，确保合法有效；加强监督检查，严格责任追究"三个方面作出部署。对设区的市立法问题的研究尤其应关注规范性文件：一方面，规范性文件作为行政机关依法履行职能的重要方式，涉及公民、法人和其他组织的权利义务，在贯彻落实上位法和上级规范性文件以及地方治理中发挥着重要作用，其中一些规范性文件还可能上升为地方政府规章或地方性法规；另一方面，现行《立法法》对规章的权限范围作出更为严格的限制❷，使得规章与规范性文件之间的界限愈加模糊，基于立法程序的便捷和立法成本的考量，一些原本应当制定规章的事项也改由规范性文件调整。因此，规范性文件的质量成为衡量设区的市立法水平的重要标志，规范性文件的评估也为考察设区的市立法提供新的视角。

本书是作者近年来从事设区的市立法理论研究与立法实务工作的阶段性成果，其中部分理论成果曾以论文的形式公开发表，但多数内容系首次发表。基于资料保密的需要，规范性文件评估报告中的相关数据资料予以删除，评估对象的名称也以字母代替。至于笔者主持的其他立法项目成

---

❶《立法法》第二条 法律、行政法规、地方性法规、自治条例和单行条例的制定、修改和废止，适用本法。国务院部门规章和地方政府规章的制定、修改和废止，依照本法的有关规定执行。

❷ 如《立法法》第八十二条第六款规定："没有法律、行政法规、地方性法规的依据，地方政府规章不得设定减损公民、法人和其他组织权利或者增加其义务的规范。"

果，因篇幅有限暂不收录。当然，设区的市立法是一个非常开阔的研究领域，对该问题的研究需要持续跟踪设区的市立法实践并不断拓展研究思路和研究方法，需要兼具深厚的立法学理论功底和丰富的立法实务经验，这些对于笔者来说都需要不断积累和思考。今后笔者将围绕地方政府规章、规范性文件、开发区立法、设区的市立法程序机制等领域开展若干专题研究，不断创作出更多优秀成果与学界同仁交流学习，为增强设区的市立法的民主性和科学性，推进设区的市立法工作的规范有序开展贡献绵薄之力。

CONTENTS

目 录

理 论 篇

关于地方立法主体扩容推进战略的考察与评价 …… 3
获得地方立法权给连云港带来的机遇、挑战与应对策略 …… 12
关于其他设区的市立法权配置与监督的若干思考 …… 41
　　——苏北四市获得立法权的分析与展望
江苏省设区的市立法的现状、问题与对策 …… 54
关于地方开展规范性文件实施情况评估的若干思考 …… 66
设区的市立法的法律控制机制研究 …… 77
　　——基于"五道防线"的思考

实 务 篇

《Y市征地补偿和被征地农民社会保障办法》实施情况评估报告 …… 103
《F市城区养犬管理办法》实施情况评估报告 …… 112
《D市城市居民最低生活保障办法》实施情况评估报告 …… 128
《C市国有土地上房屋征收与补偿暂行办法》实施情况评估报告 …… 150
《A市市区房屋征收补助和奖励暂行办法》实施情况评估报告 …… 172
附　录　《小贩规例》 …… 188
后　记 …… 210

理论篇

关于地方立法主体扩容推进战略的考察与评价

一、我国地方立法主体扩容的历史演变

一个国家的地方立法权应如何配置，哪一级的地方应享有地方立法权以及享有哪些立法权，不仅与一国的政治制度尤其是国家结构形式有关，也与不同历史阶段的具体国情密不可分。现阶段我国地方立法主体扩容工作是在中国特色社会主义法律体系已经形成、全面深化改革和全面推进依法治国、促进国家治理体系和治理能力现代化等一系列背景下重启和开展的，地方立法主体扩容的进程几乎与改革开放同步。以1979年《地方组织法》为开端，我国地方立法主体扩容工作大致经历了逐步扩容、基本停滞和大幅扩容三个历史时期，不同阶段所处的社会背景、现实需求和扩容方式又呈现出不同的特征。只有了解历史，才能明确未来的发展方向。

（一）逐步扩容期（1979—1993年）

基于维护法制统一和推行计划经济的需要，1954年我国《宪法》确立了中央集权的立法体制，除民族区域自治地方外，一般地方原来享有的暂行法令条例、单行法规的拟定权被一律取消，全国人民代表大会是行使国家立法权的唯一机关。1979年通过的《地方组织法》首次以法律的形式赋予省级人大及其常委会立法权，是对原有立法体制的一次重大改革。1982年《宪法》确认了1979年《地方组织法》规定的立法体制。1982年修改的《地方组织法》不仅将地方立法权从省级进一步下放到省会市和经国务院批准的较大的市，而且将地方立法主体从上述地方的权力机关进一步扩

展到同级地方政府,是对地方立法主体范围的一次重大突破❶。1986年第二次修改的《地方组织法》将省会市和经国务院批准的较大的市的地方性法规"拟定权"改为"制定权",并将地方性法规的制定权扩展到上述地方的人大。从1984年到1993年,国务院先后分四批共批准19个"较大的市"(其中重庆市后来升为直辖市)。除一般地方立法权外,从1981年到1996年全国人大或全国人大常委会先后五次授权广东省、福建省、海南省、深圳市、厦门市、汕头市和珠海市获得经济特区的立法权。

这一时期,首先,由于立法指导思想的转变,立法者已经认识到,将立法权完全掌握在中央难以适应千差万别的具体情况,要调动地方的积极性以及降低立法改革试错的成本,必须向地方下放立法权。其次,出于对地方立法权可能给国家法制统一带来一定挑战的担心,对地方立法主体的扩容采取非常审慎的态度,由中央统一、严格把关,享有地方立法权的主体在数量上和范围上都非常有限。最后,"较大的市"的审批模式具有典型的计划经济色彩,在实际操作中存在审批标准不明确、审批程序不健全、审批活动不连贯、缺少退出机制等弊端,而且由中央统一审批往往难以平衡地区差距,使许多中西部城市丧失竞争优势。

(二) 基本停滞期(1994—2014年)

2000年施行的《立法法》明确"较大的市"的范围,具体包括经济特区所在地的市、省政府所在地的市和经国务院批准的较大的市,由此形成了由中央、省级、较大的市的人大及其常委会、政府,民族区域自治地方人大,特别行政区立法机关组成的统一而分层次的立法体制。但自1994年以后国务院没有再批准过新的"较大的市",尽管向国务院申报成为"较大的市"的城市络绎不绝、热情高涨,如温州市、泉州市、佛山市、中山市、东莞市、南通市等至少30多个城市十几年甚至二十多年进行"立法权争夺战"。

这一时期,一方面,统一而分层次的立法体制的确立具有开创意义,体现了立法者对立法活动性质和规律的充分认识和深刻把握,符合我国各

---

❶ 马英娟:《地方立法主体扩容:现实需求与面临挑战》,载《上海师范大学学报(哲学社会科学版)》,2015年第3期。

地发展不平衡以及改革开放的现实需要,为发挥地方的主动性和积极性提供了广阔的空间。另一方面,"较大的市"审批工作暂停的20年恰恰是我国改革向纵深发展的关键时期,法律规则的缺失与改革的不断推进形成了鲜明对比,尤其是随着地方经济的快速发展,不少没有立法权的城市在经济发展水平、战略地位、区域影响力等方面都远远超过一些经国务院批准的"较大的市",由此带来设区的市之间在立法资源配置上的不平等以及事权与立法权的不平衡,一定程度上阻碍了改革的进程。

(三) 大幅扩容期(2015年至今)

2013年11月党的十八届三中全会决定提出"逐步增加有地方立法权的较大的市数量",意味着冻结了20年的"较大的市"的审批工作将重启。就在各地城市正欲掀起新一轮申报热潮之际,2014年8月公布的《立法法修正案(草案)》赋予所有设区的市均享有"较大的市"地方立法权。2014年10月党的十八届四中全会决定明确提出"依法赋予设区的市地方立法权"。2015年3月公布的《立法法》将地方立法权主体从原来的49个"较大的市"扩展到280多个"设区的市",并对设区的市立法权的配置作出具体规定,这既是改革开放以来我国地方立法主体的首次大幅扩容,也是对我国现行立法体制的一次重大调整。

此次地方立法主体的大幅扩容不仅体现在数量上,更体现在操作思路和规则上的重大改变。首先,其他设区的市行使地方立法权不再由中央统一审批,而由各省、自治区人大常委会根据本地的实际情况自主把握,这有利于平衡东中西部地区各城市之间的差距。其次,在操作标准上具有一定的进步性,增加了"立法需求""立法能力"等因素,更符合立法活动的特点和需要。最后,在操作程序上设置了省级人大常委会批准、全国人大常委会和国务院备案等监督机制,更符合权力机关与行政机关的职责分工,也有利于保障设区的市地方立法的质量。

二、《立法法》有关新规的解读

与"较大的市"审批制度不同,2015年《立法法》第72条第4款规定:"除省、自治区的人民政府所在地的市,经济特区所在地的市和国务院已经批准的较大的市以外,其他设区的市开始制定地方性法规的具体步骤和时间,由省、自治区的人民代表大会常务委员会综合考虑本省、自治区所辖的设区的市的人口数量、地域面积、经济社会发展情况以及立法需求、立法能力等因素确定,并报全国人民代表大会常务委员会和国务院备案。"对此,全国人大常委会法制工作委员会指出,考虑到设区的市数量较多,地区差异较大,立法水平也参差不齐,这一工作必须本着积极稳妥的精神予以推进。设区的市行使地方立法权宜"成熟一个、确定一个",做到既积极又稳妥。对于立法需求不强烈的地方,可以往后摆一摆;对于立法能力达不到要求、立法质量得不到保障的地方,则不宜仓促行使地方立法权❶。这一理解符合党的十八届三中、四中全会决定的精神,为地方立法主体扩容工作的推进树立了正确的指导理念。

关于设区的市获得地方立法权的确定标准,在以往"较大的市"的审批中曾因标准设计不科学、标准不明确、标准不公开等问题而备受诟病。据学者考证,1983年12月国务院办公厅曾向各省、自治区政府发出《关于对"较大的市"的名单(草案)征求意见的通知》(以下简称《通知》),其中提到"除各省省会外,从五十万人口(非农业人口)以上的大城市中,按照一省一个的原则,并适当考虑经济发展水平、涉外活动多少等情况,选出十一个市"❷。时隔30多年,这一"审批办法"始终未能出台,而且其中所列举的几项因素均与立法权的行使没有直接关系。在实际操作过程中,国务院在"批复"文书中也从未阐述批准或不批准的理由。2009年国务院法制办主任曹康泰在谈到重启"较大的市"审批工作时曾提出"较大的市"应具备的四个条件:一是城市规模较大,综合实力较强,在区域经济发展中有较大的影响力;二是依法行政水平较高,法制机构健全,法制力量满足立法需要;三是城市人文和社会环境较好;四是有着特殊的立法需求❸。其中的标准设计及其所折射出的理念已明显迥异于

---

❶ 全国人大常委会法制工作委员会国家法室:《中华人民共和国立法法释义》,第234页,法律出版社,2015年。

❷ 李兵:《国务院批准具有立法权的"较大的市"行为研究》,载《行政法学研究》,2006年第2期。

❸ 马勇田:《对"较大的市"应有退出机制》,载新华社-瞭望东方周刊,2010年3月22日。

1983 年的《通知》。此次《立法法》修改明确将"人口数量、地域面积、经济社会发展情况以及立法需求、立法能力等因素"作为设区的市获得地方立法权的确定标准,在制度设计上具有明显的进步性,既注重主观与客观相统一,又注重考虑立法活动的特点和需要,体现出中央政府对地方立法本质属性认识的深化。

对于 2015 年《立法法》规定的确定标准,全国人大常委会法制工作委员会提出,通常而言,人口数量较多、地域面积较大、经济社会发展情况相对较好的设区的市,在城市治理方面需要立法的事项相对更多,但这一标准并不绝对,有的地方虽然人口多、面积大,但本地方却没有很强的立法需求;而有的地方虽然人口不多、经济社会发展水平一般,但却有一些特殊问题需要通过立法解决。因此,各省级人大常委会在确定时间和步骤时,还要综合考虑城市本身是否具有比较强烈的主观愿望,提出急切的立法需求,并且在立法机构设置、立法人才储备等方面是否满足了行使地方立法权的需要❶。鉴于《立法法》规定的标准带有一定的模糊性和不确定性,为避免地方各自为政、操作混乱,甚至背离地方立法的本质属性,笔者曾撰文建议由全国人大常委会或由其授权国务院出台专门的办法,对此次地方立法主体扩容所遵循的指导思想、基本原则以及应当考量的因素、可以考量的因素等作出细化的、更具操作性的指导性规定,由各省、自治区人大常委会参照适用,同时切实发挥国务院和全国人大常委会备案审查的监督作用,对不符合地方立法本质属性要求的做法,应及时纠正;对一些有益的创新经验应深入研究、总结推广❷。遗憾的是,这一建议并未引起重视,在对如何理解和适用《立法法》规定的确定标准尚存在争议的情况下,地方立法主体扩容工作仍在快速推进。

三、各地推进设区的市立法工作的实践考察

2016 年 3 月 16 日,全国人大常委会法制工作委员会副主任许安标作

---

❶ 全国人大常委会法制工作委员会国家法室:《中华人民共和国立法法释义》,第 234 页,法律出版社,2015 年。

❷ 参见李敏:《关于"其他设区的市"立法权配置与监督的若干思考》,载《江苏社会科学(学术版)》,2015 年第 1 期。

客中央台时表示,《立法法》修改之后,所有设区的市外加 30 个自治州,一共增加了 271 个可以行使地方立法权的主体,截至 2016 年 1 月底,全国 27 个省、自治区中,有 24 个省、自治区已经批准了 209 个设区的市、自治州和不设区的地级市,占应该批准的 271 个设区的市中的 77.1%,进展很明显❶。据笔者最新统计,截至 2016 年 4 月 28 日,除青海和黑龙江两省尚未出台推进方案外,全国共 220 个设区的市、自治州和不设区的地级市获得地方立法权,约占总数的 81%,具体情况见下列图表及其分析。

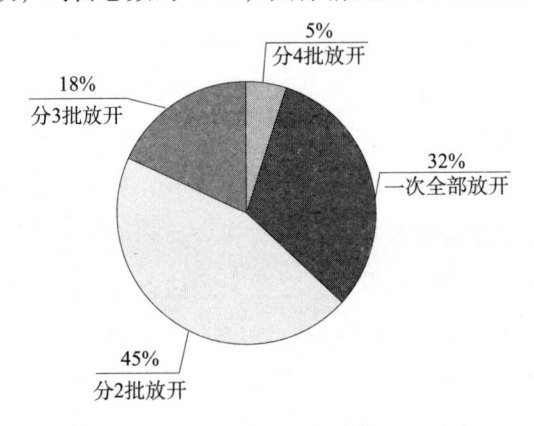

图 1 不同推进方式及所占比例

表 1 一次全部放开的地方情况统计

名称	获得地方立法权的时间	数量
福建省	2015 年 7 月	7 个
吉林省	2015 年 7 月	7 个
陕西省	2015 年 9 月	9 个
辽宁省	2015 年 10 月	9 个
甘肃省	2015 年 11 月	13 个
内蒙古自治区	2015 年 12 月	7 个
湖北省	2016 年 1 月	12 个

结合图 1 和表 1 可以看出,尽管有近 68% 的地方采取分 2 批或 3 批或 4 批的方式逐步推进设区的市立法工作,但仍有 32% 的地方采取一次全部

---

❶ 《许安标谈立法法修改:立法体制重大调整》,载央广网 http://news.cnr.cn/special/2016lh/zbj/zk/xab/myl/20160316/t20160316_521621809.shtml,2016 - 3 - 16。

放开的方式，具体包括福建、甘肃、湖北、吉林、辽宁、内蒙古和陕西，其中绝大多数都是在 2015 年获得地方立法权，而且一次放开的城市数量均在 7 个以上，最多达 13 个。

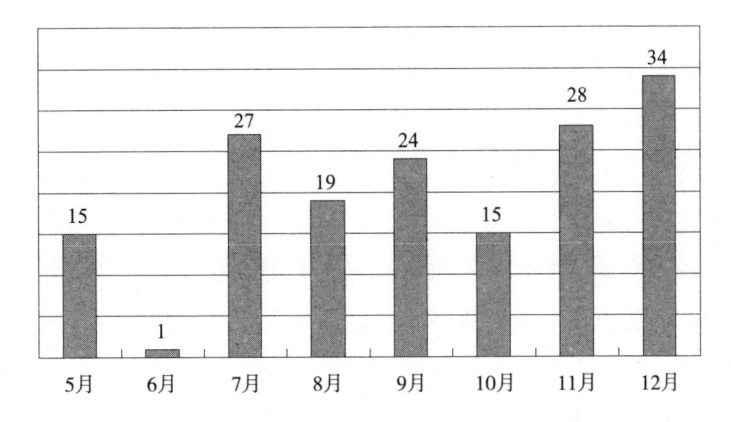

图 2　2015 年设区的市立法工作推进情况统计

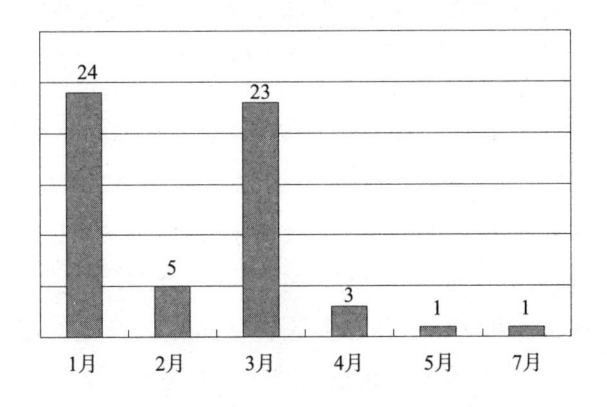

图 3　2016 年设区的市立法工作推进情况统计

结合图 2 和图 3 可以看出，从 2015 年 5 月到 12 月，共有 163 个设区的市、自治州和不设区的市获得地方立法权，其中 12 月份的数量最多，如果将统计时间延长到 2016 年 4 月，共有 218 个设区的市、自治州和不设区的地级市获得地方立法权，这意味着在 2015 年《立法法》实施不到一年的时间里，全国已有近 80% 的设区的市获得地方立法权。

综上可以发现，一方面，设区的市立法工作推进较快，进展明显，绝大多数地方在短时期内顺利完成扩容工作，这表明此次地方立法主体扩容顺应了地方经济社会发展的需要和长期以来对地方立法权的强烈渴望，得到地方的积极响应和支持。另一方面，在《立法法》有关规定的理解和适用尚存在一定争议、对以往"较大的市"的立法经验和教训缺少系统梳理和分析、对新获得立法权的部分设区的市的立法活动未进行评估总结的情况下，各省、自治区人大常委会就直接将地方立法权下放给绝大多数设区的市和自治州，尤其是不少地方采取一次性、大规模全部放开的方式推进地方立法，显然没有充分考量不同的设区的市和自治州在人口数量、地域面积、经济社会发展情况等方面存在的客观差异，以及在立法需求上的迫切程度和在立法能力上的完备程度，更多地体现积极性而对稳妥性考虑不到位。地方立法主体扩容工作在短时期内的快速推进必然对地方立法质量的提升和监督提出很大的挑战，如何通过更为完善的制度设计来保障地方立法的科学性和民主性，有效规范和监督地方立法权的行使，是当前亟待研究解决的重大问题。

四、江苏省地方立法主体扩容的推进战略及评价

江苏在推进法治建设方面一直走在全国前列，地方立法更被明确列入建设法治江苏的总体目标。2013年10月24日在江苏省委召开的省立法工作电视电话会议上，省委书记、省人大常委会主任罗志军提出要"力争通过五年努力，加快形成与中国特色社会主义法律体系相配套、与'两个率先'发展进程相适应、充分体现时代精神、富有江苏特色、比较完备的地方性法规，为实现2020年法治江苏建设目标奠定坚实基础"。在《立法法》修改前，江苏享有地方立法权的城市仅有南京、无锡、苏州和徐州，剩余的9个设区的市，即南通、常州、泰州、扬州、镇江、盐城、淮安、连云港和宿迁均没有地方立法权。地方立法主体扩容是成熟一个批准一个还是在省内不同区域分批推进，2015年《立法法》对此并未明确规定，不同地方的做法也不尽相同。江苏省人大常委会在规范理解《立法法》有关规定的基础上，学习借鉴其他省份的推进方案，紧密结合江苏省其他设区的市的实际情况、经济社会发展需要、立法需求和能力，采取分两批、分区域逐步放开的推进方式，即常州、南通、盐城、扬州、镇江和泰州六市作为第一批城市自2015年7月31日起开始行使地方立法权，连云港、淮安和宿迁三市作为第二批城市自2016年1月15日起开始行使地方立法权。

总体来看，江苏省地方立法主体扩容的推进战略在地域分布上主要按照先苏南后苏北的顺序进行，这一安排比较符合江苏省的实际情况和区域布局。在《立法法》修改之前，江苏省享有地方立法权的城市主要集中在苏南地区，在"较大的市"申报热潮中，南通、常州、镇江等苏南城市很早就已积极筹备和争取，体现出强烈而急切的立法需求。此外，苏南地区的经济社会发展水平遥遥领先于苏北地区，需要立法的事项相对更多。在立法机构设置、立法制度建设等方面也较为完备，对此，江苏省人大常委会法制委副主任委员王腊生指出，首批获得立法权的6个设区的市均已成立了法制委和法工委，并配备6名以上长期工作的法制人员；各市政府法制办也设立专门的立法工作机构并配备相关工作人员；各市制定了立法相关工作制度，建立相关工作机制，设立人大代表法制专业组和常委会立法专家咨询组，建立基层立法联系点制度等；各市人大常委会还在深入调研、广征意见的基础上明确提出一批具有地方特色、针对性强的立法项目，并已起草今明两年的立法工作计划❶。在时间安排上两个批次相差半年间隔期，可以为苏北城市做好承接设区的市立法工作预留更多的时间，体现了积极性与稳妥性相结合的精神。但正如全国人大常委会法制工作委员会所言，各省人大常委会应综合考虑上述几个因素，而不是简单地进行客观因素的量化比较，如通常被视为苏北城市之一的盐城市却被列入首批名单，而在经济发展速度、人均GDP（见表2）、立法人才队伍（如地方高校法律人才队伍）等方面不亚于甚至高于盐城市的淮安市，却被列入第二批名单，这一安排有些出乎意料，省人大常委会也未给出充分合理的解释。

表2 苏北四市2014年面积、人口和GDP指标对照表

城市名称	地域面积（单位：平方公里）	常住人口（单位：万人）	GDP及实际增速（单位：亿元）	名义增速	人均GDP
盐城	16972	726	3835 +10.9%	10.36%	5.28%
淮安	10072	480	2455 +11%	13.89%	5.11%
连云港	7444	439	1965 +10.2%	10.11%	4.48%
宿迁	8555	555	1930 +10.8%	13.15%	3.48%

❶《权威解读：江苏六个设区市首获地方立法权》，载中国江苏网http://news.jschina.com.cn/system/2015/07/31/025721859.shtml，2015-7-31。

获得地方立法权给连云港带来的机遇、挑战与应对策略

一、获得地方立法权给连云港带来的机遇

(一)有利于引领和推动连云港经济社会更快发展,缩小地区差距

连云港位于南北过渡和陆海过渡的交汇点,是全国首批沿海14个对外开放城市之一,也是国际通道新亚欧大陆桥东端桥头堡,在加快苏北振兴,推进江苏沿海开发,提升长三角地区整体实力以及促进中西部地区发展,加强中国与中亚、欧洲和东北亚国家的交流与合作中具有重要的战略地位。但由于历史、地理、经济结构、政策等诸多因素造成苏北与苏南之间的地区差距,在"较大的市"的审批制度下被进一步拉大,以至于在"较大的市"的申报热潮中几乎没有连云港等苏北设区的市的身影。地方立法工作可以说是地方区域经济发展的护航编队,政策引导下的地方区域发展为地区经济进步创造了良好的外部环境,尤其是地方性事务立法和先行性立法权的获得和行使,有利于连云港进一步破解发展瓶颈,拓展改革空间,与苏南及周边其他城市开展平等竞争或立法合作,从而缩小地区差距,推动本地经济再上新台阶;有利于推动连云港"一带一路"交汇点建设,加快把连云港打造成为"一带一路"倡议实施先导区和服务新亚欧大陆桥经济走廊的自由贸易港区,从而实现港产城联动发展、互动融合的良性循环。

(二)有利于加强连云港市人大建设,扩大基层民主

与省相比,设区的市管辖范围广、人口规模大,地方立法事项与群众

生产生活的联系更为密切，人民群众也更有条件和意愿参与立法，地方立法权的获得有助于进一步发展连云港地方的基层民主。由于长期没有地方立法权，连云港市人大的立法机构设置不健全、法律专业人才缺乏，连云港市政府法制部门也缺编少员，立法能力普遍不足，地方政府或部门领导人的意志往往占据主导地位。地方立法权的获得有利于推动连云港市人大及政府在立法机构设置和人员构成上的健全化和专业化，可以极大地调动地方人大立法的主动性和积极性，一定程度上限制政府"红头文件"的泛滥。同时，当地方人大与政府在立法事项上出现利益冲突时，人大可通过公开立法过程获得民意上的支持，从而与政府展开博弈[1]。地方立法质量的改进必然带来连云港市地方法制水平的提高，而通过地方立法的细化使中央和省级立法更好地与本地实际情况相结合，或者在不与上位法相抵触的情况下对地方性事务作出自主安排，对于提高广大设区的市的依法治理水平，发挥地方的主动性和积极性，实现中央与地方的良性互动与共治具有重要意义。

（三）有利于提高连云港依法治市水平，推进法治江苏建设

二十多年的改革实践证明，政治智慧和创新源泉在地方、在基层、在民众之中[2]。2013 年党的十八届三中全会对全面深化改革的若干重大问题作出全面部署，提出"鼓励地方、基层和群众大胆探索，加强重大改革试点工作，及时总结经验……"介于省级与县级之间的数量众多的设区的市在我国经济社会发展和民主政治建设中历来具有重要的地位和作用，既是改革创新的重要主体，又是全国性改革的重要引擎。2014 年《中共连云港市委关于贯彻落实党的十八届四中全会精神深入推进依法治市工作的实施意见》对"积极推进地方立法工作"作出专门部署，包括保证宪法法律有效实施、加快建立地方立法体制和稳步推进地方立法几个方面。长期以来，苏北地方法制在江苏法治建设中的地位和影响极其有限，随着连云港等苏北设区的市获得地方立法权，一方面有利于将本市既有的改革成果以

---

[1] 李克难：《地方立法权的"两难处境"》，载《凤凰周刊》，2014 年第 14 期。
[2] 莫于川：《当下的行政改革创新应注重发挥地方的主动性、积极性和创造性》，载中国宪政网 http：//www.calaw.cn/，2007 年 7 月 26 日。

法律形式巩固下来，另一方面也可以充分释放和挖掘本市地方立法创新的潜力和价值，为江苏乃至中央立法的制定和完善提供更为丰富的经验和素材，从而化解改革风险，降低改革成本，提高江苏地方立法的科学性，深入推进法治江苏建设和法治中国建设。

二、连云港在承接地方立法权中所面临的主要挑战

（一）地方立法力量的不足在短时期内难以根本改观

2015年《立法法》赋予设区的市人大和政府分别制定地方性法规和地方政府规章的权力。立法活动包括调研、起草、审议、表决等多个环节，地方立法工作的开展既涉及人大及其常委会，又涉及政府及其有关部门，还涉及公众、专家及其他社会力量，因此需要统筹建设、齐头并进。由于长期没有地方立法权，也没有像南通、常州等部分苏南城市那样积极筹备申报"较大的市"，再加上经济社会发展水平相对落后，立法需求和规范性文件的制定水平也相对较低，这使得连云港市在立法机构设置、立法人才队伍建设、人大与政府的立法互动、立法社会参与等方面都明显落后。

为了承接设区的市地方立法权，连云港市人大的立法机构和立法人才队伍在不断完善，如先后设立连云港市人大常委会法制工作委员会、连云港市第十届人民代表大会法制委员会和财政经济委员会。其中，市人大法工委现有编制5人，包括主任和副主任各1名，综合处、立法处和备案审查处各1人，均具有法学专业背景和法律实践经验。连云港市政府法制办现有工作人员14人，其中，7名具有法学专业背景，6名为事业单位编制，2016年市政府法制办又向市编制主管部门请示增加机制编制3人，或通过政府购买法律服务的方式增加法制工作人员。此外，连云港市人大常委会的立法专家委员会和立法联系点等配套机制也在筹建中。尽管如此，结合笔者的实地调研情况，从有效行使地方立法权所需要的立法条件和立法能力看，连云港市在立法力量建设方面还存在一些亟待研究解决的问题，具体体现在以下几个方面。

1. 立法机构设置和人员构成的科学性与合理性不够

主要表现在法制委员会工作机构力量单薄，只有一个办公室力量，难

以及时应对日益增长的社会和经济立法需求和立法更加专业化、精细化的要求，立法压力不堪重负；市人大专门委员会和工作委员会的人员构成中绝大多数为非常委会组成人员，具有相对独立性，再加上信息不对称，在实际运作中易于形成常委会审议能力弱而相关专委、工委审议能力强的局面；市人大专门委员会与法工委在立法中的分工与协作机制尚未形成，有时出现相互交叉重叠或相互推诿的现象；市人大的立法工作与监督工作、代表工作等其他工作尚未实现统筹协调；市人大常委会组成人员多为兼职而且一般担任行政领导职务，难以保证立法审议的职业化，再加上专业化不够，从其他地方的立法实践看，来自不同领域、观点不同的常委会组成人员在分组审议立法时，往往自由发言，论而不辩，立法涉及的有关利益冲突以及立法的必要性、可行性等问题在审议中往往不能解决，立法审议发挥的作用有限。

2. 人大与政府及相关部门的立法统筹机制不健全

首先，政府及相关部门的法制机构普遍缺编少员，法律专业人员比率低、素质参差不齐，人员频繁调动、法制队伍流动性大，尤其是部门法制机构的工作人员常身兼数职、职责任务繁重，法制力量普遍比较薄弱。再加上有些部门领导对立法工作不重视甚至抵制，如担心相关立法的细化和完善会不断压缩本部门的管理权限，束缚行政管理者的"手脚"等，从而出现政府部门不积极参与地方人大立法项目建议征集、立法计划制订以及立法项目的起草和调研等活动，甚至敷衍了事，或者有的政府部门虽有一定的立法需求和初步的立法设想，但无法提出明确具体的立法建议，难以对立法的依据、必要性和可行性以及需要解决的主要问题等作出充分说明，更无法在有限的时间内提供立法建议草稿，因而难以被列入地方立法计划，最后不了了之；其次，立法力量本身比较薄弱、立法经验不足的连云港市人大，依然固守"部门主导立法、人大被动审议修改"的立法理念，过于依赖政府及相关部门，对如何发挥人大在立法中的主导作用以及对立法工作的统筹安排缺乏充分的认识和可操作性的规则，无法完成立法需求、立法难度与立法实际完成能力的分析研究，立法计划的执行充满变数；最后，市人大及其常委会与市政府的立法权限划分不清晰，人大与政府在立法活动不同阶段的分工与合作、指导与监督尚未形成有效运作的机制，需要进一步研究和探索。

3. 与地方立法资源的交流合作远远不够

主要表现在我国城市高校资源分配严重不均，越是地处偏远或经济不发达的城市，优质高校资源就越少。连云港地处苏北地区，交通不便，经济社会发展水平相对落后，这也限制了本地高校事业的发展。目前全市仅有淮海工学院一所本科院校，尽管法学院法学专业的学科建设、师资队伍、科研能力和水平等方面在不断提高，但因力量分散、缺少平台和机制等，仍难以为地方立法活动的开展提供足够的智力支撑；此外，由于长期没有地方立法权，连云港市人大与淮工法学院、律师事务所等地方立法资源之间的合作交流尚未充分展开，合作平台和机制尚未建立起来，尽管可以依赖市外专家，如连云港市政府法制办在规范性文件制定过程中，对于距离较远的专家主要采取电子邮件的方式交流，但因市外专家对本市情况了解不够、立法过程中的互动交流不便、立法建议的质量难以保证等问题，其对本市立法参与的深度和所提立法建议的针对性、可操作性必然受到很大限制。

4. 社会力量对地方立法参与的积极性不高

尽管在以往制定规范性文件的过程中，连云港市政府严格按照《江苏省规范性文件制定和备案规定》的要求实施征求意见制度，主要采取召开座谈会和门户网站公示征求意见，还尝试过在市中心电子广告大屏公示。但从近年来向社会征求意见的反馈情况来看，公众参与规范性文件制定的积极性不高，参与意识不强，据统计，只有两件规范性文件收到公众通过电子邮箱发来的意见或建议，公开征求意见的效果并不理想，而在通过座谈会听取公众意见的实践中，尽管采取自由报名的方式，但尚无主动报名参加座谈会的公众；对于规范性文件的起草，绝大多数为部门起草，尚未通过委托第三方起草；为做好承接地方立法权工作，连云港市人大常委会办公室和市政府法制办公室分别于2015年8月和9月发布了《关于征集地方立法项目建议的公告》，但并未收到公众的反馈建议。

(二) 设区的市立法权限界定不清、不易把握

设区的市立法权限范围是《立法法》修改过程中备受关注和争议的话

题之一，其条文表述几经修改，一审稿使用的是"限于城市建设、市容卫生、环境保护等城市管理方面的事项"；二审稿使用的是"可以对城市建设、城市管理、环境保护等方面的事项"；最终稿使用的是"可以对城乡建设与管理、环境保护、历史文化保护等方面的事项"。这表明立法机关对于设区的市立法权限的认识尚不清楚，同时也为地方的立法实践预留了一定的探索试验空间。从法律解释学的视角分析，上述三个方面的事项确实难以作出清晰的界定，尤其是"城乡建设与管理事项"带有极大的模糊性和不确定性。除此之外，从我国地方立法权的总体配置和实际运作以及《立法法》自身的条文设计看，对设区的市立法权限范围的理解还涉及更多需要探讨和研究的问题。

1. 中央与地方立法权界限不清

设区的市立法作为地方立法的组成部分，必然涉及中央与地方立法权限的划分。2015年《立法法》一方面明确列举了中央专属立法事项，从而将地方立法权限定在中央专属立法事项以外的其他事项，但授权立法除外。另一方面在此基础上又进一步将设区的市立法权范围限于城乡建设与管理等、环境保护、历史文化保护等方面的事项。由于"城乡建设与管理"的内涵具有很大的不确定性和无限的扩展性，因此在理解和适用时首先应将其限定在中央专属立法事项以外的事项，但由于《立法法》在列举中央专属立法事项时使用了一些模糊用词，如"民事基本制度""基本经济制度"等，在理解和适用上容易产生歧义，因此，对中央专属立法事项的不同理解直接影响到地方立法权的范围，进而影响到对设区的市立法权限的界定。

2. 省级与设区的市级立法权界限不清

现行宪法和组织法并未对省级以下地方之间的事权划分作出规定，在《立法法》修改以前，省级与设区的市在立法事项范围上并不存在根本区别，只是后者更强调"不抵触、有特色、可操作"，而2015年《立法法》将省级立法和设区的市立法所涉及事项范围区别对待，设区的市立法事项范围明显小于省级立法。2016年修改的《江苏省制定和批准地方性法规条例》沿袭了2001年的规定，对于"本省特别重大事项"等事项应当由省人民代表大会制定地方性法规。从立法实践看,"本省特别重大事项"也可能是仅涉及本省局部地区的立法事项,如《江苏省海域使用管理条例》《江苏省海洋环境保护条例》等,甚至一些本来只涉及个别地方的立法事项,但因其对全省经济社会发展的重要性,也被列入省级地方性法规调整范围,如《江苏省云台山风景名胜区管理条例》。可见,省级立法与设区的市立法权界限也存在一定的交叉重叠。

3. 人大与其常委会立法权界限不清

2000年《立法法》第67条规定:"规定本行政区域特别重大事项的地方性法规,应当由人民代表大会通过。"《立法法》修改的一审稿和二审稿中将此条调整为"规定本行政区域特别重大或者社会普遍关注的事项的地方性法规,应当由人民代表大会通过",但在最终稿中又恢复了2000年《立法法》的规定,体现出立法者对这一问题尚未形成一致的认识。从地方立法实践看,目前绝大多数地方性法规由人大常委会制定,人大立法涉及面窄而且有相当一部分也由常委会修订,这表明地方人大在立法中的作用极其有限,其原因不仅在于对人大认识上的误解、人大会议制度和机构设置的局限,更在于地方人大与其常委会立法权界限不清。现行《宪法》和《地方组织法》对此均未作出规定,《立法法》的表述又过于笼统,江苏等部分省份以及南通、常州等省内设区的市颁布的地方立法法规虽然列举了应当由人大制定地方性法规的部分事项,但仍然使用了"特别重大"等模糊性表达,缺少具体的、可操作性的规定,而镇江、盐城、扬州等设区的市颁布的地方立法法规对此没有作出列举性规定。

4. 地方性法规与地方政府规章的立法权界限不清

如何科学划分地方性法规与地方政府规章的立法权限,是理论和实践中长期以来未能解决的问题。2015年《立法法》赋予设区的市人大及其常委会和市政府分别制定地方性法规和地方政府规章的权力,并对二者的立法权限作了进一步规定,如"应当制定地方性法规但条件尚不成熟的,可以先制定地方政府规章,规章实施满两年需要继续实施规章所规定的行政措施的,应当提请本级人大或其常委会制定地方性法规";为执行法律、行政法规的规定,既可以制定地方性法规,也可以制定地方政府规章;有关"地方性事务"的事项，可以制定地方性法规，属于"本行政区域内的具体行政管理事项"可以制定地方政府规章，但由于地方政府管理的范围十分广泛，其中不少的具体行政管理事项也属于地方性事务，二者存在一定的交叉重叠。可见，立法法虽然对地方性法规与地方政府规章的权限做了划分，但仍存在界限模糊不清、具体范围不确定、不易把握的缺陷。

地方性法规与地方政府规章立法权界限不清引起了地方立法实践中的不少问题。一是有些本应由地方性法规规定的事项，一些政府部门为了减少麻烦或担心政府的规定不能通过而有意地选择制定政府规章；二是有些专业性、技术性很强的具体行政管理事项，本来应当制定地方政府规章却通过人大常委会制定了地方性法规。三是一些政府规章没有制定根据，属于创设性立法。四是一些政府规章为方便管理而强化部门职权和利益，容易损害公民权利。五是容易导致立法真空地带，造成立法滞后，尤其是在关系民生的公共服务领域和涉及约束政府自身行为的立法上。

5.《立法法》相关条文规定之间存在一定的"冲突"

纵观2015年《立法法》涉及设区的市立法权限的诸多条文规定可以发现，有些条文之间或这些条文之间存在一定的"冲突"，在理解和适用上存在很大的歧义，给地方立法实践带来一定的困惑，具体体现在以下几个方面。

其一，第72条第2款与第73条第3款之间的"冲突"，即第72条第2款规定，设区的市人大及其常委会"可以"对城乡建设与管理等方面的事项制定地方性法规；而第73条第3款则规定，设区的市制定的地方性法规"限于"本法第72条第2款规定的事项。有学者提出，第72条使用的"可以"一词意味着设区的市人大及其常委会对于城乡建设与管理等三个方面事项以外的其他事项，必要时也可以规范，而政府规章的权限仅"限于"三个方面[1]。但第73条第3款对设区的市地方性法规的权限规定却使用了"限于"，对此应如何解释？如果设区的市立法权仅限于三个方面的事项，那目前镇江、常州、连云港等设区的市已制定或拟制定的地方立法法规是否违背了2015年《立法法》的规定？

---

[1] 刘松山：《地方性法规与政府规章的权限界分》，载《中国法律评论》，2015年第4期。

其二，第72条第2款与第13条之间的"冲突"，即第72条第2款在规定设区的市立法事项范围的同时还规定"法律对设区的市制定地方性法规的事项另有规定的，从其规定"，这意味着只有"法律"才能对设区的市立法事项范围作出特别规定；而第13条规定"全国人民代表大会及其常务委员会可以根据改革发展的需要，决定就行政管理等领域的特定事项授权在一定期限内在部分地方暂时调整或者暂时停止适用法律的部分规定"（以下简称"暂停法律适用条文"），这里的"行政管理等领域的特定事项"的范围更为广泛，如果全国人大及其常委会通过授权决定使设区的市地方就城乡建设与管理等三个方面事项以外的其他事项进行相应的地方立法，是否违背了第72条第2款的规定？

（三）对"立法"的片面理解限制了地方立法权的行使

根据立法学的研究，立法是由特定主体，依据一定职权和程序，运用一定技术，制定、认可和变动法这种特定的社会规范的活动。立法的主要特征在于它是直接产生法和变动法的活动，是一项包括制定法、认可法、修改法、补充法和废止法等一系列活动的系统工程❶。因此，只有全面、动态地理解和把握立法活动，坚持立改废释并举，才能最大限度地挖掘和利用地方立法资源，为地方经济社会发展营造良好的法治环境。党的十八届四中全会决定也提出"完善立法体制机制，坚持立改废释并举，增强法律法规的及时性、系统性、针对性、有效性"，"加强法律解释工作，及时明确法律规定含义和适用法律依据"，"对不适应改革要求的法律法规，要及时修改和废止"等。镇江、常州和扬州三市颁布的《制定地方性法规条例》均在"总则"中明确规定"地方性法规的制定、修改、废止和解释适用本条例"，2016年《江苏省制定和批准地方性法规条例》和泰州、南通、盐城颁布的《制定地方性法规条例》虽未在总则中明确提及地方性法规的"解释"，但均设有专章规定地方性法规的公布和解释。

尽管法律条文已有规定，但从地方立法的实践看，立法主体更重视法的制定，轻视法的及时修改和废止等活动，这一现象在连云港市表现得尤

---

❶ 周旺生著：《立法学》，第55页，法律出版社，2011年。

为显著。尽管连云港市刚刚获得立法权,尚没有条件从事地方立法的修改、废止和解释工作,但从连云港市政府办公室公布的 2013 年政府规范性文件清理结果中可以发现,在继续有效的 173 件规范性文件中,有效期已超过 5 年的就有 93 件,占总数的 54%。虽然 2015 年《江苏省行政程序规定》未规定规范性文件的有效期,但此前颁布的《湖南省行政程序规定》《山东省行政程序规定》等均规定规范性文件的有效期最长为 5 年,有效期满的,规范性文件自动失效,制定机关当在规范性文件有效期届满前 6 个月内进行评估,认为需要继续施行的,应当重新公布;需要修订的,按制定程序办理。在宿迁市政府公布的 2015 年政府规范性文件清理结果中,仍有 40% 以上继续有效的规范性文件的有效期超过 5 年。可见,规范性文件的及时修改或废止并未得到连云港等设区的市政府及有关部门的足够重视。

  除了依法修改自己制定的法规或规章,设区的市还可以积极参与省级立法的制定和修改,尤其是和本地方事务密切相关的上位法的修改,这也是地方立法活动的组成部分,但在实践中也未引起重视。如笔者在调研中了解到,为有效保护连云港境内的云台山景区,2007 年江苏省人大常委会专门颁布《江苏省云台山风景名胜区管理条例》,该法对有效保护、合理利用和规范管理云台山风景名胜区发挥了重要作用,同时,连云港市有关部门在该法实施过程中也发现存在一些问题,但当省人大常委会拟对该法进行修改而向连云港市有关部门征求意见时,却未得到地方的充分重视和积极回应,这反映出连云港市有关部门立法意识的淡薄和狭隘。

  从另外一个角度看,相对于法的解释,立法主体又更重视法的制定和修改,由此造成法律规范的频繁变动,法律体系交叉重叠,损害法的稳定性和权威性。尽管目前全国各地颁行的地方性法规已达 8000 多件,对地方立法的解释几乎尚未充分开发使用,同时对法的解释在认识上仍存在很大争议甚至理解上的误区,如关于设区的市地方性法规的解释,究竟哪些主体享有解释权、不同类型和不同主体的解释权限如何划分、法的解释的表现形式有哪些、法的解释与法的修改的界限如何划分等,不同地方对于这些问题的规定存在很大差异,理论上的研究尚未充分展开,不利于规范和监督地方立法解释权的行使。

三、连云港承接设区的市地方立法权的对策思路

(一) 多管齐下，抓好地方立法力量的统筹建设

1. 加强市人大立法机构和人员建设

设立法制委员会和法制工作委员会（以下简称法工委）是人大行使立法权的前提条件，也是评估一个设区的市立法能力的硬指标。2015年修改的《地方各级人民代表大会和地方各级人民政府组织法》增加规定"设区的市人民代表大会根据需要，可以设法制委员会、财政经济委员会、教育科学文化卫生委员会等专门委员会"。这为设区的市人大立法机构的设立提供了组织法依据。但从规范和推进科学立法、民主立法的角度分析，连云港等设区的市在设立法制委员会和法工委的同时，还应进一步明确其法定职能、工作规则及与其他立法机构的分工协作等。对此，可借鉴苏州等地的先进经验，除了应尽快出台《连云港市制定地方性法规条例》，建立地方立法的基本程序和工作制度外，还应进一步研究制定《市人大常委会机关内部有关地方立法工作职责分工的意见》《法制委员会工作规则》《立法常规工作程序规范》《关于推进民主立法的规定》《市人大常委会立法专家顾问工作规定》《市基层立法联系点工作规定》等，从而将地方立法工作纳入法治化、规范化、程序化的轨道。

在人员配置与管理上，既要考虑组成人员的专业知识结构，还要考虑其年龄结构。探索运用新增编制招录人才、内部调剂专业人才与社会购买服务等多种方式相结合的方式，进一步配足、配强市人大立法工作力量。探索实行职业化改革，完善职业化晋升通道以吸引并留住优秀的立法人才，打造一支专业精干的立法队伍，同时也有利于保持人大立法机构的中立性，更好地发挥对政府等其他部门的监督作用。此外，连云港市人大立法职能的增加并不意味着人大其他职能的削弱，应抓好市人大立法工作与人大监督工作、代表工作、自身建设等其他工作的统筹，将市人大工作的水平提升到一个新的台阶。

2. 完善市人大常委会立法审议制度

2015年《立法法》首次规定加强人大及其常委会对立法工作的组织协

调，发挥在立法工作中的主导作用。发挥人大主导立法工作的关键在于常委会的审议环节而不是起草环节。由于常委会组成人员在专业、时间和精力上的限制，在审议过程中难以对法规议题发表深入的审议意见，为此深圳市人大专门为常委会组成人员配备了法律助理，这些法律助理多为专业律师或法学专家兼任，负责为常委会组成人员行使审议权提供辅助性意见和建议，市人大为其支付适当报酬并进行定期考评。这一制度对连云港具有一定的借鉴意义，同时为避免立法权的流失，还应设立相应的防范机制；例如：提高法律助理的专业出身与立法审议工作的契合度；实行工作公开制度，如定期向公众发布立法参与所用的信息资料和参考意见；实行立法责任制度，对于违反职责要求甚至违反法律的行为，应追究其法律责任。

此外，还应改革常委会会议制度，如保证会议召开常态化，从分组审议为主转向召开全体会议为主；在立法审议程序中针对争议较大的问题引入辩论和议决机制，包括试行个别条款单独表决机制，如2015年在《苏州市居家养老服务条例》制定过程中，对存在很大意见分歧的居家养老服务设施的规划配套标准问题，首次启动个别条款单独表决程序，更加精准地反映各方面意见，增强了地方立法的科学性；推行立法审议过程的公开化，以督促常委会组成人员认真履行立法审议职责。

3. 构建市人大与市政府立法互动机制

由于人大立法资源的有限以及立法的专业性、技术性和可操作性的不断增强，人大立法的起草工作仍将继续主要依赖行政机关，政府的立法能力在相当程度上影响到法规质量，而且2015年《立法法》还赋予市政府有权制定地方政府规章并报市人大常委会备案。因此，应抓好设区的市人大与政府立法能力的统筹建设和良性互动。

一是由人大负责制定有关立法技术规范，市政府提交的法规建议，应当根据立法技术规范论证立法项目的必要性、可行性和主要制度。如果市人大对政府法规议案作出重大修改，更应及时与市政府沟通。笔者在实地调研中还了解到，有时会出现市政府不同意修改的情况，此时，市人大常委会通常会征求省人大常委会的意见，并依据省人大常委会的意见进一步与市政府沟通协调，从而妥善解决相关立法争议。

二是坚持实行立法计划引领、人大提前介入等制度，探索由人大组织起草法规草案，充分发挥人大立法主导作用。如在立法计划项目建议中实行政府及相关部门主动申报与市人大"点题"相结合，政府部门可委托第三方提出较为规范完整的立法项目建议或文本草案；市人大法工委和有关工委可提前介入政府及相关部门组织起草地方性法规过程，了解起草情况，参与调研和论证并提出建议和意见；对于政府及相关部门不愿立法或不积极性立法的事项，尤其是关系民生的公共服务领域或涉及主管部门较多、立法难度较大的事项，直接由人大主动组织起草法规草案，不再被动地依赖政府部门。如2015年《苏州市居家养老服务条例》的制定就突破了以往都由政府相关部门起草法规草案，并由政府向市人大常委会提交立法议案的常规模式，首次采用由市人大常委会相关工委组织起草法规草案，由主任会议向市人大常委会提出法案的方式。此前通过的《北京市居家养老服务条例》也采取这种做法，并已在北京市人大立法中得到普遍认可和采纳。

三是在重视人大立法能力建设的同时，也要同步考虑政府法制部门以及相关部门法制力量的建设，尤其是与设区的市立法事项直接相关的住建、城乡规划、环境保护、文广新局等相关部门，应夯实这些部门的法制科并配备法制专职工作人员，加强对部门法制人员立法知识与技能的培训，在立法部门与执法部门之间探索建立双向干部交流机制和信息共享机制，使立法工作与执法工作相得益彰。

4. 重视对地方立法资源的培育与合作

2015年3月，广东省人大常委会在全省学习宣传《立法法》工作会议上提出，将在地方立法工作中进一步推动校地合作，包括完善地方立法职业准入制度，建立从符合条件的律师、法学专家中招录立法工作者的通道；探索建立地方立法机构和法学院校、法学研究机构人员双向交流机制；与高校法学院合作建立地方立法研究评估与咨询服务基地；扶持立法学学科建设，加强地方立法人才培养，广泛开展地市、省际乃至国际交流等。这一思路为连云港市立法工作的开展提供了借鉴，当前最重要的是在加强沟通交流的基础上搭建立法合作的平台和机制，如在严格选拔的基础上组建由市内高校法学教授、优秀律师、相关领域专家和市外法学专家及省级机关法制人员组成的立法专家顾问库；与地方高校法学院或律师事务所合作建立若干立法服务基地，围绕立法计划建议征集、法规草案起草和调研论证、立法评估和清理、立法解释和修改、立法宣传等领域，在市人大的主导下通过不同形式开展广泛合作。此外，根据教育部关于卓越法律人才培养的计划，探索建立市立法机关与高校法学院互聘制度，共同开设地方立法实务课程或举办立法专题培训班，合作建立示范性立法学实践教学基地，联合政府及相关部门积极开展参与性高、实效性强的专业实习，为地方立法储备卓越法律人才。

5. 调动社会力量参与地方立法的积极性

社会力量参与地方立法既是深入推进科学立法、民主立法的体现，也是弥补地方立法力量有限的客观要求。2014年党的十八届四中全会决定对"深入推进科学立法、民主立法"作出专门部署，提出要"健全立法机关主导、社会各方有序参与立法的途径和方式。探索委托第三方起草法律法规草案。健全立法机关和社会公众沟通机制……拓宽公民有序参与立法途径，健全法律法规章草案公开征求意见和公众意见采纳情况反馈机制，广泛凝聚社会共识"。2015年《立法法》第5条规定："立法应当体现人民的意志，发扬社会主义民主，坚持立法公开，保障人民通过多种途径参与立法活动。"结合笔者在苏州、北京等地的调研情况，为调动社会力量参与连云港市地方立法的积极性和有效性，笔者建议可从以下几个方面开展探索。

一是在社会力量参与地方立法中适当引入奖励机制。如苏州市人大常委会法工委和政府法制办在立法计划建议项目征集公告中规定："公民、法人和其他组织提出的立法建议，按照法定程序列入立法计划的，将给予适当奖励。"在实际运作中奖励的形式包括给予200元现金、购物卡或颁发荣誉证书等。但为了保障奖励行为依法、公正、平等地进行，减少或避免争议，还应进一步明确奖励的标准和程序，实行精神奖励为主与物质奖励为辅相结合。

二是对于涉及民生重大问题或社会公众普遍关注的立法事项，立法机关应通过多种渠道加大对立法全过程的宣传报道力度，使公众充分了解和知晓立法可能涉及的利害关系和法律问题，并拓宽公众参与的途径，如在《连云港日报》《苍梧晚报》，连云港新闻网等大众媒体上开辟立法专栏宣传讲解，召开立法听证会，通过走进广播电台直播室、深入田间地头和企业社区等形式直接听取相对人和基层群众意见，提高立法参与的实效。

三是探索委托第三方参与立法工作。第三方的参与并不限于起草法规草案，如2015年苏州市人大首次委托第三方律师事务所承担修订献血条例的立法审查论证事项，全过程参与法规的起草、调研、论证、审核、修改、审议、报批等环节，以客观中立的态度完成立法审查论证工作。委托第三方参与立法有助于避免"部门立法法制化"的需要，提高立法的科学性、民主性和公正性，但在实际运作中可能出现法规草案严重脱离实际，缺乏可操作性；立法调研阻力大、不充分；有时也难以抵制利益诱惑或行政压力等问题，因此在制度设计上应切实采取措施发挥人大的立法主导作用，加强对委托立法协议履行情况各个环节的监督检查；实行开门立法，健全社会弱势群体的利益诉求表达机制，使各个群体的利益诉求都能够上达"第三方"立法参与主体并展开良性的博弈，实现立法的实质公正；强化立法责任追究，建立委托第三方"黑名单"制度等[1]。

（二）系统规范地理解设区的市立法权限，充分挖掘利用现有制度潜力

1. 关于中央与地方的立法权限划分

事实上，中央与地方立法权限划分不清的深层次原因在于中央与地方在事权划分上的不明确。现行《宪法》和《地方组织法》对此都只作出原则性、笼统性的规定，这些规定不足以提供清晰划分中央与地方立法权限的法律依据，《立法法》当然也难以作出明确的界定。而且从立法实践看，中央与地方立法权限的划分会随着党和国家关于中央与地方事权分配的思想、政策之变化而变化，其中尤其不应忽视的是，地方立法机关的主动作为与开拓，自下而上地推动中央与地方在事权分配上的良性互动，对解决中央与地方的立法权划分问题将起到能动的效果[2]。如2013年党的十八届

---

[1] 王仰文：《地方人大委托"第三方"参与立法的理论诠释与实践思考》，载《河北法学》，2014年第10期。

[2] 向立力：《地方立法发展的权限困境与出路试探》，载《政治与法律》，2015年第1期。

三中全会决定首次对中央与地方的事权划分作出规定，即"国防、外交、国家安全、关系全国统一市场规则和管理等作为中央事权；部分社会保障、跨区域重大项目建设维护等作为中央和地方共同事权，逐步理顺事权关系；区域性公共服务作为地方事权"，这为立法者从"区域性公共服务"的角度理解"城乡建设与管理"事项提供了明确的政策指引。此外，根据《立法法》的有关规定和实际操作，对于设区的市立法权限是否涉及中央专属立法事项有争议的，可由设区的市人大常委会或省人大常委会向全国人大常委会法工委提出询问，由其以询问答复的形式作出解释。

2. 关于省级和设区的市立法权限划分

从省级与设区的市所管辖的事务内容看，二者并无本质区别，根据事权与立法权相对称的原理，二者的立法权范围也应当是相同的，因此，2015年《立法法》将二者区别对待的做法更多地体现了改革阶段性的特征。基于现行有效的制度安排，一方面，对于连云港等其他设区的市，在立法项目建议征集中如果认为某些立法项目在全省范围内带有普遍性和重大性，或者明显超出设区的市立法权限的，可以提请省级人大常委会出台省级地方性法规，或者由省级人大常委会授权进行地方立法。另一方面，对于以往的"较大的市"，2015年《立法法》只规定已经制定的超范围的地方性法规继续有效，如果涉及上述范围以外的事项的地方立法项目虽已提交市人大常委会审议但尚未通过，或者已经列入立法计划但尚未实施的，应当进行修改、撤回或调整，确需立法的，可由省级人大常委会按照上述办法解决。此外，2015年《立法法》新增规定"制定地方性法规，对上位法已经明确规定的内容，一般不作重复性规定"，因此，地方立法应更加突出地方特色，从立法技术上讲，对于上位法已经明确规定的事项，尽量采取援引性规定，以避免产生更多的合法性争议。

3. 关于人大与其常委会的立法权界限

2015年《立法法》提出要发挥人大在立法工作中的主导作用，这一主导作用既是相对于"部门立法"而言，也是相对于"人大常委会立法"而言的。对此，不仅应在理念上重视发挥人大在立法中的作用、完善人大的会期制度、审议制度和机构设置等，还应完善地方人大及其常委会立法权限划分的法律规定，对《立法法》中的"特别重大事项"加以细化，列举基本的事项，省级和设区的市颁布的地方立法法规可结合本地立法实践和需要对此作出列举性规定，如对本行政区域内经济社会发展和行政管理有重大、长期影响的事项；严重影响公民权利和利益的事项等，并将"特别重大事项"与其他应当由人民代表大会通过的事项（如人大的议事规则、重大事项决定权、人事任免权等）相区别，从而更好地发挥地方人大在立法中的主导作用。

4. 关于地方性法规与政府规章的立法权界限

第一，《行政处罚法》《行政许可法》《行政强制法》等法律已专门对地方性法规与政府规章的立法权限作出明确界分的，应规范理解并严格执行。如《行政处罚法》规定，地方性法规可以设定除限制人身自由、吊销企业营业执照以外的其他行政处罚，这意味着对于暂扣营业执照、吊销个体户营业执照、吊销职业许可证等行政处罚，地方性法规仍有权设定。又如《行政许可法》规定，尚未制定法律、行政法规和地方性法规的，因行政管理的需要，确需立即实施行政许可的，省、自治区、直辖市人民政府规章可以设定临时性的行政许可。这意味着设区的市政府规章无权设定此类临时性行政许可。

第二，对于《立法法》已经明确规定的事项应依法贯彻。如只有地方性法规享有先行性立法权，即"除本法第八条规定的事项外，其他事项国家尚未制定法律或者行政法规的，省、自治区、直辖市和设区的市、自治州根据本地方的具体情况和实际需要，可以先制定地方性法规"。2015年《立法法》还新增规定，设区的市人大及其常委会和政府均有权对城乡建设与管理、环境保护、历史文化保护等方面的事项进行立法。没有法律、行政法规、地方性法规的依据，地方政府规章不得设定减损公民、法人和其他组织权利或者增加其义务的规范。

第三，根据法律规定和地方立法实践，科学划分地方性法规与政府规章的界限，具体可分为以下几个层次，即应当制定地方性法规的事项、应当制定政府规章的事项、法规与规章的共享事项、法规与规章互不染指的事项。如对于本行政区域内涉及全局性、根本性的重大事项；涉及公民的人身权利、民主权利和其他权利的事项等，应当由设区的市人大及其常委会制定地方性法规。对于行政机关自身建设的事项；涉及行政机关办事流程、工作规范的事项；不涉及减损相对人权利、增加相对人义务的有关社会公共秩序、公共事务或事业的具体管理事务等，应当由设区的市政府制定地方政府规章。对于执行法律、行政法规规定的事项；一些先行性、试验性改革措施等，二者在各自的权限内均可进行规范，如果来不及制定法规的，可以先制定规章。但有关人民代表大会及其常委会的组织、职权和运行程序方面的事项，只能由地方性法规进行规范❶。

第四，在立法技术上，可建立政府规章年度立法计划事先报市人大常委会征求意见的制度，从立项上予以把关。此外，还应破除先制定政府规章、条件成熟时再上升为地方性法规的传统立法观念，使地方性法规和政府规章从不同的方面、以不同的方式对地方治理的事项作出规范，不断丰富和完善中国特色社会主义法律体系。

5.《立法法》相关条文之间"冲突"的分析与解决

首先，设区的市立法事项范围是否只局限在"三个方面"？事实上，第72条第2款对"三个方面"事项的列举本来就是不周延的，使用了"等"字，到底是"等内等"还是"等外等"，尤其再结合第73条关于执行性立法权、地方事务性立法权和先行性立法权的规定，具有很大的解释空间，在理论上也存在着很大的争议。但从设区的市已经制定的地方性法规和政府规章看，目前均在狭义上理解和适用"城乡建设与管理等三个方面的事项"。从立法技术上考虑，通过立法计划的事前把关、立法草案的事中批准和立法文本的事后备案审查，在很大程度上也可以对设区的市的立法事项范围进行动态把握和控制。但从长远看，由于事后的备案审查大多流于形式，主要依靠设区的市和省级人大常委会的把关恐难以抑制地方日益高涨而多样化的立法需求或"立法冲动"，应由全国人大常委会出台立法解释对此加以明确和细化，以维护立法体制的统一性，避免地方立法权的滥用。

其次，关于设区的市是否有权制定地方立法法规（如《镇江市制定地方性法规条例》等），可以从不同角度进行解释。一是将立法法中关于设

---

❶ 刘松山：《地方性法规与政府规章的权限界分》，载《中国法律评论》，2015年第4期。

区的市立法事项范围规定中的"等"字理解为"等外等",制定地方立法法规可视为"三个方面事项以外的其他事项",不违反2015年《立法法》;二是将立法法中关于设区的市立法事项范围规定中的"等"字理解为"等内等",制定地方立法法规明显超出"三个方面的事项"范围,违反了2015年《立法法》;三是认为立法法关于设区的市立法事项范围的规定主要适用于调整外部法律关系的地方性法规,而地方立法法规是调整人大自身活动的立法,不直接涉及相对人的权利义务,二者应区别对待,前者内生于设区的市人大及其常委会的合法性地位,2015年《地方组织法》的配套修改已提供法律依据;后者属于立法专门授权的事项。

笔者倾向于第三种观点,但同时认为,从其他设区的市已经制定的设区的市地方立法法规的内容看,在很大程度上与省级地方立法法规的内容重复,而根据《立法法》的规定,"制定地方性法规,对上位法已经明确规定的内容,一般不作重复性规定",因此,从立法需求和立法实践看,为避免设区的市地方立法法规所面临的合法性质疑,建议由省人大常委会统一进行立法授权,或由设区的市人大及其常委会以规范性文件的形式对其中的特殊问题或具体问题加以细化,既有利于化解其合法性危机,也有利于节约设区的市地方立法资源。

最后,关于"暂停法律适用条文"与地方立法权限规定之间的协调问题。在《立法法》修改之前,先行性立法权的行使成为地方改革创新的重要依据,但随着2015年《立法法》对设区的市立法权范围的限制,地方改革创新的空间也被极大压缩,尤其是在外商投资、市场监管等方面的经济立法失去法律依据,在中央明确提出"重大改革于法有据"的背景下,设区的市唯有在遵守现行法律明确规定的同时充分挖掘和利用现有制度潜力,才能使地方改革发展在法治轨道上稳步前行。其中,"暂停法律适用条文"为设区的市立法权的行使开辟了另一条法治路径,如2015年《全国人大常委会关于授权国务院在北京市大兴区、常州市武进区等三十三个试点县(市、区)行政区域暂时调整实施有关法律规定的决定》。连云港作为"一带一路"的交汇点和服务新亚欧大陆桥经济走廊的自由贸易港区,将来也有可能通过"暂停法律适用条文"获得专门的立法授权。至于二者是否冲突的问题,笔者认为,无论是"法律"还是"授权决定"都是全国人大及其常委会意志的集中体现，本着贯彻十八届四中全会决定提出的"加强重大改革试点工作，及时总结经验，宽容改革失误，加强宣传和舆论引导，为全面深化改革营造良好社会环境"的精神，应允许地方立法进行探索，尤其应在全国人大及其常委会的授权决定中明确规定地方人大或政府就该特定事项的立法权。

（三）坚持立改废释并举，注重地方立法解释权的运用

对于刚获得地方立法权的连云港等设区的市而言，尽管目前的主要任务是制定法而不是修改或废止法，但随着地方立法数量的增加和立法实践的不断发展，法的修改和废止的任务将不断加大。从图1可以看出，苏州市人大立法中制定法的数量在经过前两届人大任期间的增加后开始持续下降，修改法和废止法的数量和所占比重不断增加，甚至超过制定法。因此，连云港等设区的市既要重视法的制定，也要关注和研究法的修改与废止，细化和完善有关制度设计，提前做好相关规划和准备工作。

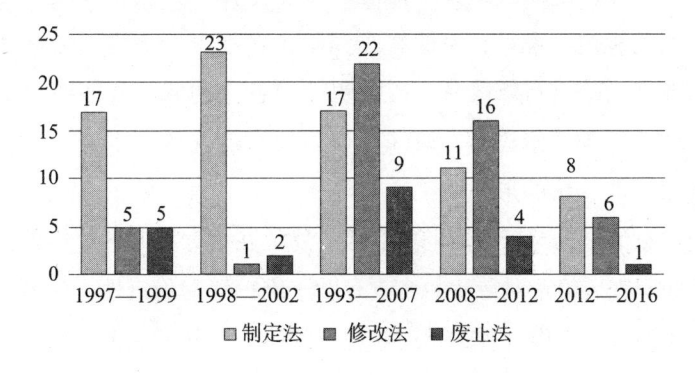

年份	制定法	修改法	废止法
1997—1999	17	5	5
1998—2002	23	1	2
1993—2007	17	22	9
2008—2012	11	16	4
2012—2016	8	6	1

图1 苏州市地方立法情况统计

1. 应适时进行法的修改或废止活动

法的修改或废止作为一种特定的立法活动，有自己独具的特征。法的修改的目的在于使法臻于完善，任务是要给法的体系带来具有新面貌的成员。引起法的修改的原因有多个方面，例如：法所调整的社会关系发生重要变化；由于立法时考虑不周全，法条中有不明确、不协调或遗漏之处；标注"暂行"或"试行"的现行法已经实施一段时间，有必要加以变动；上位法或相关法发生变动等。法的废止的目的在于将有关法从现行法的体

系中清除出去，从而使法的体系得到纯化和完善。引起法的废止的原因主要包括法所调整的社会关系的变化以及实现立法的推陈出新两个方面。

法的修改和废止作为立法系统工程的组成部分，需要像其他立法活动一样遵循法定制度。作为设区的市立法的修改和废止，应注意把握以下几个方面的原则。

(1) 设区的市立法修改和废止的原则

设区的市立法的修改和废止应遵循及时性、合法性和科学性原则。首先，2015 年《立法法》第 6 条第 2 款首次规定："法律规范应当明确、具体，具有针对性和可执行性。"2016 年新修订的《江苏省制定和批准地方性法规条例》以及镇江、盐城等设区的市出台的《制定地方性法规条例》中均增加相应规定❶。这必然要求法的修改和废止需要及时，以适应地方经济社会发展的需要，保证法的体系的协调一致性，避免或减少那些已过时的、不切合实际的法所带来的负面作用。其次，法的修改和废止应当法制化，严格遵循法定制度，如对修改和废止主体、方式、权限和程序等方面应作出明确规定。最后，法的修改和废止在技术上应讲求科学性，如对过去曾修改过的法进行修改时，应注明以前各次的修改并注明再次公布的日期；对法条作部分修改时，应注意保留原有的文体、术语和风格；法的废止应尽量采取立法的形式明确宣布等。

需要注意的是，对于设区的市立法的修改在遵守及时性原则的同时还应遵守慎重的原则。慎重对待法的修改有助于维护法的稳定性、权威性和连续性，为公民的行为提供合理的预期和规范的指引。从理论上分析，法的修改只有在通过法的解释机制仍无法解决法与社会生活出现的重大矛盾时才可采用。在制度设计上，应要求提出修改草案的主体对法的修改的必要性和可行性、修改的主要内容以及重大分歧意见的协调处理情况等予以说明，《盐城市制定地方性法规条例》对此有明确规定，这对连云港具有借鉴意义。

(2) 设区的市立法修改和废止的主体

通常情况下，法的制定者也是法的修改者和废止者。但在某些情况

---

❶ 如《江苏省制定和批准地方性法规条例》第 3 条第 2 款规定："地方性法规的规范内容应当明确、具体，具有针对性和可操作性；对上位法已经明确规定的内容，一般不作重复性规定。"

下，法的修改者也可以是非制定者。如在设区的市人大闭会期间，设区的市人大常委会可以对市人大制定的地方性法规进行部分补充和修改。此外，根据2015年《立法法》第97条的规定，省、自治区人民代表大会有权改变它的常务委员会制定的和批准的不适当的地方性法规（后者即设区的市地方性法规）；省、自治区的人民政府有权改变设区的市人民政府制定的不适当的规章，这可以被视为一种特殊的法的修改。因此，省、自治区人民代表大会和人民政府也享有对设区的市立法的修改权。

在实行分权制衡的国家，司法机关也有权宣告现行法无效或失效，但在我国，2014年新修改的《行政诉讼法》仅赋予人民法院通过附带审查的方式对规章以下的规范性文件作出是否合法的认定，不包括法规和规章。此外，根据2015年《立法法》第97条的规定，省、自治区人民代表大会有权撤销它的常务委员会制定的和批准的不适当的地方性法规（后者即设区的市地方性法规）；设区的市人大常委会有权撤销本级人民政府制定的不适当的规章；省、自治区的人民政府有权撤销设区的市人民政府制定的不适当的规章，这可以被视为一种特殊的法的废止。因此，省、自治区人民代表大会和人民政府、设区的市人大常委会也享有对设区的市立法的废止权。

(3) 设区的市立法修改和废止的方式

法的修改的方式主要包括整体修改和部分修改、明示修改和默示修改、同级修改和错级修改。这里需要特别注意的是默示修改的方式，如通过"新法优于旧法"原则的适用在事实上修改了原来的法。又如设区的市地方性法规与省政府规章相抵触的，根据2015年《立法法》第72条第3款规定的精神❶，应由省人大常委会裁决，省人大常委会的裁决结果实际上意味着对其中一部立法的修改。目前默示修改的方式在我国仍然十分常用，但其自身带有很大的弊端，不利于准确划清新规定与被修改的原规定之间的界限，给法的理解与适用带来不便与困惑。因此，连云港市在以后的立法实践中对此种修改方式应当慎之又慎，尽量通过明示修改的方式及

---

❶ 2015年《立法法》第72条第3款规定："省、自治区的人民代表大会常务委员会在对报请批准的设区的市的地方性法规进行审查时，发现其同本省、自治区的人民政府的规章相抵触的，应当作出处理决定。"

时解决法律规范之间的冲突。

法的废止的方式主要有人为废止和自行废止。其中，前者是指以立法的形式明确宣布废止，后者是指立法并未明确规定，而是依照新法优于旧法或上位法优于下位法等规则使同名的旧法在事实上被废止，后者在我国立法实践中不在少数。如 2014 年上海市人大常委会制定的《上海自贸区条例》并未规定废止 2013 年上海市政府制定的《上海自贸区管理办法》，后者究竟是作为前者的执行性立法继续生效，还是按照上位法优于下位法的规则自动失效，是存在一定争议的，尤其是上海自贸区还有不少规范性文件以《上海自贸区管理办法》作为制定依据，因此，对其效力的明晰化具有重要的法律意义❶。当前我国立法的科学化水平不断提高，连云港等设区的市在立法实践中应尽量减少自行废止，增强人为废止，以避免在执法、司法和守法等方面产生争议。

（4）设区的市立法修改和废止的权限与程序

设区的市立法的修改和废止应依法定权限和程序进行。其中，非制定者对法的修改要受到更多的限制，如只能做局部或部分的修改，不得与被修改的法的基本原则相抵触。设区的市人大常委会对设区的市地方性法规的部分修改或废止还应报省人大常委会批准。如果立法主体只是使一部法中的部分规定或内容失效，就不是法的废止，而属于法的修改。法的修改的程序大体与法的制定程序相同或相似，但上级立法主体改变下级立法主体制定的法，或者高位阶立法主体改变低位阶立法主体制定的法，在修改权限和程序上不同于其他的修改，当然也要依法进行。

目前在我国立法实践中，法的废止活动的进行具有很大的随意性，没有明确的法定程序可以遵循。从 2016 年《江苏省制定和批准地方性法规条例》和镇江、盐城等市颁布的《制定地方性法规条例》的规定看，地方性法规的修改和废止均依照人大立法程序执行，除在公布环节上有所区别外❷，二者在法定程序上并无区别。从前面的论述可以看出，法的修改和

---

❶ 李敏：《关于〈上海自贸区条例〉的若干思考与追问》，载《行政与法》，2016 年第 1 期。

❷ 如《镇江市制定地方性法规条例》第 48 条第 2 款规定："地方性法规被修改的，应当公布新的地方性法规文本。地方性法规被废止的，除由其他地方性法规规定废止该地方性法规的以外，应当发布公告予以公布。"

法的废止在启动理由、原则、主体和权限等方面仍然存在一些差别，在法定程序上也不应混在一起。法的废止程序作为立法程序的一种，也需经提案、审议、表决和公布等基本程序，但相对于法的制定程序和修改程序，法的废止程序可以简化一些，如提案人资格的放宽、废止理由的说明、民主协商程序的简化、一次审议通过等，对此可在立法中作出专门规定，如《常州市制定地方性法规条例》设专章对"修改、废止和解释"作出规定。连云港市人大常委会即将颁布的《制定地方性法规条例》在这方面可以进行一定的探索和创新，既有利于规范法的废止活动，也有利于节约立法资源，提高立法效果。

2. 积极参与省级立法活动

立法是对权利资源、权力资源以及其他有关社会利益，进行法定制度性配置和调控的专门活动，其实质是将在国家生活和社会生活中占据主导地位的社会主体的意志上升为国家意志❶。作为设区的市，要通过立法活动将地方的立法需求转化为法律规定，主要有两种途径：一是自己立法；二是积极参与上位法，尤其是与本地方利益联系更为密切、更为直接的省级立法。但在立法实践中，设区的市往往更看重前者而忽视后者，或者对后者消极应对、敷衍了事。从2015年《立法法》的规定看，随着上位法律规范的日益精细化和设区的市立法权范围的限缩，设区的市自主立法的空间在不断缩小，而且由于设区的市自身立法力量的限制，也不可能进行大规模的地方立法，因此，积极参与省级法规规章的制定和修改，及时将本地方的改革发展成果和立法需求、立法建议反馈到省级立法中，既有利于提高省级立法的针对性和可操作性，也有利于锻炼设区的市人大及政府的法治思维和立法能力。

2014年党的十八届四中全会决定提出，健全向下级人大征询立法意见机制，建立基层立法联系点制度，推进立法精细化。2016年《江苏省制定和批准地方性法规条例》为设区的市参与省级立法的不同环节提供了更为完善的制度保障，如要求省级人大常委会编制立法规划和立法计划应当广泛征集意见，本省一切国家机关、政党、人民团体、企业事业单位、其他

---

❶ 周旺生著：《立法学》，第49页，法律出版社，2011年。

组织和公民都可以向省人民代表大会及其常务委员会提出制定地方性法规的建议。要求起草地方性法规应当征求人大代表、相关部门、基层单位、管理相对人和有关专家的意见。对列入常务委员会会议议程的地方性法规案,如果涉及人民群众切身利益或存在重大意见分歧,可召开听证会听取有关基层和群众代表、部门、人民团体等有关方面的意见。为此,设区的市人大及政府应转变立法理念,准确把握省级立法的不同阶段和时间节点,提前做好规划和部署;对省级立法规划和计划中与本地方密切相关的立法项目,积极组织有关部门和专家学者调研讨论,提出富有价值的书面立法建议和对公布的地方性法规草案的修改建议。设区的市的立法主体如果认为本地方急需的立法事项在全省范围内带有一定的普遍性,或者由自己立法较为困难的重大事项,也可主动向省人大常委会提出,列入省级立法规划或计划,并积极参与该项立法活动。

3. 注重地方立法解释权的运用

地方立法解释是一个重要的法律工具库,是地方立法机关对法律规范相关条款的含义以及有关概念、定义等作出说明的过程。设区的市人大常委会必须注重法规解释机制建设,依法更积极地运用法规解释,提升地方立法的适应性、灵活性和补充性,通过运用立法解释权扩展法律文本的适用效能❶。1981年《全国人大常委会关于加强法律解释工作的决议》规定:"凡属于地方性法规条文本身需要进一步明确界限或作补充规定的,由制定法规的省、自治区、直辖市人民代表大会常务委员会进行解释或作出规定。凡属于地方性法规如何具体应用的问题,由省、自治区、直辖市人民政府主管部门进行解释。"2015年《立法法》只规定了法律解释和最高人民法院、最高人民检察院对具体应用法律的解释,2016年《江苏省制定和批准地方法规条例》对省级地方性法规的解释作了规定,而各设区的市地方性法规的解释则由各设区的市《制定地方性法规条例》来规定。

---

❶ 莫于川、曹飞:《贯彻四中全会精神,提高地方立法质量——增强"六性"是主动回应地方立法体制改革的理性选择》,载《南都学坛(人文社会科学学报)》,2015年第1期。

表1　江苏省设区的市地方性法规解释部分规定统计结果

解释内容	解释主体	地方立法	是否规定在解释前征求省/市人大常委会意见	
明确具体含义或适用依据	设区的市人大常委会	南京、苏州、无锡、徐州、泰州、常州、扬州、南通、镇江、盐城	明确规定	南通、盐城、泰州、扬州、镇江
			未规定	常州、南京、苏州、无锡、徐州
具体应用问题	设区的市人民政府解释	南通、盐城	明确规定	泰州、常州、扬州、南通、镇江、盐城
	设区的市人民政府主管部门解释	泰州、扬州、镇江		
	市人民政府、市中级人民法院、市人民检察院	徐州、苏州、无锡	未规定	南京、苏州、无锡、徐州
	未规定	常州、南京		

资料来源：南京、苏州、无锡、徐州、泰州、常州、扬州、南通、镇江和盐城 10 个设区的市《制定地方性法规条例》，统计时间截至 2016 年 4 月 28 日。

根据笔者对江苏省 10 个设区的市《制定地方性法规条例》有关规定的统计结果（见表1）和解释权的实际运作看，设区的市地方立法解释权的运用应注意把握以下几个方面。

（1）关于设区的市人大常委会的解释权

对于地方性法规的规定需要进一步明确具体含义或者出现新情况后需要明确适应依据的，应由设区的市人大常委会解释，对此 10 个设区的市均作出规定。需要注意的问题是，由于设区的市人大及其常委会并不享有完全的地方性法规制定权（还需要经过省人大常委会的批准），这意味着设区的市地方性法规解释权的配置也不同于省级地方性法规。从表1可以看出，南通、盐城、泰州、扬州和镇江均明确规定，设区的市人大常委会在对地方性法规作出解释前，应当征求省人大常委会法制工作委员会的意见，但常州、南京、苏州、无锡和徐州对此未作明确规定。笔者赞同南通等市的做法，而且这里的"征求"不同于立法过程中对公众意见和专家意见的征求，如果省人大常委会法工委不同意设区的市人大常委会所作的解释，后者应及时调整。这一制度安排既符合《立法法》对于设区的市立法权配置的规定，也有利于在事前避免设区的市人大常委会所作的解释违背地方性法规的立法原意或违反上位法的规定，防止省人大常委会对设区的市地方性法规的批准权被"架空"。这一立法经验对连云港市具有借鉴意义。

（2）关于地方性法规具体应用问题的解释权

对此各设区的市的立法规定存在很大差异，除南京和常州对此未作规定外，有的规定由设区的市人民政府解释，如南通、盐城；有的规定由设区的市人民政府主管部门解释，如泰州、扬州和镇江；而以往"较大的市"则规定由本市人民政府、市中级人民法院和市人民检察院解释，如徐州、苏州、无锡。由此反映出立法理论和实践对此问题的认识尚存在很大的争议。

笔者认为，法的解释作为立法活动的一种，应依法进行，其中的前提性问题就是法的解释权的来源应合法。尽管不同国家对于法的解释权与立法权的关系有着不同的理解，但作为现代国家权力存在和运行的起码的基本规则应得到普遍承认和遵循，即有权制定法律的机关同时应有权解释法律；无权制定法律的机关一般应无权解释法律，除非有明确的法律授权[1]。基于此种理解，2015年《立法法》专门在"附则"中对最高人民法院、最高人民检察院对具体应用法律的解释作出规定，并明确"最高人民法院、最高人民检察院以外的审判机关和检察机关，不得作出具体应用法律的解释"，根据全国人大常委会法工委的解释，这意味着地方各级人民法院和人民检察院均不得作出具体应用法律的解释。其实早在2012年最高人民法院、最高人民检察院就已联合发布《关于地方人民法院、人民检察院不得制定司法解释性质文件的通知》，明确规定地方人民法院、人民检察院一律不得制定在本辖区内普遍适用的、涉及具体应用法律问题的"指导意见""规定"等司法解释性质文件，制定的其他规范性文件不得在法律文书中援引，并要求地方人民法院、地方人民检察院进行自行清理。

1981年《全国人大常委会关于加强法律解释工作的决议》已明确规定："凡属于法院审判工作中具体应用法律、法令的问题，由最高人民法

---

[1] 周旺生著：《立法学》，第362页，法律出版社，2011年。

院进行解释；凡属于检察院检察工作中具体应用法律、法令的问题，由最高人民检察院进行解释。"上述规定是必须坚持的法律原则。根据我国的立法体制和司法体制，地方人民法院、人民检察院不得制定涉及行政管理、社会公共事务和公民权利义务等对具体应用法律的问题进行解释的规范性文件，只可以就自身建设和内部工作规范作出规定，也可以在总结审判、检察工作经验的基础上，制定相应的规范性文件，规范司法行为，指导审判、检察工作，但这些文件不是司法解释，不具有法律效力，不得作为裁判依据，不得在裁判文书中援引❶。因此，无论是对于省级地方性法规还是设区的市地方性法规，地方人民法院、人民检察院均无权对其具体应用问题制定司法解释性质文件，尤其是涉及行政管理、社会公共事务和公民权利义务等事项的法律规定。如果地方人民法院、人民检察院在审判实践中遇到需要对地方性法规进行解释的情形的，可以向设区的市人大常委会提出解释要求，由人大常委会相关机构审议决定。

那么，对于地方性法规具体应用问题的解释权究竟是由设区的市人民政府行使还是由设区的市人民政府主管部门行使呢？笔者认为，对于地方性法规具体应用问题的解释属于一种笼统性、概括性的立法活动，涉及的法律问题也应该是多方面的、综合性。此外，根据2015年《立法法》第82条第2款的规定，设区的市政府为执行法律、行政法规、地方性法规的规定的事项可以制定地方政府规章。因此，由设区的市人民政府对地方性法规具体应用问题进行解释更符合地方立法的特点和需要，更能保障法的解释的质量，也更有利于保障地方性法规的贯彻实施。当然，如果市人民政府在解释活动中涉及部门管理的事项，尤其是专业性、技术性较强的事项，应积极组织相关政府主管部门提出解释草案或参与解释活动。当然，随着地方性法规的日益明确化和精细化，由市政府进行具体应用问题解释的空间也将不断缩小，尤其是对于调整专门领域事项的地方性法规，如果本身不需要市政府对具体应用问题进行统一解释，只是对该专业领域某个具体事项的标准或操作规程加以细化，地方性法规可直接通过具体条文规

---

❶ 全国人大常委会法制工作委员会国家法室编著：《中华人民共和国立法法释义》，第329－333页，法律出版社，2015年。

定专门授权相关的市政府主管部门进行解释。

（3）关于设区的市地方性法规解释权限范围的界定

尽管地方性法规对于设区的市人大常委会和市政府或政府主管部门的解释范围作了不同的规定，但二者实际上在很大程度上是重合的，地方性法规在具体应用中的问题往往需要进一步明确地方性法规规定的具体含义或是否适用于法规制定后出现的新情况。从最高人民法院所作的大量司法解释看，很大程度上都是针对这两者作出的，这种界限不清的状况也是导致全国人大常委会法律解释数量较少的重要原因之一。因此，为避免在地方性法规解释权行使中出现类似的问题，应在总结以往立法实践（尤其是全国人大常委会立法解释和最高人民法院司法解释）经验教训的基础上，在地方性法规中分别对不同类型地方性法规解释权的适用范围作出合理的、具体的、可操作性的规定，连云港等设区的市可在《制定地方性法规条例》中对此进行探索。

（4）关于法的解释与法的修改的界限

如前所述，为维护法的稳定性和权威性，对于法的修改应慎重，通常只有在通过法的解释机制仍无法解决法与社会生活出现的重大矛盾时才可采用，这就需要划清法的解释与法的修改的界限，如果将二者混同，尤其是将本来应当以法的修改程序形成的制度变成以较为简单的法的解释程序所形成的制度，将严重损害法的严肃性。对此，有些学者的阐述颇具参考意义，即凡属于不需要改变原来的法律规定，而是作为一种特殊情况对法律规范进行变通执行的，可以采用法的解释的方式；或者从问题的性质看，应当修改法律规定，但问题比较具体，修改法律规定一时还提不上议事日程，可以先采用法的解释的方式[1]。对此，设区的市可以进行积极的探索，在《制定地方性法规条例》中将上述原则提升为法定制度，从而规范法的修改和法的解释活动，维护法的安定性和权威性。

（本文部分内容以《连云港市承接地方立法权面临的机遇、挑战与应对》为题目，发表于《连云港师范高等专科学校学报》2016年第3期。）

---

[1] 张春生主编：《中华人民共和国立法法释义》，第145页，法律出版社，2000年。

关于其他设区的市立法权配置与监督的若干思考

——苏北四市获得立法权的分析与展望

2013年11月《中共中央关于全面深化改革若干重大问题的决定》在"推进法治中国建设"中提出要"逐步增加有地方立法权的较大的市数量"。这意味着冻结了20年的"较大的市"审批工作将重启。就在各地城市正欲掀起新一轮申报热潮之际，2014年8月31日由第十二届全国人大常委会第十次会议初次审议并公布的《中华人民共和国立法法修正案（草案）》（以下简称《立法法草案》）第71条第4款明确规定"本法所称较大的市是指省、自治区的人民政府所在地的市，经济特区所在地的市、国务院已经批准的较大的市和其他设区的市"，从而赋予所有设区的市均享有"较大的市"地方立法权，这对于提高城市法治建设水平、全面深化改革具有重要意义，同时也对其他设区的市的立法工作提出新的机遇和挑战，更需要从理论上加以认真分析和研究，以回应地方立法权限扩大的改革实践。

一、赋予其他设区的市立法权的必要性分析

在《立法法草案》审议过程中，有个别委员提出赋予设区的市地方立法权的必要性不大，理由是现在的法律体系已经形成，立法日益细化，地方立法的空间不大；地方立法的质量普遍不高、部门利益化倾向严重等。[1] 笔者对此不敢苟同。从世界范围看，不论是单一制还是联邦制，绝大多数国家都赋予地方政权一定的立法权[2]，并呈不断扩大趋势。《中华人民共和

---

[1] 《地方立法权"收放之间"——全国人大常委会组成人员热议立法法草案中"扩大地方立法权"条款》，载新华网http://www.xinhuanet.com/，2014年8月29日。

[2] 李林著：《立法机关比较研究》，第228页，人民日报出版社，1991年。

国宪法》第 3 条第 4 款规定"中央和地方的国家机构职权的划分，遵循在中央的统一领导下，充分发挥地方的主动性和积极性的原则"，而地方立法权的赋予最能调动地方的主动性和积极性。自 1984 年国务院批准首批"较大的市"以来，在二十多年的时间里绝大多数"较大的市"在法制、经济、社会、文化等方面都取得长足进展，使城市各项事业逐步走上法治轨道，并对周边地区的发展起了很大的带动和促进作用。但随着市场经济和政治体制改革的不断深入，现行的较大的市及其立法制度的不足也日益显露❶，其中最突出的体现是"较大的市"的标准界定不清、范围过于狭窄。因此，无论是理论界还是实务界都在传递一个共同的呼声，即增加"较大的市"的数量，尤其是赋予设区的市享有"较大的市"的地方立法权，这对于促进地方经济发展、扩大民主参与、完善社会主义法制以及推进法治中国建设等都具有重要意义。

（一）适应城市格局的变化，缩小地区差距，促进地方经济更快发展

自 1994 年以来，国务院没有再批准新的"较大的市"。经过二十多年的发展，一方面，原有的一些"较大的市"并没有充分利用好这一有利条件，已失去当时发展的优势或特色；另一方面，从表 1 可以看出，一些没有地方立法权的设区的市在经济发达程度、人口规模、法制水平、战略地位、区域影响力等方面都远远超过国务院已经批准的一些"较大的市"，如浙江温州市、江苏南通市、广东佛山市以及甘肃天水市、湖北荆州市、新疆克拉玛依市等，它们迫切需要获得"较大的市"的法律地位，尤其是"先行先试"的立法权，以破解发展瓶颈，拓展改革空间，与区域内其他城市开展平等竞争或立法合作，从而缩小地区差距，推动本地经济再上新台阶。

---

❶ 陈光，于海亭：《较大的市立法的制度变迁及其改进》，载《中国矿业大学学报（社会科学版）》，2010 年第 1 期。

表1 "较大的市"与其他设区的市的指标对照表

城市类型	城市名称	面积（单位：平方公里）	常住人口（单位：万人）	GDP总量（2013年，单位：亿元）
国务院批准的较大的市	淮南市	5571	345.6	819
	本溪市	8414	173	1193
其他设区的市	南通市	8544	729	5039
	常州市	4385	468	4361
	盐城市	17000	824	3476
	淮安市	10072	553	2156
	连云港市	7446	520	1785
	宿迁市	8555	572	1706

资料来源：各城市政府网站。

（二）扩大基层民主，调动地方立法的积极性，提高地方法制水平

目前全国尚有233个设区的市没有地方立法权，其中多数管辖范围广、人口规模大，与省级城市和中央政府相比，这些设区的市与人民群众更为接近，立法涉及的事项与群众生产生活的联系更为密切，人民群众也更有条件和意愿直接参与地方立法过程，从而进一步发展基层民主。此外，由于没有地方立法权，一些设区的市人大及其常委会通过的决议往往让位于地方政府或部门领导人的意志，再加上《监督法》取消了述职评议，使得这些地方的人大常委会处于更加消极的状态。通过赋予设区的市享有地方立法权，可以极大地调动地方人大立法的主动性和积极性，提高地方人大决议的权威性和规范性，一定程度上限制"红头文件"的泛滥，同时，当地方人大与政府在立法事项上出现利益冲突时，人大可通过公开立法过程获得民意上的支持，从而与政府展开博弈[1]。地方立法质量的改进必然带来地方法制水平的提高，而通过地方立法的细化使中央立法更好地与本地实际情况相结合，或者在不与上位法相抵触的情况下对地方性事务作出自主安排，对于提高广大设区的市的依法治理水平将发挥重要作用。

---

[1] 李克难：《地方立法权的"两难处境"》，载《凤凰周刊》，2014年第14期。

(三) 更好地发挥中央立法的"试验田"作用，推进法治中国建设

二十多年的改革实践证明，政治智慧和创新源泉在地方、在基层、在民众之中。❶ 从安徽小岗村到深圳特区再到上海自贸区，地方立法的一系列创新成果为中央立法的制定和完善提供了丰富的经验和素材，有利于化解改革风险，降低改革成本。介于省级与县级之间的数量众多的设区的市在我国经济社会发展和民主政治建设中历来具有重要的地位和作用，赋予它们享有地方立法权，既有利于将本市既有的改革成果以法律形式巩固下来，也可以为中央立法开辟众多的"试验田"，充分释放和挖掘地方立法创新的潜力和价值，为中央立法提供更好的蓝本和框架，从而提高中央立法的科学性，促进法治中国建设，加强国家治理体系和治理能力建设。

二、对《立法法草案》相关条款的规范解读

(一) 其他设区的市享有立法权的确定主体

1982 年《地方组织法》规定"较大的市"需经国务院批准。自 1984 年起，国务院先后分四批共批准 19 个"较大的市"（其中重庆市后来升格为直辖市），但 1994 年以后国务院没有再批准新的"较大的市"。由于"较大的市"的批准实际上涉及地方立法权（尤其是地方人大立法权）的授予，因此，单纯由行政机关决定并不符合权力分配的科学❷，而且由中央统一审批往往难以平衡地区差距，使许多中西部城市丧失竞争优势。因此，《立法法草案》对此作了较大幅度的调整，一方面在第 71 条第 4 款明确将"其他设区的市"纳入"较大的市"，不必再经过国务院的批准；另一方面又在第 71 条第 5 款规定，前款规定的其他设区的市，开始制定地方性法规的具体步骤和时间，由省、自治区的人民代表大会常务委员会根据本省、自治区所辖的设区的市的人口数量、地域面积、经济社会发展情况等因素确定，并报全国人民代表大会常务委员会备案。应该说，这一制度

---

❶ 莫于川：《当下的行政改革创新应注重发挥地方的主动性、积极性和创造性》，载中国宪政网 http://www.calaw.cn/，2007 年 7 月 26 日。

❷ 孙鞨：《重启审批"较大的市"的若干法律问题》，载《前沿》，2014 年第 4 期。

安排既符合权力机关与行政机关的职责分工,又充分考虑到其他设区的市之间存在的较大的地区差异,并赋予全国人大常委会对各地立法权限的分配通过备案审查予以监督,因此,在操作思路上更为科学、合理。

(二) 其他设区的市享有立法权的确定标准

"较大的市"本身在语言表述上就带有不确定性,因为"较大"是相对于参照物而言。据学者考证,1983年12月国务院办公厅曾向各省、自治区政府发出《关于对"较大的市"的名单(草案)征求意见的通知》(以下简称《通知》),其中提到"除各省省会外,从五十万人口(非农业人口)以上的大城市中,按照一省一个的原则,并适当考虑经济发展水平、涉外活动多少等情况,选出十一个市",并明确"先搞少一点,待取得经验以后,再定一个办法"[1]。但时隔30多年,这一"审批办法"始终未能出台。在实际操作中,通常由国务院法制办根据申报情况实地考核后确定,在"批复"文书中也从未阐述批准或不批准的理由。此次《立法法草案》将"较大的市"的外延扩展到所有设区的市,并规定由各省、自治区人大常委会根据人口数量、地域面积、经济社会发展情况等因素确定其他设区的市制定地方性法规的具体步骤和时间,报全国人大常委会备案。与前述《通知》相比,这里的人口、数量等因素不是在全国统一适用,而是由各省、自治区人大常委会根据本省的实际情况自主把握;此外,没有数量指标的控制,只是时间先后的次序安排。因此,在制度设计上具有一定的进步性,但从地方立法的本质属性看,该制度设计仍存在一些弊端。

无论是探讨"较大的市"的审批标准,还是"其他设区的市"制定地方性法规的步骤和时间的确定标准,都不能背离地方立法的本质属性。地方立法的本质属性在于地方的自治性和特殊性,使用什么样的标准或条件来决定是否赋予地方立法权,主要看该地方是否具备较好的自治基础和自治能力,是否具有特殊的立法需求,以及是否具有相应的立法条件和能力等,同时还要考虑到地区差异、区位优势和区域影响力等因素,而不应简

---

[1] 李兵:《国务院批准具有立法权的"较大的市"行为研究》,载《行政法学研究》,2006年第2期。

单地以城市人口、地域面积、经济发展水平等为条件。2009年国务院法制办主任曹康泰在谈到重启"较大的市"审批工作时曾提出"较大的市"应具备的四个条件：一是城市规模较大，综合实力较强，在区域经济发展中有较大的影响力；二是依法行政水平较高，法制机构健全，法制力量满足立法需要；三是城市人文和社会环境较好；四是有着特殊的立法需求。[1]其中的指标设计及所折射出的理念已明显迥异于1983年的《通知》，体现出中央政府对地方立法本质属性认识的深化。

笔者认为，为避免各省、自治区人大常委会在实际操作中简单机械地理解和执行《立法法草案》的有关规定，或者各自为政、操作混乱，甚至背离地方立法的本质属性，应注意以下几个方面：一是修改《立法法草案》第71条第5款的规定，去掉"人口数量""地域面积"等不直接相关因素，增加地方人大立法水平、地方政府依法行政水平、地方政务公开透明度、民众参与地方立法的情况以及区域影响力等关系更为密切的因素。二是考虑到《立法法草案》难以对此作出详细规定，可以由全国人大常委会或由其授权国务院出台专门的办法，对确定其他设区的市享有地方立法权时所遵循的指导思想、基本原则以及应当考量的因素、可以考量的因素等作出指导性规定，由各省、自治区人大常委会参照适用。三是对各省、自治区上报的安排方案，全国人大常委会要切实担负起备案审查的监督作用，对不符合地方立法本质属性要求的做法，应及时纠正；对一些有益的创新经验应深入研究、总结推广。

（三）其他设区的市立法权限的划分

联邦制国家一般在宪法中明确列举中央的立法权，而将剩余的立法权保留给地方。我国属于单一制国家，我国《宪法》第3条第3款规定：中央和地方的国家机构职权的划分，遵循在中央的统一领导下，充分发挥地方的主动性、积极性的原则。从广义上讲，单一制国家的地方立法权都来自中央的授予，其中，部分来源于宪法，有学者称之为"职权立法"；部

---

[1] 马勇田：《对"较大的市"应有退出机制》，载新华社－瞭望东方周刊，2010年3月22日。

分由中央以法律或专门决议的形式授予，被称为"授权立法"。❶ 根据《立法法草案》的规定，设区的市所享有的"较大的市"的立法权主要分为以下几类。

1. 执行性立法

根据第72条第1款第1项的规定，地方性法规可以就"为执行法律、行政法规的规定，需要根据本行政区域的实际情况作具体规定的事项"作出规定。第81条第2款第1项规定，地方政府规章可以就"为执行法律、行政法规、地方性法规的规定需要制定规章的事项"作出规定。执行性立法存在的必要性在于上位法的规定比较原则、笼统，难以顾及各地具体情况的差异。尽管随着中央立法的日趋细化和完善，地方立法空间在不断压缩，但由于我国设区的市数量多、范围广、差异大，中央立法很难做到面面俱到，只能由各地根据自身情况对上位法作出具体规定，以增强中央立法在地方的可操作性。因此，执行性立法仍有存在的必要，但应注意避免简单照搬上位法，以提高执行性立法的质量，节约地方立法资源。对此，《立法法草案》新增第72条第3款规定，即"制定地方性法规，对法律、行政法规已经明确规定的内容，一般不作重复性规定"，这对于规范地方立法尤其是执行性的地方立法尤为重要。

2. 地方性事务立法

第71条第2款规定："较大的市人大及其常委会根据本市的具体情况和实际需要，在不同宪法、法律、行政法规和本省、自治区的地方性法规相抵触的前提下，可以制定地方性法规，报省、自治区的人大常委会批准后施行。"第72条第1款第2项规定，地方性法规可以就"属于地方性事务需要制定地方性法规的事项"作出规定。第81条第2款第2项规定，地方政府规章可以就"属于本行政区域的具体行政管理事项"作出规定。地方性事务立法的必要性在于地方事务的自主管理，是城市地方自治的体现。设区的市作为行政架构中比较特殊的一级，其与省级、县级管理的事务在性质和内容等方面都存在明显不同。但现行宪法和《地方组织法》只笼统规定了县级以上地方人大和政府以及乡级政府的职权，并没有对设区

---

❶ 马岭：《地方立法权的范围》，载《中国延安干部学院学报》，2012年第3期。

的市的职权作出单独规定,无法为设区的市行使地方性事务立法权提供法律依据。

对此,《立法法草案》增加第 71 条第 6 款的规定,即"较大的市制定地方性法规限于城市建设、市容卫生、环境保护等城市管理方面的事项",目的是为了明确"较大的市"制定地方性事务立法的权限,但由此产生的问题是如何界定"城市管理方面的事项"。城市管理是一个高度抽象的概念,在不同的语境中具有不同的含义,如可以从城管执法、市政管理或城市治理[1]等角度分别界定。相应地,对于城市管理的范围或事项也有不同的理解,如 2002 年《国务院关于进一步推进相对集中行政处罚权工作的决定》规定可以集中行使处罚权的城市管理领域主要包括市容环境卫生、城市规划、城市绿化、市政管理、环境保护、工商行政管理、公安交通管理等七个方面。而根据 2012 年《天津市城市管理规定》第 2 条的规定,城市管理包括对市容环境、园林绿化、市政公路、城市排水、河道、公共客运交通、道路交通安全、社区公益性服务设施与社区环境等实施的管理。仅从以上论述即可看出,"城市管理方面的事项"远远多于《立法法草案》所列举的城市建设、市容卫生、环境保护等方面,带有一定的开放性和不确定性,如以此来界定"较大的市"的立法权限,既不利于规范地方立法活动,也不便于省级人大常委会操作,更不符合《立法法草案》第 6 条新增的"立法应当从实际出发……做到法律规范明确、具体,具有可执行性和可操作性"的要求。

随着经济社会的快速发展和民主法治的不断推进,地方事务自主管理的范围将日益广泛。而省直管县(包括县级市)改革的推行,使得设区的市与省(自治区)以及县(县级市、自治县)之间的关系更加复杂。因此,应尽快从法律上科学界定中央与地方之间,以及省级以下事权的划分,明确界定设区的市管理的事务范围,从而为其行使地方性事务立法权

---

[1] 如 2012 年首部以"城市治理"命名的《南京市城市治理条例》出台,该条例第 2 条第 1 款将城市治理定义为"为了促进城市和谐和可持续发展,增进公众利益,实行政府主导、公众参与,依法对城市规划建设、市政设施、市容环卫、道路交通、生态环境、物业管理、应急处置等公共事务和秩序进行综合服务和管理的活动"。第 2 款却将城市管理定义为"政府及其有关部门依法行使行政权力,对前款所列城市公共事务和秩序进行组织、监管和服务的活动,是城市治理的基础性内容"。

奠定法律基础。需要注意的是，与执行性立法不同，地方事务性立法赋予地方更大的自主性，它没有强调必须依据上位法的规定来制定，而只要求不与上位法相抵触即可，这里的"相抵触"既包括不与上位法的具体规定相抵触，也包括不与上位法的精神或原则相抵触。这意味着对于属于设区的市可以自主处理的地方性事务，即使上位法没有作出规定，只要不与上位法的基本精神或原则相抵触的，设区的市仍可以制定地方立法。

3. 先行性立法

《立法法草案》第72条第2款规定：除本法第八条规定的事项外，其他事项国家尚未制定法律或者行政法规的，省、自治区、直辖市和较大的市根据本地方的具体情况和实际需要，可以先制定地方性法规。在国家制定的法律或者行政法规生效后，地方性法规同法律或者行政法规相抵触的规定无效，制定机关应当及时予以修改或废止。先行性立法源于我国改革开放的阶段性需要与实践经验，也是各地竞相申报争取成为"较大的市"的主要动因。与前述地方性事务立法不同，先行性立法所涉及的事务范围更为广泛，包括中央专属立法事项[1]以外的所有事项，如法律保留以外的中央立法事项、中央与地方均可立法的事项以及地方立法事项。在立法形式上，先行性立法仅限于地方性法规，不包括地方政府规章。因此，对于设区的市而言，只有其人大及其常委会有权制定先行性立法。

此外，《立法法草案》还新增第13条规定，即"全国人大及其常委会可以根据改革发展的需要作出决定，就特定事项在部分地方暂停适用法律的部分规定"。这一规定主要源于广东省和上海自贸区先行先试的改革实践[2]。但从该规定的具体内容看，其适用范围是"部分地方"，具有普遍适用性，将来也可能适用于一些"设区的市"。但与前面的先行性立法不同，

---

[1] 《立法法》第8条规定："下列事项只能制定法律：（一）国家主权的事项；……（四）犯罪和刑罚；（五）对公民政治权利的剥夺、限制人身自由的强制措施和处罚；……（九）诉讼和仲裁制度；（十）必须由全国人大及其常委会制定法律的其他事项。"这一规定又被称为"法律保留事项"，对于这些事项，包括设区的市在内的地方立法均不得染指。

[2] 2012年《全国人大常委会关于授权国务院在广东省暂时调整部分法律规定的行政审批的决定》；2013年《全国人大常委会关于授权国务院在中国（上海）自由贸易试验区暂时调整有关法律规定的行政审批的决定》规定对国家规定实施准入特别管理措施之外的外商投资，暂时调整《外资企业法》《中外合资经营企业法》和《中外合作经营企业法》规定的有关行政审批。

首先，这里的先行性立法不是针对法律或行政法规出现"空白"的领域，而是针对现行法律的部分规定暂停适用的领域。其次，《立法法草案》没有对先行性立法的具体形式作出规定，从上海自贸区的改革实践看，主要表现为地方政府规章❶。对此，笔者认为，全国人大常委会对法律的部分规定暂停适用后，在该地方就该特定事项该如何调整实际上处于法律"空白"状态，这在本质上与前述先行性立法具有相通性。从保持立法条文之间的一致性和保证先行性立法质量的角度考虑，全国人大及其常委会在授权决定中应当明确授权的期限、被授权机关实施授权决定的方式和应当遵循的原则等，对暂停适用法律部分规定的事项应授权给地方性法规或行政法规来调整，原则上不应该授权给地方政府规章及规章以外的规范性文件。

（四）对其他设区的市行使立法权的监督机制

自赋予"较大的市"行使立法权以来，"较大的市"的立法数量迅速增加，但立法质量却不尽如人意，普遍存在以下一些问题：一是重复性立法大量存在，越权立法和地方保护主义立法时有发生，创新性立法和地方特色立法较少；二是地方性法规与地方政府规章的立法权限划分不清，地方政府规章抢夺地方性法规"地盘"的现象大量存在❷；三是地方人大在立法中的主导作用未充分发挥，地方政府及其部门处于相对强势的地位❸；四是地方立法的稳定性较差，易受地方政策的影响或干扰。这些问题在其他设区的市的立法活动中将同样存在并可能呈放大趋势，如不少设区的市的人大处于更加消极的状态，地方政府或部门长官对人大决议的干扰性更强等，因此，有必要构建和完善对其他设区的市行使立法权的有效的监督机制。

事实上，现行《立法法》对"较大的市"的立法已经设置了一些监督机制，一是规定"较大的市"制定的地方性法规须报省级人大常委会批准

---

❶ 如2013年9月上海市政府根据全国人大常委会的授权决定先后制定了《中国（上海）自由贸易试验区外商投资企业备案管理办法》《中国（上海）自由贸易试验区境外投资项目备案管理办法》《中国（上海）自由贸易试验区外商投资项目备案管理办法》等一系列政府规章。

❷ 张海燕，朱恒顺：《关于地方立法的审视和反思》，载《青岛科技大学学报（社会科学版）》，2007年第1期。

❸ 杨朝顺，李边疆：《关于较大的市地方立法工作的实践与思考》，载《山东人大工作》，2014年第5期。

后施行,由省级人大常委会对其合法性进行审查;二是规定"较大的市"制定的地方性法规由省级人大常委会报全国人大常委会和国务院备案,而"较大的市"制定的地方政府规章须分别报本级人大常委会、省级人大常委会和省级人民政府以及国务院备案。但从实际运作情况看,上述监督机制并未充分发挥作用,如对同一立法事项,地方多制定政府规章以规避地方性法规须经批准的严格程序,备案审查也往往流于形式。而随着更多的设区的市被赋予地方立法权,现行监督机制还要面临更加严峻的挑战,如大量待批准的地方性法规的"涌入"将使法律人才储备和人员编制本来就十分有限的省级人大常委会不堪重负,其能否再切实履行好备案审查的监督职能更引人质疑。

笔者认为,由于其他设区的市数量众多、地域广博,如对其立法质量把控不严,将对国家的法制统一和地方发展带来不可低估的负面影响。因此,必须谨慎行事、稳步推进、统筹安排、综合考量,构建全方位的、多层次的、系统的、动态的监督机制,具体包括以下几个方面。

(1) 在人力物力财力上加强其他设区的市立法力量的建设,尤其是充实市人大及其常委会法律专业人才的配备,全国人大或省级人大应加强指导并定期举行立法培训,以提高地方立法能力。

(2) 及时修改和完善地方立法的制定程序。现行《立法法》第68条规定,地方性法规的立法程序由本级人大参照全国人大及其常委会的立法程序规定。这里的"参照适用"并非刚性规定,从实际情况看,绝大多数地方出台的规定均集中在2001—2003年,国务院也在2002年制定了《规章制定程序条例》,这些规定在立法程序设计上略显粗糙陈旧、缺乏创新,尤其是在专家咨询论证、网络公开、公众参与、立法评估等方面明显不足,无法适应新形势的现实需要。

(3) 充实省级人大常委会的力量,改革"较大的市"制定的地方性法规的报批制度,完善备案审查程序。《立法法》规定"较大的市"制定的地方性法规既要报省级人大常委会批准又要报省级人大常委会备案,二者实质上都是进行合法性审查,因此,没有必要重复设计,而且还加大了地方人大和省级人大的立法负担、拖延立法时间。笔者认为从保证地方立法质量的角度考虑,目前不宜一概废除报批制度,但可分阶段逐步放松,如对新被赋予立法权的其他设区的市制定的地方性法规仍由省级人大常委会批准,而对于其他"较大的市"的地方性法规则改为备案审查即可,但应充实省级人大常委会的审查力量,增加备案审查的时限、权限分工、异议处理、意见反馈、救济途径等规定,切实发挥备案审查的立法监督作用。

(4)对"较大的市"实行动态考核,建立退出机制[1]。获得"较大的市"的法律地位即意味着占有更多的立法资源,随着其他设区的市的陆续加入,为更加公平有效地分配有限的立法资源,有必要引入竞争机制,具体做法是:可由全国人大常委会、国务院和省级人大常委会成立联合考核小组,从地方立法力量建设、立法程序设计、立法实践效果、公众满意度等方面定期进行量化考核和监督检查,对连续落后且整改不力的城市实行强制退出,以督促其他"较大的市"不断提高立法质量,更好地服务于城市经济社会的发展需要。

三、对苏北四市获得立法权的分析与展望

江苏省现有13个设区的市,其中,南京作为省会城市属于"较大的市",无锡、苏州和徐州属于国务院批准的"较大的市",剩余的9个设区的市分别是南通、常州、泰州、扬州、镇江、盐城、淮安、连云港和宿迁,其中,南通和常州作为苏南城市在经济发展水平上遥遥领先于其他7个城市,而且很早就已开始积极筹备申报"较大的市",相比之下,苏北四市(即盐城、淮安、连云港和宿迁)则较为被动。此次《立法法草案》的修改使苏北四市直接成为"较大的市",不必再经过国务院的审批,也不必在全国范围内与其他城市激烈竞争,而是由江苏省人大常委会根据省内具体情况综合考量多种因素来确定9个设区的市制定地方性法规的具体步骤和时间,这为苏北四市获得地方立法权带来新的契机。

目前江苏省"较大的市"主要集中在苏南地区,首先,从平衡地区差距、推动全省经济社会协调发展的角度考虑,下一步新的"较大的市"的确定不会只集中在苏南,苏北地区至少应先确定一个"较大的市"。从表1的简单对比中可以看出,与盐城和淮安相比,连云港和宿迁两市在人口数

---

[1] 马勇田:《对"较大的市"应有退出机制》,载新华社－瞭望东方周刊,2010年3月22日。

量、地域面积、经济发展水平等方面尚存在不小差距，但由于"较大的市"的确定需要综合权衡多种因素，并不限于以上几项指标，如从战略地位和区域影响力看，连云港位于南北过渡和陆海过渡的交汇点，是全国首批沿海 14 个对外开放城市之一，也是国际通道新亚欧大陆桥东端桥头堡，在加快苏北振兴，推进江苏沿海开发，提升长三角地区整体实力以及促进中西部地区发展，加强中国与中亚、欧洲和东北亚国家的交流与合作中具有重要的战略地位。其次，从文化教育上看，除宿迁外，盐城、淮安和连云港均有两个普通本科院校，其中，淮海工学院在 2013 年获得独立的硕士学位授予权，走在苏北其他三个城市的前列，但淮安大学正在筹备中，苏北地区高校之间的竞争将日趋激烈。高校有利于聚集高端人才，为提高地方立法水平和推动高新产业发展提供智力支持。最后，从地方立法力量建设看，由于没有地方立法权，苏北四市人大的立法能力普遍不足，尤其是法律专业人才缺乏，以连云港市为例，市人大常委会中绝大多数人员未受过法学专业训练，基本上不从事立法职能，也不敢积极承担备案审查的职能，通常对报送备案的规范性文件作出"暂未发现违法情况"的模糊结论，以规避法律责任。而连云港市政府的人员编制严重不足，主要负责立法工作的法规处只有 2 个人，远不能适应日益激增的立法需求，应尽快予以解决。

能否争取较早被确定为"较大的市"，对于破解地方经济发展中的难题，提高本市在区域发展的竞争力具有至关重要的意义。随着《立法法草案》的通过和生效，围绕"较大的市"申报的新一轮竞争将在江苏省内，尤其是苏北四市中激烈展开，究竟谁能胜出，将取决于各市领导者是否充分重视、早做准备，尤其要尽快加强地方立法力量建设，规范地方立法程序，提高依法治市水平，可成立专门的筹备组主动听取地方人大、政协、政府部门和专家学者、社会公众的意见，认真学习借鉴其他"较大的市"的立法经验，展开深入的调查研究，一旦条件具备、时机成熟，便可抓住机会积极申报，从而为推动本市深化改革、加快发展创造更好的法制环境和机遇条件。

（本文部分内容以《关于"其他设区的市"立法权配置与监督的若干思考》为题目，发表于《江苏社会科学（学术版）》，2015 年第 1 期。）

江苏省设区的市立法的现状、问题与对策

2013年11月党的十八届三中全会决定提出"逐步增加有地方立法权的较大的市数量"。2014年10月党的十八届四中全会决定明确提出"依法赋予设区的市地方立法权"。2015年3月公布的《立法法》将地方立法权主体从原来的49个"较大的市"扩展到所有设区的市和4个不设区的地级市,并规定:"其他设区的市开始制定地方性法规的具体步骤和时间,由省、自治区的人民代表大会常务委员会综合考虑本省、自治区所辖的设区的市的人口数量、地域面积、经济社会发展情况以及立法需求、立法能力等因素确定,并报全国人民代表大会常务委员会和国务院备案。"

《立法法》修改前,江苏享有地方立法权的城市仅有南京、无锡、苏州和徐州四个"较大的市"[1]。《立法法》修改后,江苏省人大常委会在规范理解《立法法》有关规定的基础上,紧密结合江苏省其他设区的市的实际情况、经济社会发展需要、立法需求和能力,采取分两批、分区域逐步放开的推进方式,即常州、南通、盐城、扬州、镇江和泰州六市作为第一批城市自2015年7月31日起开始行使地方立法权;连云港、淮安和宿迁三市作为第二批城市自2016年1月15日起开始行使地方立法权。这一推进战略在地域分布上主要按照先苏南后苏北的顺序进行,比较符合江苏省的实际情况和区域布局。在时间安排上两个批次相差半年间隔期,可以为苏北城市做好承接设区的市立法工作预留更多的时间,体现了积极性与稳

---

[1] "较大的市"作为一个法律概念在《立法法》修改前后发生了变化。2000年《立法法》第64条第4项规定,本法所称较大的市是指省、自治区的人民政府所在地的市,经济特区所在地的市和经国务院批准的较大的市。2015年《立法法》只在两处提到"较大的市",特指"国务院已经批准的较大的市"。本文如有特别说明,使用的仍是2000年《立法法》规定的"较大的市",具体到江苏省,是指省政府所在地的市和经国务院批准的较大的市,具体包括南京、苏州、无锡和徐州四市。

妥性相结合的精神。至此,江苏省 13 个设区的市均获得地方立法权。

一、江苏省设区的市立法的现状

江苏在推进法治建设方面一直走在全国前列,地方立法更被明确列入建设法治江苏的总体目标。2001 年江苏省在全国率先总结提炼出一条具有普适性的地方立法原则,即"不抵触、有特色、可操作",其后又加上"少而精"的原则,丰富了地方立法原则的内容❶。另有多部设区的市立法在全国处于领先地位,如《苏州园林保护和管理条例》《苏州市警务辅助人员管理办法》《南京市电梯安全条例》《无锡市外送快餐卫生管理规定》《无锡市历史文化遗产保护条例》《连云港市海洋牧场管理条例》等均为该领域的全国首部地方性法规,填补了地方乃至全国立法的空白。新《立法法》颁布后,以往"较大的市"在立法范围、立法程序等方面均做了相应调整,新获得立法权的设区的市也积极做好承接工作,稳步推进地方立法,法治江苏建设迈向新的发展阶段。

(一)以往"较大的市"立法现状

首先,《立法法》修改以前,"较大的市"的立法权限范围较宽,除第八条规定的法律保留事项以外的其他事项均可立法。《立法法》修改以后,将所有设区的市立法权限定在"城乡建设与管理、环境保护、历史文化保护等方面的事项"(以下简称"三方面等事项")。据此,苏州、徐州、无锡等市陆续修改地方性法规条例,根据新《立法法》的规定重新界定立法权限,修改完善立法程序,如发挥人大在立法中的主导作用,完善立法规划和立法计划制度,细化立法审议程序,增加立法后评估等。对列入 2015 年立法计划但明显不属于"三方面等事项"的项目,不再制定或提请审议,如徐州市企业工资集体协商条例、徐州市法院执行联动条例等。其次,立法步伐逐渐放慢,从一味追求数量转向立法数量与质量并重。如徐州市人大常委会 2014 年、2015 年立法计划列入的正式项目均为 4 项,

---

❶ 季秀平:《江苏地方立法的实践经验与完善对策》,载《淮阴师范学院学报(哲学社会科学版)》,2013 年第 5 期。

2017年调整为2项。最后，继续探索推进科学立法和民主立法，如2015年《苏州市居家养老服务条例》的制定首次采用由市人大常委会相关工委组织起草法规草案，由主任会议向市人大常委会提出法案的方式。在人大审议过程中对存在很大意见分歧的居家养老服务设施的规划配套标准问题，首次启动个别条款单独表决程序，更加精准地反映各方面意见。

（二）新获得立法权的设区的市立法现状

首先，目前9个新获得立法权的设区的市均设立了法制委员会和法工委。据全国人大常委会法工委统计，截至2016年6月，江苏省9个新获得立法权的设区的市法制委员会人数为78人，平均每个设区的市8~9人，76%具有法律工作经历；法工委编制63人，现实有人数49人，平均每个设区的市5~6人，61%具有法律工作经历❶。这一配置在全国处于比较领先的地位。其次，立法工作稳步推进。据全国人大常委会法工委的统计，截至2016年12月底，江苏省新获得立法权的9个设区的市共制定16部地方性法规，平均每个设区的市1~2部。从泰州、镇江、宿迁、连云港等市政府办公室公布的政府规章立法计划看，平均每个设区的市2~3部，远远低于以往较大的市立法的数量和速度。最后，立法程序机制日益完备。截至2017年5月，共有7个市出台了《制定地方性法规条例》，淮安和连云港两市已将该立法项目列入2017年立法计划；另有7个市出台了政府规章制定程序规定，南通和宿迁两市正在起草相关规定，这为设区的市立法程序的规范化提供了法律依据。一些设区的市探索开展委托第三方起草，如《镇江市城市管理综合行政执法条例》草案委托江苏大学起草，《连云港市海洋牧场管理条例》草案委托大连海事大学起草等。注重运用新媒体手段公开征求意见，如南通市人大常委会在制定《南通市濠河风景名胜区条例》的过程中，在本地较有影响的网络平台"濠滨论坛"发起讨论，广泛征集意见❷；镇江市人大常委会在制定《镇江市金山焦山北固山南山风景

---

❶ 《各地人大及其常委会立法机构和立法队伍建设情况》，中国人大网 http：//www.npc.gov.cn/，2016-9-20。

❷ 李希：《论设区的市立法协商制度的建立与完善——以南通市濠河风景名胜区条例立法为视角》，载《江苏省法学会立法学研究会2016年年会论文集》，2016（10）。

名胜区保护条例》的过程中，与镇江第一门户金山网合作征集民意，累计有 15 万人次参与，梳理形成市民意见建议 1200 余条❶。

二、江苏省设区的市立法面临的问题

（一）各地立法资源分布不平衡

广义的地方立法资源是指能够用于地方立法活动的一切必要投入和可能投入的人力、财力、物力、技术、信息等社会资源❷。地方立法资源的投入和建设与地方经济社会发展水平、地方领导对法治的重视程度、地方法学院校和研究机构分布等因素有关，江苏省各设区的市之间呈现出显著的南北差异和不平衡格局。一是各地对立法工作的重视程度明显不同。南通、镇江、扬州等市在《立法法》修改之前就已积极筹备并争取申报"较大的市"，《立法法》修改后更是主动争取早日获得地方立法权，体现出超前的立法理念和强烈的立法需求，而连云港、宿迁等市在地方立法主体扩容进程中表现得较为滞后、被动。二是在立法机构和人才队伍建设方面，扬州、淮安等市人大立法机构多达十余人，并进行了一定范围的公开选聘，连云港、宿迁等市只有 5~6 人，采取内部调剂的方式任用，勉强维持正常工作；镇江、扬州、南通、泰州等市人大常委会还专门举行立法培训班，不断提高本市立法工作能力和水平。三是在地方高校资源分布上，相比南京、苏州、徐州等市，泰州、常州、连云港、宿迁等地方高校法学资源相对匮乏，师资力量和科研水平有限，难以为日益复杂化和专业化的地方立法工作提供充分的立法理论指导和高水平的咨询建议。市外专家又因不熟悉本地实际情况以及时间精力的限制，在参与方式和参与深度等方面受到诸多制约，难以完全担负起地方立法咨询服务工作。

（二）设区的市立法权限界定不清

首先，新《立法法》在限定设区的市立法权限范围的同时又规定，

---

❶ 刘同君：《论地方立法权扩容的意义及其风险类型——以镇江市立法实践为分析样本》，载《江苏省法学会立法学研究会 2016 年年会论文集》，2016（10）。

❷ 李高协：《地方立法资源的配置与利用研究》，载《人大研究》，2005 年第 4 期。

省、自治区的人民政府所在地的市、国务院已经批准的较大的市已经制定的地方性法规，涉及三方面等事项范围以外的，继续有效。据2013年苏州市人大常委会的统计，在现行有效的法规中，有关政治建设方面的占7.7%，经济建设占21.2%，文化建设占15.4%，社会建设占26.9%，生态文明建设占28.8%。徐州市人大常委会2017年立法计划"调研项目"列出的《徐州市市区农贸市场管理条例》（修订）、《徐州市行政执法监督管理条例》（修订）明显不属于"三方面等事项"。设区的市可否对这些法规进行修改？为防止"借修法之名行立法之实"，如何把握修改的界限和幅度？其次，"三方面等事项"在语言表述上具有模糊性和不确定性，难以为地方立法实践提供明确的指引。如已出台的《泰州市公共信用信息条例》和列入泰州市人大常委会2016年立法计划的《泰州市艾滋病性病防治管理条例》《泰州市房屋征收与补偿条例》《泰州市无偿献血管理条例》等项目，按照立法语言的理论判断标准恐难以归入"三方面等事项"。最后，如何理解新《立法法》第72条第2款规定的设区的市地方性法规不得与省级地方性法规"相抵触"？尤其是在省级地方性法规基本覆盖城市管理和环境保护主要领域的情况下，如果从严把握"抵触"标准，设区的市立法几乎难以有所作为，从而产生大量重复性规定，造成立法资源的浪费。如连云港、徐州等市在进行城市市容和环境卫生管理立法时就面临这样的问题。

（三）公众参与地方立法的积极性不高

与中央和省级立法相比，设区的市与人民群众更为接近，立法涉及的事项与群众生产生活的联系也更为密切，人民群众应该更有条件和意愿参与地方立法。在制度保障上，设区的市立法法规对公众参与地方立法的立项、起草、审查等环节作了明确规定。在参与方式上，除专家外，普通民众参与地方立法的主要方式是门户网站公开征求意见、召开座谈会或听证会。但从现实情况看，公众参与地方立法的热情并不高，参与的人数比较少。如从门户网站的浏览次数看，自2014年9月到2016年8月，无锡市人大常委会网站相继发布关于养老、旅游、公共信用信息、公共交通、残疾人保护等领域的法规草案征求意见公告，但截至2017年5月，这些公告的浏览次数分别为24次、27次、34次、33次、18次。据连云港市政府法制办介绍，尽管绝大多数政府规范性文件在起草或审查阶段均通过门户网站甚至市中心电子广告大屏公示，但从反馈情况看，只有两件规范性文件收到公众通过电子邮箱发来的意见和建议，而参加征求意见座谈会的代表主要来自单位推荐，尚无主动报名参加的公众。

2017年3月，笔者组织学生在苏州、徐州、无锡以及南通、盐城、连云港这6个设区的市随机开展了"江苏省设区的市居民立法意识问卷调查"，共发放120份问卷，回收120份问卷。调查结果显示，尽管有超过52%的人认为公众参与有利于提高本市立法质量；61%的人认为获得地方立法权与本市居民具有一定关系或密切关系；40%的人表示非常愿意参加本市立法建议的征集，明确表示"不愿意"的只有4.2%。但在另一方面，仍有50%的人不清楚本市是否拥有地方立法权；只有7%的人读过《立法法》，35%的人没听过该法；42%的人不清楚地方性法规和地方政府规章的制定机关；只有8%的人阅读过本市出台的立法，70%的人从未读过或从未听说过；87%的人从未参与过本市立法建议征集。可见，公众参与地方立法的愿望与现实之间存在较大的差距，地方民众对于立法法的认知度不高，参与立法的能力不足，参与的效果并不理想。

（四）第三方参与立法的配套制度不足

十八届四中全会决定规定"对部门间争议较大的重要立法事项，由决策机关引入第三方评估"，并在"深入推进科学立法、民主立法"时提出"探索委托第三方起草法律法规草案"。新《立法法》第53条第2款规定："专业性较强的法律草案，可以吸收相关领域的专家参与起草工作，或者委托有关专家、教学科研单位、社会组织起草。"江苏省和多数设区的市立法法规也对委托第三方起草法规草案或立法后评估作出规定[1]。如2015年苏州市人大首次委托第三方律师事务所承担修订献血条例的立法审查论证事项，全过程参与法规的起草、调研、论证、审核、修改、审议、报批

---

[1] 如《镇江市制定地方性法规条例》第10条第3款规定："起草专业性较强的地方性法规，可以吸收相关领域的专家参与，或者委托有关专家、教学科研单位、社会组织等起草。"第58条规定："门委员会、常务委员会工作机构可以组织或者委托第三方对有关地方性法规或者地方性法规中有关规定进行立法后评估。评估情况应当向常务委员会报告。"

等环节,以客观中立的态度完成立法审查论证工作。第三方参与立法有利于弥补立法机关专业性的缺陷、克服部门利益和地方保护主义法制化、促进公民的有序参与、提升地方立法的科学性与民主性,但从具体运作实践看,仍存在不少问题:一是第三方参与立法的公开性、竞争性不够,大多采取带有封闭性的内部指定或协商委托方式,第三方的资质和能力难以保证;二是第三方参与的过程相对封闭,立法机关往往放手不管,第三方闭门造车、脱离实际,降低了地方立法的可操作性;三是对第三方参与立法的质量缺少监督评价和奖惩机制,导致第三方的责任感无法保障。

(五) 法的修改、废止和解释的制度设计不完善

立法是一项包括制定法、认可法、修改法、补充法和废止法等一系列活动的系统工程❶。党的十八届四中全会决定提出"完善立法体制机制,坚持立改废释并举,增强法律法规的及时性、系统性、针对性、有效性"。从地方立法实践看,立法机关往往更注重法的制定而轻视法的修改、废止和解释。如连云港市政府办公室在2013年规范性文件清理后公布的173件继续有效的规范性文件中,54%的文件有效期已超过5年。从条文规定看,各设区的市立法法规均涉及立改废释几个方面,但在制度设计上明显偏重于"制定",对"修改、废止和解释"的规定过于简单、笼统,而且在具体规定上存在很大差异。一是对法的修改和废止程序缺少专门规定,统一适用法的制定程序,忽略了法的修改和废止行为的特殊性。二是对地方性法规的解释主体规定不一致,对相关问题的认识尚存在很大争议,如关于地方性法规如何具体应用的问题,南通市和盐城市规定由设区的市人民政府进行解释,泰州、扬州、镇江、宿迁和苏州市规定由设区的市人民政府主管部门进行解释,徐州和无锡市原有的地方立法法规和正在征求意见的新的立法法规均规定由设区的市人民政府、市中级人民法院、市人民检察院进行解释。三是对法的修改与法的解释之间的界限没有规定,造成法的修改较为随意,对地方立法的解释几乎尚未开发使用,易于损害地方立法的稳定性与权威性。

---

❶ 周旺生著:《立法学》,第55页,法律出版社,2011。

三、江苏省设区的市立法的改进思路

（一）重视并加大对地方立法资源的投入与建设

2016年《江苏省第十三次党代会报告》提出"着力提高立法质量，加强省和设区市立法能力建设"。2016年《江苏省贯彻落实〈法治政府建设实施纲要（2015—2020年）〉实施方案》提出："新取得立法权的市人民政府应加强立法工作机构和队伍建设，在政府法制机构综合设置立法处室，配备专门从事立法工作的人员。"江苏省人大常委会应通过政策扶持、立法培训、岗位交流、经验推广等方式加强对苏北地区新获得立法权的设区的市立法工作的指导服务，帮助其提高立法能力。加强地方党委对立法工作的领导与支持，加大对地方领导干部立法知识的培训力度，不断提高其立法意识。注重设区的市人大与政府及其职能部门立法能力的统筹建设，通过内部调剂、购买服务等方式重点加强政府部门法制机构建设。完善地方立法职业准入制度，建立从符合条件的律师、法学专家中招录立法工作者的通道，完善设区的市人大常委会内部职业晋升通道，不断提高其工作待遇，以吸引并留住优秀立法人才。在进一步加强校地合作，充分利用本市优秀立法资源的同时，探索地方高校立法智库的协同建设，通过高校联盟、项目合作等方式积极开拓地方立法高校智库协同建设伙伴，实现优势互补、协同攻关，为提高设区的市地方立法质量提供智力支持与服务。

（二）创造性地理解设区的市立法权限范围

根据全国人大常委会法工委国家法室的解释，对于"较大的市"已经制定的超出"三方面等事项"范围的地方性法规，如因为上位法修改或者实际情况发生变化，可以进行必要的修改，但不应增加立法法关于设区的市立法权限范围以外的事项[1]。笔者不赞同这一理解。理由在于《立法法》

---

[1] 全国人大常委会法制工作委员会国家法室：《中华人民共和国立法法释义》，第230页，法律出版社，2015。

对这些地方性法规效力延续的认可应及于法规范本身,而不是部分条款❶。从维护法规范内部体系完整性的角度看,即使新增的内容超出了"三方面等事项"的范围,只要仍属于该法规的调整范围并契合立法目的、原则、价值取向和制度功能,其效力仍应得到认可。"三方面等事项"的条文表述具有高度概括性和抽象性,在全国人大常委会未出台立法解释之前,任何理论上的判断标准均难以解决各地立法实践中的严重分歧。笔者认为,应对"三类地方立法权"❷区别对待。设区的市可以根据上位法的授权制定执行性立法,不受"三方面等事项"范围的限制。对于地方事务性立法和先行性立法,则应结合中央与地方以及省以下地方之间事权与立法权的划分、地方立法实际需要、政府职能有效行使等因素,建立起人大主导、政府从属和社会参与的基本格局❸,并借鉴其他设区的市立法经验,探索形成有特色的地方立法项目库。设区的市应及时与省级人大常委会进行沟通协商,如果存在重大分歧的,可以提请全国人大常委会解决。省级地方性法规应为设区的市立法预留一定的空间,尊重设区的市立法自主权。对于已经出台的旧的省级地方性法规与新的设区的市立法之间存在或可能存在的不一致或冲突,不应局限于具体的条文而简单认定为"相抵触",而应从是否违背省级地方性法规的立法目的、立法精神和原则、是否适合设区的市实际需要等方面作出综合判断,必要时,还可以由省级地方性法规通过授权决定赋予设区的市一定的立法空间。

(三)健全公众参与地方立法的程序机制

十八届四中全会决定明确提出:"加强和改进政府立法制度建设,完善公众参与政府立法机制。健全立法机关主导、社会各方有序参与立法的途径和方式。"要使公众参与地方立法的制度设计真正落到实处,应建立健全相应的配套机制。一是加强公众参与地方立法的培训力度,增强公众

---

❶ 郑毅:《对我国〈立法法〉修改后若干疑难问题的诠释与回应》,载《政治与法律》,2016年第1期。

❷ 根据《立法法》第73条、第82条的规定,学界通常将地方立法分类执行性立法、地方事务性立法和先行性立法三大类,简称"三类地方立法权"。

❸ 黄良林:《论地方立法权限和范围——兼评温州市地方立法立项》,载《地方立法研究》,2017年第2期。

对立法制度和程序的认知度,通过民意调查、专家解读、专题讨论等方式不断提高公众的民主意识和参与能力。二是不断完善地方立法公众参与的意见反馈制度,进一步扩大对立法草案征求意见采纳情况说明的公开范围,对未予采纳的意见和建议应具体说明理由,最大限度地提高公众参与立法活动的自豪感和认同度❶。问卷调查中有67%的人认为立法机关应对公民的建议给予反馈,仅有1.7%的人认为"仅作参考,可以不予反馈"。三是拓宽公众参与地方立法的途径。在关于选择哪些途径了解除本市立法信息的问卷调查中,除政府网站、报纸、广播电视等主流媒体外,选择"百姓网站""微信"和"短信"方式的比例分别为92%、76%和24%。可见,地方立法机关应适应信息化时代发展的需要,通过多种途径及时公开立法信息,公众参与立法的方式也不必局限于信件、传真和电子邮件,还可以采取网上留言、微博或微信互动、广播电视直播互动等多种方式。四是探索建立公众参与地方立法的激励机制,如苏州市在地方立法计划建议项目征集公告中规定"公民、法人和其他组织提出的立法建议,按照法定程序列入立法计划的,将给予适当奖励"。奖励的方式包括一定的物质奖励或颁发荣誉证书等精神奖励。

(四)建构第三方参与立法的配套措施

要充分发挥第三方参与立法的积极功能并克服其不足,切实推动地方立法的科学性和民主性,必须完善第三方参与立法的配套措施,从制度化和法律化的角度予以规范。一是事先明确第三方选择标准,适时引入竞争机制,保证第三方的专业性❷。如南京市人大通过公开招标选择更为适宜的团队起草《南京市住宅物业管理条例(草案)》。考虑到其他设区的市地方立法资源的不足,公开招标恐难以有效实施,立法机关应根据项目要求明确第三方应具备的能力标准,探索采取本地与外地专家、法律与行业专家联合组建团队,共同完成立法任务。二是立法机关对第三方参与立法的

---

❶ 姜宏:《试论公众参与政府立法的现状、不足及其改进——以厦门市公众参与政府立法实践为例》,载《厦门政府法制》,2013年第4期。

❷ 喻文光:《通过第三方参与立法保障立法的科学性与民主性》,载《行政管理改革》,2015年第2期。

全过程应当发挥组织协调和监督指导的作用，适度介入、相互协作、定期跟踪、及时纠正。如南京市人大常委会在立法招标完成后专门成立了立法工作领导小组、专家顾问组和各区人大联络小组，明确由市人大常委会环资城建委和市政府相关部门协助开展前期调研和起草工作❶。三是严把质量关，建立对第三方的问责机制。如向社会公开第三方提交的工作成果；组织专家全面验收项目成果，对验收不合格的，可不予拨付剩余款项或追回已拨款项；建立"黑名单"制度，对严重违约或违法的第三方，取消其参与立法的资格等。

（五）坚持立改废释并举，完善相关制度设计

立法是一种活动过程，具体可分为立法准备阶段、由法案到法的阶段、立法的完善阶段。其中，立法的完善阶段包括法的解释、修改、废止、清理等活动，其目的在于使法进一步臻于科学化、使法更宜于体现立法宗旨和适应新情况的需要，因此在立法活过程中同样具有重要价值和地位，但该价值和地位在各国得以实现的程度差别颇大，在法治落后或走向法治的国家，立法的完善阶段往往滞后于另两个阶段❷。从设区的市地方立法的发展历程看，在立法权行使的初期阶段，主要任务是把法立出来。但随着地方立法数量的增加、上位法的调整和地方立法实践的发展，法的修改和废止的任务将不断加大，甚至超过法的制定。如根据笔者对1993—2016年苏州市人大立法情况的统计，前两届人大任期内苏州市人大制定法、修改法与废止法三者之间的比例分别为17∶5∶5和23∶1∶2，但在之后的两届人大任期内三者之间的比例则为17∶22∶9和11∶16∶4，法的修改逐渐成为地方人大立法的主要工作。因此，新获得立法权的其他设区的市在做好法的制定工作的同时，也应重视和研究法的修改、废止与解释，做到立改废释并举。法的制定与法的修改、废止和解释在立法价值上具有异曲同工之处，但因分属于立法活动过程的不同阶段，又呈现出不同的特征，在制度设计上也应有所区别。

---

❶ 李小红：《第三方主体参与法案起草工作的审视》，载《江苏省法学会立法学研究会2016年年会论文集》，2016（10）。

❷ 周旺生著：《立法学》，第157-162页，法律出版社，2011。

一是应划清法的解释与法的修改的界限并上升为法律制度加以规范。为维护法的安定性和权威性,对于法的修改应慎重,通常只有在通过法的解释机制仍无法解决法与社会生活出现的重大矛盾时才可采用,并在法的修改的必要性中加以论证。

二是应对法的废止与法的修改程序分别作出规定,不应混在一起。二者在启动理由、原则、主体和权限等方面仍然存在一些差别,法的废止程序尽管需要经提案、审议、表决和公布等基本程序,但相对于法的制定和修改程序可以简化一些,如提案人资格的放宽、废止理由的说明、民主协商程序的简化、一次审议通过等。

三是明确设区的市地方性法规具体应用问题的解释主体。新《立法法》第45条和第104条界定了立法解释和司法解释的界限❶,并规定最高人民法院、最高人民检察院以外的审判机关和检察机关不得作出具体应用法律的解释。因此,无锡和徐州市在新修改的立法法规草案中仍笼统规定地方性法规如何具体应用的问题,由市人民政府、市中级人民法院和市人民检察院按照各自的职责范围进行解释,这种做法是值得商榷的。此外,绝大多数地方性法规依据法律制定,司法实践中关于地方性法规如何具体应用的问题往往涉及对相关法律的理解和实施,这也可以划入"具体应用法律的解释"范畴。因此,根据新《立法法》的条文精神和地方性法规的调整范围,涉及综合性事项或多个部门管理范围的法规如何具体应用的问题,应由市人民政府进行解释;涉及专业领域的,应由实施该法规的主管机关进行解释。如果地方人民法院或人民检察院在审判实践中遇到需要对地方性法规进行解释的情形的,可以向设区的市人大常委会提出解释要求,由人大常委会相关机构审议决定。

(本文发表于《淮海工学院学报(人文社会科学版)》,2017年第4期。)

---

❶ 《立法法》第45条规定,法律的规定需要进一步明确具体含义的;法律制定后出现新的情况,需要明确适用法律依据的,由全国人大常委会解释。第104条规定,最高人民法院、最高人民检察院作出的属于审判、检察工作中具体应用法律的解释,应当主要针对具体的法律条文,并符合立法的目的、原则和愿意。遇有本法第第十五条规定情形的,应当向全国人大常委会提出法律解释的要求或者提出制定、修订有关法律的议案。

关于地方开展规范性文件
实施情况评估的若干思考

一、规范性文件在设区的市立法中的地位

长期以来,学术界对于什么是法、法的范围是什么等问题的认识比较狭隘。在 2000 年制定立法法的过程中对此曾有过激烈的争论,尤其是关于应否将规章、军事法规和国际条约纳入调整范围的问题❶。最终出台的《立法法》将调整范围限定在宪法、法律、行政法规、地方性法规、自治条例和单行条例、国务院部门和地方政府规章,由此造成规章以外的规范性文件被排除出"法"的范围,逐渐游离于学术研究的重点领域。事实上,"法"在本质上无非是一种分配和调整权利义务的规范,只要这个规范不违背宪法和法律,它在调整社会关系的过程中,在不同的范围、不同的方面所起的积极作用都应当受到肯定,很难说它们就有优劣高下之分。在国外,什么叫法,并不是一个很严肃的问题,一个县、一个乡镇政府制定的规范都可以称之为法,但是,这些法只有在不违背法律的前提下才能被法院适用。可见,对"法"的渊源的理解与将"法"作为法院处理案件的审判依据存在很大差别,法的渊源很多,但法院处理案件的依据只能是法律❷。

以制定主体为标准,规范性文件包括党的机关制定的规范性文件、权力机关制定的规范性文件、行政机关以及法律法规授权的管理公共事务职能的组织制定的规范性文件(又称行政规范性文件)、司法机关制定的规

---

❶ 刘松山:《立法制定过程中争议的主要问题及其解决方式》(上),载《中国司法》,2000 年第 6 期。

❷ 刘松山:《修改立法法的若干建议》,载《交大法学》,2014 年第 3 期。

范性文件以及军事机关制定的规范性文件。"规范性文件"作为法律术语最早出现于1989年的《行政诉讼法》[1]，随后《行政处罚法》《行政许可法》《行政强制法》《各级人民代表大会常务委员会监督法》等法律均采用了"规范性文件"的提法，但其含义并不完全相同，如《行政许可法》规定[2]的"规范性文件"是指包括法律、法规、规章及其他规范性文件在内的所有由国家机关制定的具有法律效力的抽象性文件。《各级人民代表大会常务委员会监督法》所规定的"规范性文件"则包括法律、法规、规章、各级人大及其常委会的决议和决定、各级人民政府发布的决定和命令以及最高人民法院、最高人民检察院作出的司法解释。2018年《国务院办公厅关于加强行政规范性文件制定和监督管理工作的通知》将"行政规范性文件"界定为"除国务院的行政法规、决定、命令以及部门规章和地方政府规章外，由行政机关或者经法律、法规授权的具有管理公共事务职能的组织（以下统称行政机关）依照法定权限、程序制定并公开发布，涉及公民、法人和其他组织权利义务，具有普遍约束力，在一定期限内反复适用的公文"。本文所述规范性文件主要指这类行政规范性文件，其具有三个主要特征，一是由行政主体制定；二是涉及相对人权利义务；三是具有普遍约束力。那些仅适用于行政主体内部且不涉及公民权利义务的文件不属于本文研究范畴。

在《立法法》修改以前，对设区的市立法的关注主要集中在较大的市地方性法规和地方政府规章，对较大的市规范性文件的研究极少。2015年《立法法》的修改使得全国280个设区的市陆续获得地方立法权，设区的市立法成为学界关注的热点话题，但设区的市规范性文件再次被忽视。笔者认为，对设区的市立法问题的研究不能仅停留在设区的市地方性法规和地方政府规章，还应统筹考量规范性文件，从而形成完整的、可持续的设区的市立法体系，理由如下。

---

[1] 1989年《行政诉讼法》第32条规定："被告对作出的具体行政行为负有举证责任，应当提供作出该具体行政行为的证据和所依据的规范性文件。"

[2] 《行政强制法》第17条规定："除本法第十四条、第十五条规定的外，其他规范性文件一律不得设定行政许可。"

1. 规范性文件是衡量设区的市立法需求和立法水平的重要因素

根据新《立法法》第72条的规定，其他设区的市开始制定地方性法规的具体步骤和时间，由省、自治区的人民代表大会常务委员会综合考虑本省、自治区所辖的设区的市的人口数量、地域面积、经济社会发展情况以及立法需求、立法能力等因素确定，并报全国人民代表大会常务委员会和国务院备案。对于尚未获得地方立法权的其他设区的市而言，立法需求、立法能力等因素的确定主要依据这些设区的市在获得立法权以前所制定的规范性文件，但在实际操作中因缺少明确的界定标准，往往重客观因素（如人口数量、地域面积等）轻主观因素（如立法需求、立法能力等）、重立法机构建设（如设立法制委员会和法制工作委员会）轻立法能力评估，尤其是对设区的市规范性文件的系统梳理和质量评估并未引起足够重视，使得部分设区的市虽获得地方立法权但其立法需求不够强烈、立法能力有待提升，直接影响了地方立法的质量和效果。

2. 规范性文件为设区的市立法积累了有益经验

在《立法法》修改以前，全国只有49个较大的市享有地方立法权，其余200多个设区的市均没有地方立法权，只能制定规范性文件，其中数量最多的是设区的市政府及其职能部门、县级政府及其职能部门出台的规范性文件。这些规范性文件大多是为了贯彻落实上位法或上级规范性文件而根据地方实际出台的细化规定，少数规范性文件也涉及地方经济社会发展急需而上级立法仍处于空白的领域，如地方环境保护、历史文化遗产保护、社会保障事项等。一方面，通过规范性文件立改废等一系列活动的实践训练，使各级政府及其部门法制工作人员的立法意识日益增强，立法能力不断提高；另一方面，在设区的市获得地方立法权以后，一些实践检验比较成熟又需要提高效力层级的规范性文件进一步上升为地方性法规或地方政府规章，提高了设区的市立法的效率和实施效果。

3. 规范性文件在设区的市地方治理中仍将发挥着重要作用

规范性文件涉及领域广、契合地方实际、可操作性强，在设区的市地方治理中发挥着不可替代的作用。根据新《立法法》的规定，没有法律、行政法规、地方性法规的依据，地方政府规章不得设定减损公民、法人和其他组织权利或者增加其义务的规范。由此极大地压缩了地方政府规章的立法权限，也在一定程度上降低了设区的市制定地方政府规章的积极性。由于规章的制定程序比规范性文件更为烦琐、漫长，基于立法效率的考虑，实践中一些本该制定地方政府规章的事项也转由规范性文件调整。因此，规范性文件并未随着设区的市获得地方权而缩减，反而呈不断上升趋势。许多行政规范性文件与人民群众的利益密切相关，一些规范性文件超越立法权限，甚至成为部门争权、乱收费的依据，侵犯了公民的合法权益；一些地方以规范性文件作为城市治理的主要依据，导致乱民、扰民事件的发生，引起民众不满。因此，有必要对规范性文件进行定期评估和清理，不断提高规范性文件的质量。

二、规范性文件评估的法律依据

2004 年《全面推进依法行政实施纲要》首次对规范性文件评估作出规定，要求"规章、规范性文件施行后，制定机关、实施机关应当定期对其实施情况进行评估。实施机关应当将评估意见报告制定机关；制定机关要定期对规章、规范性文件进行清理"。但因规范性文件评估制度不健全，这一指导性制度在行政实践中并没有得到落实，直到各地陆续出台规范性文件管理规定并在其中对规范性文件评估作出规定以后，才逐步将其纳入规范化轨道。如《上海市行政规范性文件制定和备案规定》第 27 条规定："本市建立规范性文件评估制度。规范性文件的制定机关或者备案审查机关可以根据实际需要，决定进行规范性文件评估。规范性文件在有效期届满后需要继续实施的，应当在该文件有效期届满前 6 个月进行评估。"一些城市还出台了专门的规范性文件评估规定，如《惠州市行政机关规范性文件评估办法》《安徽省政府立法后评估办法》《常州市规范性文件实施情况后评估办法》《连云港市规范性文件实施情况后评价办法》等，对评估对象、评估主体、评估标准、评估程序、评估结果及运用等方面作出系统的规定，为规范性文件评估工作的规范化开展提供依据。

根据评估的时间节点可将规范性文件评估分为起草中的评估和实施后的评估，前者是在规范性文件起草前和起草过程中组织的评估。2018 年《国务院办公厅关于加强行政规范性文件制定和监督管理工作的通知》规定，全面论证行政规范性文件制发的必要性、可行性和合理性，是确保行政规范性文件合法有效的重要前提。起草行政规范性文件，要对有关行政措施的预期效果和可能产生的影响进行评估，对该文件是否符合法律法规和国家政策、是否符合社会主义核心价值观、是否符合公平竞争审查要求等进行把关。对专业性、技术性较强的行政规范性文件，要组织相关领域专家进行论证。评估论证结论要在文件起草说明中写明，作为制发文件的重要依据。后者是在规范性文件生效并实施一段时间后根据法定情形而启动的评估，又称为规范性文件后评估。本文主要指后者。

规范性文件评估与规范性文件清理具有相通性，但又有所不同。二者都是对规范性文件进行动态监督的重要方式，规范性文件评估有时构成规范性文件清理的组成部分，先评估后清理，从而具有一定的交叉性，但二者在适用情形、操作标准、运作程序及结果处理等方面又存在差异，如根据《重庆市行政规范性文件管理办法》的规定，规范性文件的有效期最长不超过5年。有效期届满前6个月，制定机关经过评估认为有必要继续实施的，可以延长有效期，但延长期最长不超过5年。有标题冠以"暂行"或者"试行"的，有效期最长不超过2年。而规范性文件应当每隔两年清理一次，新的法律法规施行、上级机关提出清理要求或者制定机关认为确有必要的，还应当组织专项清理。

三、关于评估主体的确定

规范性文件的评估主体是指直接负责规范性文件评估工作的机关，通常是规范性文件的主要起草机关或主要实施机关，由该机关的法制机构具体负责规范性文件评估的组织、协调和实施工作。职能部门已经调整的，由继续行驶该职能的部门负责；两个以上机关共同起草规范性文件的，由主要实施机关负责；实施机关不明确的，由市政府法制机构按照职责相关的原则确定负责评估的单位。有的地方规定由共同起草机关联合开展评估工作，笔者认为这一规定在实际中难以操作，极易造成相互扯皮或推脱，尤其是涉及部门较多又难以确定主要实施机关的规范性文件，建议由市政府法制机构负责评估更为合适。此外，《惠州市行政机关规范性文件评估办法》还规定，市直部门规范性文件评估工作由发布单位负责；对事关经济社会发展大局或直接涉及公民、法人、其他组织切身利益的市政府规范性文件，可以由市政府组织评估，具体由市政府法制机构会同有关部门负责。

　　在实际操作中，一些部门以各种理由推脱评估责任，拖延评估工作。评估主体确定规则的细化有助于明确评估责任，落实评估经费，保障规范性文件评估工作的规范化、有序化开展。从评估工作开展的实际情况看，还需要进一步明确规范性文件评估的主管部门、参与主体和受委托单位。市政府法制机构为市本级政府规范性文件评估工作的主管部门，负责规范性文件评估工作的组织、指导、协调和监督。与规范性文件实施有关的部门和单位应当积极协助做好规范性文件评估工作，提供与规范性文件实施情况有关的材料和数据。实际操作中，尤其是在委托第三方评估的情况下，要保证相关部门和单位切实履行协助职责，需要评估主体通过内部协作机制进行沟通协调或由同级政府法制机构进行协调，以保证规范性文件评估工作的顺利开展。此外，公民、法人和其他组织也享有参与规范性文件评估的权利，应当依法予以保障。

　　规范性文件评估工作具有较强的专业性和技术性，评估主体的法制机构人手少、任务重而且法学专业出身的人员比例相对较低，难以充分胜任评估工作，而且从正当程序的原则看，由规范性文件的起草机关或实施机关自己评估自己，难以确保评估的公平公正。因此，许多地方都在探索委托第三方评估。例如，《安徽省政府立法后评估办法》规定，评估机关可以将立法后评估工作的全部或者部分事项委托有关高等院校、科研机构、社会团体、中介组织等单位实施。受委托从事立法后评估工作的单位在委托的范围内，以评估机关名义开展立法后评估的有关工作，不得将评估工作再委托其他单位或者个人。《惠州市行政机关规范性文件评估办法》规定，评估机关在评估专业性较强的市政府规范性文件时，可以报经市政府同意后将规范性文件评估的部分事项或全部事项委托给高等院校、科研机构、社会团体、中介机构进行评估。结合笔者近些年主持的规范性文件评估项目，受委托评估在实际运作中还存在以下问题。

1. 受委托评估单位的选择带有一定的随意性

　　《惠州市行政机关规范性文件评估办法》规定，受委托评估单位应当具备下列条件：（一）具有熟悉制定规范性文件、行政事务和掌握评估方法技术的人员；（二）相关人员参与评估的时间能够得到保障；（三）具备开展评估工作的必要设备、设施及相应的评估技术条件。在实际操作中，一些地方的评估主体在选择受委托评估单位时并未深入考察其资质条件，甚至一些明显不具备评估资质的单位也通过各种社会关系承揽规范性文件评估项目，其评估质量难以保证。笔者认为首先应明确受委托评估的适用范围，主要是那些专业性较强的规范性文件，而不是所有规范性文件，否则将大幅增加公共财政负担。其次，应明确规定受委托评估单位的资质条件。最后，应适度引入竞争机制，通过公开招投标的方式选择更为合适的受委托评估单位，同时合理计算评估费用，明确双方的权利义务，确保评估质量。

2. 受委托评估单位开展评估工作缺少必要的配合与支持

一些评估主体错误地认为，一旦采用委托评估方式就意味着可以放手不管，由受委托单位独自开展评估工作。还有一些部门的相关业务负责人不理解甚至抵触规范性文件评估工作，认为规范性文件的定期评估是增加负担、干扰工作，不愿意为评估工作的开展提供数据材料或者只按照自己的偏好提供部分数据材料，或者预设评估结论，通过各种方式给受委托单位变相施加压力，导致规范性文件评估工作流于形式。对此，同级政府法制机构应充分发挥指导、协调和监督职责，对规范性文件评估工作进展情况进行动态跟踪，明确评估要求。如《惠州市行政机关规范性文件评估办法》明确规定："与规范性文件实施有关的市直部门和单位不按照本办法第七条规定提供与规范性文件实施情况有关材料和数据的，由市政府责令改正，情节严重的，依据有关法律、法规和规章的规定对相关负责人给予处分。评估机关、受委托评估单位不得预设评估结论，不得按照评估机关和工作人员的偏好取舍信息资料。"此外，受委托评估单位应在委托合同中细化委托机关和相关部门与单位在评估工作中应尽的协助义务及违约责任，保障规范性文件评估工作的顺利开展。

四、关于评估工作的启动

各地对于规范性文件评估工作的启动情形规定不一，如《安徽省政府立法后评估办法》规定，政府规范性文件实施 1 年后，评估机关可以根据需要组织开展立法后评估工作。规范性文件有下列情形之一的，评估机关应当组织开展立法后评估：（一）规范性文件拟上升为政府规章的；（二）公民、法人和其他组织提出较多意见的。《惠州市行政机关规范性文件评估办法》规定，规范性文件有下列情形之一的，应当进行评估：（一）制定规范性文件所依据的法律、法规、规章和政策等进行了修改的；（二）市人大、政协或司法机关建议进行评估的；（三）人大代表议案、政协委员提案或其他公民、法人、组织提出较多意见或建议的；（四）规范性文件的有效期届满的；（五）没有标明有效期的规范性文件实施满 3 年的；（六）市政府法制机构认为有必要进行评估的；（七）其他需要进行评估的情形。《常州市规范性文件实施情况后评估办法》规定，规范性文件实施后，有下列情形之一的，应当进行后评估：（一）事关经济社会发展全局或者涉及人民群众切身利益的规范性文件发布满 2 年的；（二）所依据的上位法有重大修改或调整的；（三）涉及信访、行政复议、行政诉讼案件，反映问题较多的；（四）公众、新闻媒体及社会各界提出较多意见和建议的；（五）其他应当进行后评估的情形。此外，《湖南省行政程序规定》规定，规范性文件有效期为 5 年。标注"暂行""试行"的，有效期为 2 年。制定机关应当在规范性文件有效期届满前 6 个月内进行评估。《山东省行政程序规定》规范性文件有效期为 3 年至 5 年；标注"暂行""试行"的规范性文件，有效期为 1 年至 2 年。制定机关应当于规范性文件有效期届满前 6 个月内进行评估。

具有普遍约束力的行政规范性文件，对行政主体和相对方均具有拘束力，对行政主体作出行政行为具有适用力，有时还会成为行政复议机关审理复议案件以及司法机关审查行政行为的依据❶。发布规范性文件的行政主体及其所属下级行政主体在实施行政行为时必须遵循相应文件的规定，受该文件调整的私人也必须服从、遵守该文件，否则将承担相应的法律责任。行政主体非经法定程序不得任意撤销、变更或者废止已经公布的规范

---

❶ 如 2017 年《最高人民法院关于适用〈中华人民共和国行政诉讼法〉的解释》规定，人民法院依照行政诉讼法的规定，对规范性文件进行合法性审查，对于合法的规范性文件，应当作为行政行为的执法依据；对于不合法的规范性文件，人民法院不得作为行政行为合法性的依据。

性文件。❶规范性文件评估工作不仅需要行政主体耗费时间、精力和公共财力，还可能影响到规范性文件的效力存续，应当依法启动、规范开展。目前因缺少全国统一的规范性文件立法或行政程序立法，规范性文件的生效期也没有统一规定，一些地方立法规定的规范性文件启动情形带有很大的制度弹性，实践中主要通过同级政府法制机构与文件的起草单位进行沟通协调确定并列入评估计划予以推动，协调难度较大、督促力度不够。据此，在全国统一的规范性文件立法没有出台以前，建议在省级规范性文件管理规定中对规范性文件的有效期和规范性文件评估工作的启动情形及例外情形、启动程序予以明确，将规范性文件评估的启动工作纳入规范化轨道，保障规范性文件评估工作持续开展。

五、关于评估标准的界定

行政规范性文件的评估标准是指评估规范性文件所遵循的基本标尺与准则。关于规范性文件评估的标准，各地立法规定虽然在用语上表述不完全一致，但实质内容上基本相同，主要涉及合法性、合理性、协调性、可操作性、规范性和实效性这六大方面。例如，《常州市规范性文件实施情况后评估办法》规定评估主要依据以下标准进行：（一）合法性标准，即制定规范性文件是否符合制定权限、制定程序，是否违背上位法的规定；（二）合理性标准，即公平、公正原则是否得到体现，各项管理措施是否必要、适当；（三）协调性标准，即与同位阶的规范性文件以及相关政策措施是否存在冲突，要求建立的配套制度是否完备、互相衔接；（四）可操作性标准，即规定的制度是否切合实际，易于操作，规定的措施是否高效、便民，规定的程序是否正当、简便；（五）立法技术性标准，即立法技术是否规范，逻辑结构是否严密，表述是否准确，是否影响到规范性文件的正确、有效实施；（六）绩效性标准，即规范性文件是否得到普遍遵守和执行，是否有效地解决行政管理中存在的问题，是否实现预期的制定目的，实施后取得的经济社会效益是否明显高于规范性文件制定和执行的成本。这里的"立法技术性标准"与"规范性标准"类似，"绩效性标

---

❶ 杨建顺著：《行政规制与权利保障》，第268页，中国人民大学出版社，2007年。

准"与"实效性标准"类似。

上述六项评估标准中，合法性标准是核心标准，既是其他几项标准确定的基础，也是其他几项标准确定的依归，是行政规范性文件评估指标体系构建的基准❶。目前学界对于规范性文件评估标准缺少深入细致的研究，现行立法规定也较为笼统，导致实践中操作不一，影响了规范性文件评估的质量。一是各项标准之间存在不同程度的交叉，界限不清。如合理性标准与可操作性标准均涉及正当程序方面的制度设计，可操作性标准与实效性标准均涉及制度设计的实施效果，协调性标准中的"配套制度是否完备、相互衔接"又与可操作性标准密切相关等。二是有些标准过于模糊，如合理性标准与行政法基本原则中的合理性原则联系密切，后者的内涵丰富，又延伸出若干更为具体的子原则，与行政公开原则、行政公正原则（包括实体公正和程序公正）、比例原则、信赖保护原则、尊重和保障人权原则等❷。如果缺少具体的指标体系建构，合理性标准将难以操作或导致以偏概全。三是实效性标准的判断具有综合性，需要充分的实证调研作为支撑，结合其他几项标准并综合考量多种因素予以整体把握。尤其是在委托第三方评估的情况下，对实效性标准的分析需要评估主体、相关部门和单位的密切配合以及相关学科的交叉运用，否则难以开展评估分析，如该规范性文件是否得到普遍遵守和执行、是否有利于促进经济社会科学发展、实施后取得的经济社会效益是否明显高于规范性文件制定和执行的成本，已经远远超出法学的研究视阈。

对规范性文件评估标准的准确理解和把握，直接决定着规范性文件评估报告的质量，应引起理论界与实务界的充分重视和深入研究。一是应在地方立法中对规范性文件评估标准的内容作出更为明确细致的规定，增强可操作性；二是应针对每项标准设计相应的指标体系并明确相应的分值和权重，尽量避免交叉重叠，不断提高规范性文件评估的科学性；三是评估主体和相关部门及单位应充分重视规范性文件评估工作，保障充足的评估经费，积极配合和支持评估工作，为各项评估标准的合理运用奠定基础。

---

❶ 胡峻：《论行政规范性文件评估中的合法性标准》，载《湖北行政学院学报》，2010年第3期。

❷ 罗豪才、湛中乐主编《行政法学》，第32－35页，北京大学出版社，2016。

六、关于评估结论的运用

规范性文件的评估绝不是为了评估而评估，评估的最终目的在于促使规范性文件趋于良善。评估的结论应当具有法律上的约束力，要对行政法治实践产生实际的影响，这是行政规范性文件评估制度的价值所在，也是其保持旺盛生命力的力量之源。主要体现在两个方面：一是促使行政规范性文件的完善；二是相关的行政法律责任的追究。[1] 不少地方立法对规范性文件评估结论的运用规定较为简单，使得评估工作流于形式，直接影响了评估的权威性。也有一些地方在这方面积累了有益的立法经验，如《安徽省政府立法后评估办法》规定，有关行政机关根据立法后评估报告修改或者废止政府规章、规范性文件，原则上应当采纳评估报告提出的建议，未采纳的应当在起草说明中说明理由。立法后评估报告建议完善有关配套制度的，有关行政机关应当在法定权限内及时办理。立法后评估报告提出改进行政执法建议的，有关行政机关应当及时采取措施予以落实。《惠州市行政机关规范性文件评估办法》进一步规定，市政府规范性文件原起草单位或主要实施单位未按本办法第二十八条规定对规范性文件进行修改的，由市政府法制机构责令改正；逾期不改正的，由市政府法制机构提请市政府予以通报。有关行政执法单位未按本办法第三十一条规定，及时采取措施改进行政执法工作的，由市政府法制机构责令改正；逾期不改正的，由市政府法制机构提请市政府予以通报。情节严重的，依据有关规定对有关行政执法单位负责人进行问责。这有助于强化行政主体对规范性文件评估工作的重视，提高规范性文件评估工作的实效性，节约立法成本，提高立法效率，值得其他地方在规范性文件立法中学习借鉴。

---

[1] 胡峻：《论行政规范性文件评估中的合法性标准》，载《湖北行政行政学院学报》，2010年第3期。

设区的市立法的法律控制机制研究

——基于"五道防线"的思考

2015年《立法法》的修改使得我国省以下地方立法主体从原来的49个"较大的市"扩展到284个设区的市以及广东省东莞市和中山市、甘肃省嘉峪关市、海南省三沙市这4个不设区的地级市。此次地方立法主体的大幅扩容是全面深化改革和全面推进依法治国的必然要求,具有现实需求和长远意义,同时也要认识到其在维护国家法制统一、防止地方立法权被滥用、提高地方立法质量等方面可能面临的风险与挑战。对此,全国人大常委会法工委副主任郑淑娜在回答记者提问时指出[1],为了避免地方立法过多过滥甚至变为长官意志,立法法修正案草案从事前、事中和事后建立了五道防线:第一道防线是稳步推进,要求省一级人大常委会根据设区的市的人口数量、地域面积和经济社会发展情况以及立法需求和立法能力,综合考虑确定设区的市开始制定地方性法规的具体步骤和时间;第二道防线是对地方立法权限作了限制,限定在城乡建设与管理、环境保护、历史文化保护等几类事项;第三道防线是遵循不抵触原则,即设区的市制定地方性法规,不得与国家法律、行政法规包括所在省的地方性法规相抵触;第四道防线是设区的市制定出的地方性法规要报省一级人大常委会批准后才能实行;第五道防线是备案审查制度,即地方性法规要报全国人大常委会和国务院备案,全国人大常委会和国务院在审查时发现有违法情况的,要依法予以纠正。

与此前地方立法监督的思路不同,"五道防线"的提出强调为设区的市立法构建一套事前、事中与事后相结合的、动态的法律控制机制。新

---

[1] 全国人大常委会法工委:《五道防线管住地方立法权》,载《光明日报》,2015-03-10。

《立法法》的实施至今已经两年多,"五道防线"在地方立法实践中的运作情况如何,在稳步推进设区的市立法工作、规范设区的市立法权行使和维护国家法制统一等方面是否发挥预期的作用、又面临哪些亟待研究和解决的问题等。对这些问题的考察与分析有助于我们重新审视并不断完善设区的市立法的法律控制机制,以保障设区的市立法权的规范行使和维护国家法制的统一。

一、"第一道防线"分析

(一)运行现状考察

2015 年《立法法》第 72 条第 4 款规定,其他设区的市开始制定地方性法规的具体步骤和时间,由本省、自治区人大常委会综合考虑"人口数量、地域面积、经济社会发展情况以及立法需求、立法能力等因素"确定,并报全国人大常委会和国务院备案。与以往"较大的市"批准模式相比,这既体现了决策者对地方立法本质属性认识的深化,更符合立法活动的特点和需求,又体现了积极稳妥推进地方立法主体扩容的指导理念。对此,全国人大常委会法工委国家法室也提出,设区的市行使地方立法权宜"成熟一个、确定一个",做到既积极,又稳妥。对于立法需求不强烈的地方,可以往后摆一摆;对于立法能力达不到要求、立法质量得不到保障的地方,则不宜仓促行使地方立法权[1]。

实际运行情况却与制度设计存在较大的落差。从 2015 年 5 月到 2016 年 12 月的约一年半时间内,全国 273 个设区的市、自治州中已有 268 个获得地方立法权,占总数的 98%,其中,有 10 个省、自治区实行一次性全部批准,如山东省一次性批准 14 个设区的市,甘肃省一次性批准 13 个,另有 10 个省、自治区虽实行分批放开,但其第一批批准的数量均在 6~13 个。而从 1984 年到 1993 年,国务院先后分四批共批准 19 个"较大的市"(其中重庆市后来升为直辖市),从 1994 年到 2014 年,国务院没有再批准

---

[1] 全国人大常委会法制工作委员会国家法室:《中华人民共和国立法法释义》,第 234 页,法律出版社,2015。

一个"较大的市"。地方立法主体扩容的步伐在不同时期形成巨大反差。此次设区的市立法工作在短时期内的快速推进，一方面表明此次地方立法主体扩容顺应了地方经济社会发展的需要和长期以来各地对立法权的强烈渴望，另一方面也折射出新《立法法》本身所蕴含的"积极稳妥"的指导理念并未得到很好的贯彻，在实际操作中往往重客观因素（如人口数量、地域面积等）轻主观因素（如立法需求、立法能力等）、重立法机构建设（如设立法制委员会和法制工作委员会）轻立法能力提升，各省级人大常委会的"确定"以及全国人大常委会和国务院的"备案"在保障地方立法主体扩容的"稳步推进"中所发挥的"防线"作用极其有限。

（二）依法规范国务院批准"设区的市"的行为

尽管目前绝大多数设区的市已获得地方立法权，但作为行政区划体系组成部分的"设区的市"并非一个静止的、封闭的概念，"第一道防线"的制度设计仍具有现实意义。《立法法》修改以前，地方立法主体扩容的主要途径是国务院批准"较大的市"。一旦被国务院批准为"较大的市"，该市人大及其常委会和市政府即同时获得地方立法权，由此导致"较大的市"地方立法权形式上源于《立法法》的规定，实质上却源于国务院对"较大的市"的批准行为。这一"乱象"备受学者争议[1]。新《立法法》将地方立法主体扩容至所有"设区的市"，并规定由省级人大常委会综合考虑相关因素确定具体步骤和时间，一定程度上弥合了设区县的"较大的市"与具有立法权的"较大的市"各自发展、分裂对立的局面[2]，更符合立法机关与行政机关的职责分工，但由于省级人大常委会的"把关"在实际操作中流于形式，使得国务院对于"设区的市"的批准成为新时期地方行使立法权的重要前提和保障。如2015年1月经国务院批准撤镇设区的三亚市、2015年3月和2016年2月分别经国务院批准撤地设市的林芝市、吐鲁番市、山南市和哈密市，均很快获得地方立法权。

---

[1] 参见李兵：《国务院批准具有立法权的"较大的市"行为研究》，载《行政法学研究》，2006年第2期；刘松山：《修改立法法的若干建议》，载《交大法学》，2014年第3期；等等。

[2] 郑磊、贾圣真：《从"较大的市"到"设区的市"：地方立法主体的扩容与宪法发展》，载《华东政法大学学报》，2016年第4期。

根据民政部网站公布的行政区划情况，目前我国新疆和西藏两个自治区尚有喀什、阿里等7个地区行署，另有一些经济发达的县级市也可能升格为地级市并设立市辖区。无论是撤地设市还是建市设区，国务院对于"设区的市"的行政区划审批权又一次与地方立法主体资格"绑定"在一起，为避免再次陷入"较大的市"批准的困局，有必要依法规范国务院批准"设区的市"的行为并充分重视"第一道防线"应当发挥的控制作用。目前我国行政区划管理的主要法律依据是只有区区十条的1985年《国务院关于行政区划管理的规定》，1993年《民政部关于调整设市标准的报告》只规定了县级市和地级市的设置标准，没有规定直辖市和市辖区的标准，造成较大的市、地级市、副地级市、县级市等多级混乱以及市辖区设置不规范的现象❶。2016年民政部公布的《行政区划管理条例（草案征求意见稿）》规定了设立市、市辖区的标准以及标准的制定主体、主要内容和调整机制；在行政区划变更程序中增加了风险评估、专家论证、听取公众意见、地名听证等环节，有助于提高行政区划管理的科学性和规范性。

由于行政区划的变更关系到一方政权的组织架构、管理效率、经济发展、社会稳定、民族团结等重要方面，属于地方的重大政治决策❷，而且《立法法》的修改使得国务院批准"设区的市"的行为既涉及地方权力机关的立法，又涉及地方行政机关的立法，因此，应当让地方人大及其常委会参与到本地行政区划变更的决策中。具体地说，国务院对"设区的市"的批准应当经省级人大常委会同意，省级人大常委会不同意的，报全国人大常委会决定，从而使行政区划变更与地方立法主体扩容协调有序地开展。此外，由于行政区划变更与行使地方立法权所考量的因素不同，对于经国务院批准的"设区的市"，省级人大常委会应根据新《立法法》第72条第4款的规定，重点从"立法需求""立法能力"等方面确定设区的市开始制定地方性法规的具体步骤和时间，如地方面临的特殊问题、强烈的立法需求、立法机构设置、立法人才储备、立法配套的工作制度、以往规范性文件的质量和实施情况等，以保证地方立法质量。

---

❶ 薛刚凌、刘雄智：《论行政区划的法律调控》，载《行政法学研究》，2007年第3期。
❷ 马怀德：《行政区划变更的法治问题》，载《行政法学研究》，2016年第1期。

二、"第二道防线"分析

（一）运行现状考察

2015年《关于〈中华人民共和国立法法修正案（草案）〉的说明》指出，既要依法赋予所有设区的市地方立法权，以适应地方的实际需要，又要相应明确其地方立法权限范围，避免重复立法，维护国家法制统一。为此，新《立法法》明确设区的市可以对"城乡建设与管理、环境保护、历史文化保护等方面的事项"（以下简称"三方面等事项"）制定地方性法规，法律对设区的市制定地方性法规的事项另有规定的，从其规定。原有49个"较大的市"已经制定的地方性法规，涉及"三方面等事项"范围以外的，继续有效。与2000年《立法法》对"较大的市"立法权限范围的规定采取刨去"法律保留"事项的"排除思维"不同，新《立法法》对"设区的市"立法权限范围的规定体现的则是设定明确的"立法事项"的"限定思维"❶，两种不同的调整思路体现了中央对此次地方立法主体大幅扩容可能带来的立法失范的担忧和预控❷。

从地方立法实践看，设区的市立法权限范围规定因语言表述上的概括性、模糊性和不确定性，极大地限制了其对地方立法工作所应发挥的指引和规范作用。

首先，"三方面等事项"中除"环境"作为一个法律概念具有相对确定的内涵❸外，另外两个概念均具有非常宽泛的解释空间，其内涵和外延相对模糊。据实证考察，《立法法》修改后出台的相当数量的设区的市立法所涉及的立法事项处于似是而非、模棱两可的状态或者完全游离于这三

---

❶ 苗连营、张砥：《设区的市立法权限的规范分析与逻辑求证》，载《地方立法研究》，2017年第1期。

❷ 庞凌：《依法赋予设区的市立法权应注意的若干问题》，载《学术交流》，2015年第4期。

❸ 2015年《环境保护法》第2条规定，本法所称环境，是指影响人类生存和发展的各种天然的和经过人工改造的自然因素的总体，包括大气、水、海洋、土地、矿藏、森林、草原、湿地、野生生物、自然遗迹、人文遗迹、自然保护区、风景名胜区、城市和乡村等。其中，城市和乡村作为环境载体而非环境要素，不应包含在"环境保护"的概念中。

方面事项以外❶。另有学者统计，目前设区的市有大量立法项目涉及政府的经济、政治、文化、社会等管理职能，很难进行完全归类，并提出有必要对地方立法权限范围按政府职能角度建构适应地方立法实际需要的推论结论❷。笔者随机查询了杭州市和泰州市2016年年度立法计划，《杭州市跨境电子商务促进条例》《杭州市机关事务管理办法》《杭州市政府投资项目管理办法》《泰州市失地农民权益保护条例》《泰州市艾滋病性病防治管理条例》《泰州市学前教育管理条例》等均被列入制定项目。此外，一些设区的市从立法题目上看未超出"三方面等事项"，但在实体内容以及具体法律制度设计时"掺杂私货"，有超出立法权限范围的嫌疑❸。如在城市市容和环境卫生管理立法中对机动车临时停车场的经营许可作出创设性规定；在海域管理立法中对休闲渔业活动的经营资质和行为作出创设性规定等。

其次，《立法法》第72条第2款还规定，法律对设区的市制定地方性法规的事项另有规定的，从其规定。这为设区的市立法权限范围的拓展提供了依据，如设区的市根据《立法法》第77条第1款❹的规定制定地方性法规条例等立法法规，但对于其他"法律"规定的梳理和运用尚未引起充分重视。通过对10余部法律的初步梳理可以发现，其中有不少关于"法规"的授权性规定，而且超出"三方面等事项"范围。如2011年《社会保险法》第55条授权法律、法规规定其他的生育医疗费用；2009年《食品安全法》第33条第1款授权法律、法规规定食品生产经营安全标准的其他要求；2013年《劳动合同法》第17条授权法律、法规规定应当纳入劳

---

❶ 如2015年6月《南京市企业国有资产监督管理条例》、2015年8月《大连区域性金融中心建设促进条例》、2015年8月《大连区域性金融中心建设促进条例》等。参见苗连营、张砥：《设区的市立法权限的规范分析与逻辑求证》，载《地方立法研究》，2017年第1期。

❷ 如《成都市食品销售溯源管理办法》《南昌市劳动力市场管理条例》《宁波市民间信仰活动场所管理条例》《兰州市中小学生伤害预防和处理条例》《苏州市社会医疗保险管理办法》《福州市社会救助条例》等。参见黄良林：《论地方立法权限和范围——兼评温州市地方立法立项》，载《地方立法研究》，2017年第2期。

❸ 肖迪明：《问题与对策：设区的市行使立法权探析》，载《地方立法研究》，2017年第1期。

❹ 《立法法》第77条第1款规定，地方性法规案、自治条例和单行条例案的提出、审议和表决程序，根据中华人民共和国地方各级人民代表大会和地方各级人民政府组织法，参照本法第二章第二节、第三节、第五节的规定，由本级人民代表大会规定。

动合同的其他事项；2013年《民办教育促进法》第10条规定设立民办学校应当具备教育法和其他有关法律、法规规定的条件；等等。根据《立法法》的规定，这里的"法规"应当包含行政法规和地方性法规。此外，根据《立法法》第73条的规定，设区的市为执行法律、行政法规的规定而根据本地实际情况制定的地方性法规不得超出"三方面等事项"范围。结合第72条第2款的规定可以理解为，设区的市为执行法律而制定的地方性法规可以超出"三方面等事项"范围，但为执行行政法规或省级地方性法规而制定的地方性法规仍不得超出"三方面等事项"范围。执行性立法的依据主要在于上位法的规定和地方问题的特殊性，《立法法》对于设区的市执行性立法权范围的限制是否合理值得商榷。

最后，《立法法》第72条第6款、第82条第3款规定，以往"较大的市"已经制定的地方性法规和地方政府规章，涉及"三方面等事项"范围以外的，继续有效。这体现了法不溯及既往的原则。根据全国人大常委会法工委国家法室的解释，已经列入立法计划但尚未制定或者已经提请审议但尚未通过的"较大的市"地方立法，如果超出立法权限范围的应进行调整。例如，列入徐州市2015年立法计划的《徐州市企业工资集体协商条例》和《徐州市法院执行联动条例》至今未出台。对于已经制定的地方立法，如因为上位法修改或者实际情况发生变化，可以进行必要的修改，但不应增加立法法关于设区的市立法权限范围以外的事项❶。这一理解在实践中难以操作。如从2016年《杭州市精神卫生条例》和《无锡市残疾人保护条例》的修改对照表看，涉及立法目的和依据、管理部门职责划分、条文内容、法律责任等多方面的修改❷。笔者认为，《立法法》对这些地方性法规效力延续的认可应及于法规范本身，而不是部分条款❸，从维

---

❶ 全国人大常委会法制工作委员会国家法室：《中华人民共和国立法法释义》，第230页，法律出版社，2015。

❷ 2016年修改的《杭州市精神卫生条例》第一条由原来的"为了加强精神卫生工作，提高公民的心理健康水平，保护精神疾病患者的合法权益，促进社会和谐，根据有关法律、法规，结合本市实际，制定本条例"修改为"为了发展精神卫生事业，规范精神卫生服务，维护精神障碍患者的合法权益，根据《中华人民共和国精神卫生法》等法律、法规，结合本市实际，制定本条例"，并增加独立的一章"心理咨询机构与服务"。

❸ 郑毅：《对我国〈立法法〉修改后若干疑难问题的诠释与回应》，载《政治与法律》，2016年第1期。

护法规范内部体系完整性的角度看,即使新增的内容超出了"三方面等事项"范围,只要仍属于该法规的调整范围并契合该法的立法目的、原则、价值取向和制度功能,其效力仍应得到认可。

可见,在全国人大常委会出台立法解释之前,基于事前控制的立法权限规定因缺少统一、明确的标准而难以在监督设区的市立法工作中发挥预期的作用,更难以实现维护法制统一兼顾地方立法需求的目标,由此凸显出基于地方立法活动的全过程构建事前、事中与事后相结合的法律控制机制的迫切性与重要性。

(二) 设区的市政府规章设定临时性行政措施分析

新《立法法》第82条新增第5款规定,应当制定地方性法规但条件尚不成熟的,因行政管理迫切需要,可以先制定地方政府规章。规章实施满两年需要继续实施规章所规定的行政措施的,应当提请本级人民代表大会或者其常务委员会制定地方性法规。第6款规定,制定地方政府规章,没有法律、行政法规、地方性法规依据,不得设定减损公民、法人和其他组织权利或者增加其义务的规范。从条文的原意看,第5款应视作第6款的例外规定,全国人大常委会法工委国家法室的解释也是按照这一逻辑顺序展开❶。从条文的安排看,例外规定本应置于一般规定之后,但实际上却发生了颠倒,作为一般规定的第6款反而成为"兜底条款",在理解和适用中容易产生歧义,在具体实施过程中也存在诸多需要研究的问题,下面主要从设区的市政府规章的角度进行阐述。

1. 政府规章设定临时性行政措施的适用条件

《立法法》规定的适用条件是"应当制定地方性法规但条件尚不成熟的""行政管理迫切需要",二者不可分离。第一个条件意味着该事项原本属于应当制定地方性法规的,但立法条件还不够成熟,如没有列入市人大常委会年度立法计划、相关的制度和措施还在探索阶段等。至于所涉事项范围,根据《立法法》关于地方性法规与地方政府规章之间立法权限的划

---

❶ "本条第六款规定……同时,考虑到地方实际工作的需要,本条第五款规定……"显然是将第5款作为第6款的例外规定。

分以及《行政许可法》《行政强制法》《行政处罚法》对地方政府规章设定权的限制性规定，主要涉及地方先行性立法❶；在没有上位法依据的情况下设定减损公民、法人和其他组织权利或增加其义务的规范；设定警告或一定数量罚款的行政处罚，但不得设定行政强制和行政许可。这一理解与2016年《浙江省地方立法条例》的规定相一致❷。对于第二个条件，有学者提出从紧迫性、阶段性和普遍性三个维度来把握❸；另有学者主张将目的正当性原则纳入比例原则之中从而确立"四阶"结构来理解和把握"迫切性"❹。笔者认为应立足于立法的合法性、必要性和可行性，结合各地的特殊情况和行政管理的实际需要具体把握，同时引入专家咨询机制，加强市政府法制办与市人大及其常委会的沟通协商，防止滥用规章制定权。

2. 设定的内容是临时性的行政措施

"行政措施"的表述来自宪法和地方组织法对国务院和县级以上地方各级人民政府职权的规定❺，其内涵极其宽泛，种类多样，散见于各类法律法规规章中。"行政措施"在实践中通常表现为各种形式的行政决定或命令，在性质上根据其调整对象和调整内容划分为具体行政行为和抽象行

---

❶ 《立法法》第73条第2款规定，除本法第八条规定的事项外，其他事项国家尚未制定法律或者行政法规的，省、自治区、直辖市和设区的市、自治州根据本地方的具体情况和实际需要，可以先制定地方性法规。

❷ 2016年修改的《浙江省地方立法条例》第9条在规定政府规章设定临时性行政措施的同时进一步规定，政府规章不得设定行政强制；设区的市政府规章不得设定行政许可；政府规章设定行政处罚的，依照《行政处罚法》的规定执行。

❸ 其中，紧迫性是指发生自然的、人为的紧急情形但尚未达到突发事件发生的程度；阶段性是指发生的紧急情形需要经过一定阶段的规范和治理才能解决有关问题；普遍性是指迫切需要行政管理的事项要求本地区各有关方面共同遵守，具有反复适用性。参见王腊生：《新立法体制下我国地方立法权限配置若干问题的探讨》，载《江海学刊》，2017年第1期。

❹ 即地方政府所欲实施的行政管理应当具有正当的目的；政府规章中设定的行政措施应当能够促进这一正当目的的实现；该行政措施造成的损害应当是多种可能选择中最小的；设定行政措施所增进的公共利益应当大于其所造成的损害。参见赵一单：《央地两级授权立法的体系性思考》，载《政治与法律》，2017年第1期。

❺ 1982年宪法第89条规定："国务院行使下列职权：（一）根据宪法和法律，规定行政措施，制定行政法规，发布决定和命令……"2015年《地方各级人民代表大会和地方各级人民政府组织法》第59条规定："县级以上的地方各级人民政府行使下列职权：（一）执行本级人民代表大会及其常务委员会的决议，以及上级国家行政机关的决定和命令，规定行政措施，发布决定和命令……"

政行为❶。需要注意的是，新《立法法》将设区的市地方性法规和政府规章的立法权限范围均限定在"三方面等事项"，因此，设定临时性行政措施的地方政府规章也不得超出这一范围。此外，临时性的行政措施应当满足行政管理的迫切需要，但不包括行政许可和行政强制。

3. 临时性行政措施的实施期限

《立法法》规定临时性行政措施的实施期限只有两年，满两年需要继续实施规章所规定的行政措施的，应当提请本级人民代表大会或者其常务委员会制定地方性法规。根据全国人大常委会法工委国家法室的解释，满两年而未提请本级人大或其常委会制定地方性法规的，规章所设定的临时性行政措施自然失效，但政府规章的其他规定继续有效。这一理解在立法实践中很难操作，带来的问题也很多。首先，根据地方立法法规的规定，制定地方性法规需要先列入地方立法计划或立法规划，并经历一个较长时间的起草、审议和通过程序，如果市人大常委会和市政府法制部门不事先做好充分的沟通协商，几乎很难在两年期限届满时将政府规章上升为地方性法规，由此造成地方立法资源的浪费，临时性行政措施的终止实施也将引发一系列社会纷争。其次，基于条文体系的逻辑性和完整性，也很难将设定临时性行政措施的规定与其他条款完全剥离出来，部分条款的失效将减损条文体系的完整性并进而导致整个规章的适用陷入困局，无法实现《立法法》预期的制度效果。

三、"第三道防线"分析

（一）运行现状考察

《立法法》第72条第2款规定设区的市制定地方性法规，不得与宪法、法律、行政法规和本省、自治区的地方性法规相抵触，但没有规定不抵触的认定标准。"不抵触"是我国地方立法工作中应当坚持的一项基本原则，也是维护国家法制统一的需要，但由于我国中央与地方之间以及省以下地方之间的立法权限划分不清，对于地方立法事项，中央可以立法；

---

❶ 柳砚涛：《质疑"规定行政措施"》，载《行政法学研究》，2007年第3期。

对于设区的市立法事项，省级人大及其常委会也可以立法，由此导致中央与地方、省级与设区的市之间大量的立法重合，容易出现重复立法、交叉立法或立法冲突。如2016年杭州市民潘洪斌就其电动自行车被杭州交警依据《杭州市道路交通安全管理条例》扣留而向全国人大常委会提出审查建议，请求撤销该条例违反《行政强制法》所设立的扣留非机动车的行政强制措施，全国人大常委会根据审查建议对该条例进行了监督纠正。笔者研究发现，《南京市道路交通安全管理条例》《苏州市道路交通安全条例》《西安市道路交通安全条例》《郑州市城市道路交通安全管理条例》等地方性法规均存在类似的抵触情形。

前述问题在省级与设区的市之间表现得尤为突出。以地方城市市容管理立法为例，新《立法法》明确将"城乡建设与管理"确定为设区的市立法事项，而在此之前，为贯彻落实1992年国务院《城市市容和环境卫生管理条例》，不少地方已陆续出台省级城市市容管理法规，条文设计比较精细，为设区的市预留的立法空间有限，但在内容上又存在调整范围较窄、部分违法行为处罚力度较轻等问题，难以满足设区的市城市管理的需要。截至2016年12月底，全国已有近30个设区的市制定了城市市容管理法规❶，通过条文对照发现，一些设区的市立法扩大了省级立法给予行政处罚的行为、种类和幅度的范围，如与2012年《江苏省城市市容和环境卫生管理条例》相比，2016年《徐州市市容和环境卫生管理条例》新增对机动车临时停车场和清洗场给予行政处罚的行为，对擅自移动或改变环境卫生设施用途以及在道路两侧和公共场所违法搭建临时设施等行为的处罚上超出省级法规的幅度范围❷。与2008年《浙江省城市市容和环境卫生管理条例》相比，2016年《温州市市容和环境卫生管理条例》新增对市

---

❶ 参见全国人大常委会法工委公布的《各地推进赋予设区的市行使地方立法权工作情况表》，载《中国宪政网》，http://www.calaw.cn/article/default.asp?id=11919，2017年5月25日最后访问。

❷ 根据《江苏省城市市容和环境卫生管理条例》第52条的规定，擅自占用、迁移、拆除、封闭环境卫生设施或者改变环境卫生设施用途的，处以五百元以上三千元以下罚款。《徐州市市容和环境卫生管理条例》在此基础上新增规定"擅自封闭、闲置、拆除生活垃圾处置设施、场所的，处一万元以上十万元以下罚款"。第24条关于"在道路两侧和公共场地违法搭建非永久性建（构）筑物或者其他设施的，处以一千元以上三千元以下罚款"的规定也超出省级法规第50条第1款第（一）项规定的"三百元以上一千元以下罚款"。

容环境卫生责任人不履行环卫责任、在道路路缘设置接坡等行为的处罚规定,对擅自在公共场地搭建临时设施而未及时清除的处罚上也超出省级法规的幅度范围❶。

(二)在设区的市立法中合理把握不抵触原则

在我国单一制的国家结构形式下,地方的权力概由中央授予,中央的立法范围是不受限制的,既不存在中央专有立法范围,更不存在地方专有立法范围或剩余权力的问题❷。《立法法》将设区的市立法事项限定在"三方面等事项",但并不排除中央或省级人大及其常委会对"三方面等事项"进行立法,如果中央或省级立法不注意给设区的市预留立法空间,而是面面俱到、事无巨细,将会在一定程度上"架空"设区的市立法权,导致设区的市立法难以有所作为。对此,首先应建立地方立法规划的沟通协调机制。如2016年《浙江省地方立法条例》第10条规定,省人大常委会通过立法调研项目库、年度立法计划等形式,加强对省的地方立法工作的统筹安排。设区的市人大常委会在确定年度立法计划前,应当将计划草案报送省人大常委会法工委征求意见。省人大及其常委会对某一事项正在制定地方性法规或者已经将其列入年度立法计划的,设区的市人大及其常委会应当避免就同一事项制定地方性法规。其次,应明确省级与设区的市各自立法的侧重点。如省级立法侧重"面",设区的市立法侧重"点";省级立法侧重"共性",设区的市立法侧重"个性";法律明确授权省级立法的事项,设区的市不能进行立法❸。此外,如果设区的市确需立法但超出自身立法权限范围或暂时没有能力立法的话,也可提请省级人大常委会立法解决。如以往"较大的市"在《立法法》修改前已列入立法计划或已提请审议但尚未通过的立法项目,如确有必要立法的话,可采取此种方式。

---

❶ 根据《浙江省城市市容和环境卫生管理条例》第13条的规定,在公共场所擅自搭建临时设施而未及时清理的,对单位处五百元以上三千元以下的罚款,对个人处二百元以上一千元以下的罚款。而根据《温州市市容和环境卫生管理条例》第20条和48条的规定,对于此类违法行为处五百元以上五千元以下罚款。

❷ 苗连营:《试论地方立法工作中"不抵触"标准的认定》,载《法学评论》,1996年第5期。

❸ 王腊生:《新立法体制下我国地方立法权限配置若干问题的探讨》,载《江海学刊》,2017年第1期。

如何认定设区的市立法与省级及中央立法的抵触标准，也是设区的市立法工作中一个亟待解决的问题。目前对于法律规范之间抵触标准的认定在立法、司法与学理上并未达成一致。2004年最高人民法院印发《关于审理行政案件适用法律规范问题的座谈会纪要》，开创式地列举了10余种下位法与上位法相抵触的具体情形，但其局限性在于主要着眼于司法审判实践，不完全适应立法活动的特点和需要，如未涉及上位法出现空白或者虽与上位法具体规定不一致但符合上位法立法精神和原则等情况下的抵触问题、未区分上位法的规定是最高标准还是最低标准等。贵州❶、浙江❷、河南❸等省地方立法法规列举了报请批准的地方性法规与上位法相抵触的情形，但在具体理解和适用时还需要区别不同情况灵活处理。日本的"法律优占理论"提出的地方立法与中央立法不抵触的标准对我国具有一定的借鉴意义。一是对于同一规范事项，中央与地方法规基于不同的管制目的，地方法规在不妨害中央法规目的及效果达成的范围内作出不一致的规定，不视为抵触；二是上乘自治条例，如在环境保护领域，如果中央法律只是最低限度的规定，地方可以就其地域的特殊需求作较高基准的特别规范，但不得违反比例原则；三是上积自治条例，如在给付行政领域，地方法规可在中央法律规定的全国最低行政服务水准的基础上加码提高给付金额；四是实验条款，即中央许可地方在符合立法原则的前提下，在一个暂时期间内尝试执行不同于法律所规定的方案❹。

我国有学者主张按照与中央立法的差距从小到大的顺序，将地方立法分为对中央立法进行具体化的地方立法、创设性地方立法、明显与中央立法相冲突的地方立法，并分别考察其与中央立法的抵触问题❺。另有立法

---

❶ 2016年《贵州省地方立法条例》第41条第2款列举的抵触情形有：（1）超越立法权限；（2）违反上位法规定；（3）设定的行政处罚超出法律、行政法规规定给予行政处罚的行为、种类和幅度范围；（4）其他违反法律、法规规定的。

❷ 2013年《浙江省地方立法条例》第57条列举的抵触情形与《贵州省地方立法条例》第41条一致，但在2016年修改后将"设定的行政处罚超出法律、行政法规规定的给予行政处罚的行为、种类和幅度范围"改为"违背上位法立法目的和立法精神的"。

❸ 2016年《河南省地方立法条例》第65条规定的抵触情形包括：（1）超越立法权限；（2）上位法有明确规定的，违反该规定；（3）上位法没有明确规定的，违反上位法的基本原则。

❹ 陈清秀、许泽天：《论地方立法权》，载《法令月刊》，2016年第8期。

❺ 谢立斌：《地方立法与中央立法相抵触情形的认定》，载《中州学刊》，2012年第3期。

工作者基于地方立法实践经验提出,对于先行性立法、有利于保障和维护公民权益、有利于限制行政权力滥用或有利于保护环境等地方立法事项,应采取宽松的抵触认定标准;对于限制公民权利、增加公民义务和负担,设定行政许可或地方保护等事项应采取严格的认定标准❶。2016年《广东省地方立法条例》第93条规定:"新制定的设区的市的地方性法规与省的地方性法规不一致,省人民代表大会常务委员会认为符合该设区的市实际情况予以批准的,在该设区的市行政区域内适用。"第94条规定:"设区的市的地方性法规与新制定的省的地方性法规不一致,适用省的地方性法规,但省人民代表大会及其常务委员会认为设区的市的地方性法规有必要保留的,可以在省的地方性法规中规定设区的市的地方性法规仍然有效。"从法理上分析,法律规范的效力及于制定机关管辖的全部领域,但制定机关也可以根据具体情况,规定法律规范只适用于其管辖的部分区域❷,如"暂停法律适用条款"❸。省人大及其常委会允许与省级地方性法规不一致的设区的市地方性法规在本行政区域内适用,实际上是对省级地方性法规空间效力范围的自我限制,但从维护法制统一的角度考虑,这一限制不得违反省级地方性法规的立法目的和原则并应当对其实施情况定期进行评估,而且一旦这一限制在数量上达到一定比例且实践证明是可行的,还应当及时启动省级地方性法规的修改程序,以保证省级地方性法规的普遍适用性。应该说,广东省的这一制度探索对预防和解决设区的市与省级立法之间的抵触问题具有重要的创新价值和示范意义。

四、"第四道防线"分析

(一)运行现状考察

新《立法法》规定设区的市的地方性法规须报省级人大常委会批准后

---

❶ 路国连:《在地方立法中合理把握不抵触原则——以浙江地方立法实践为例》,载地方立法网 http://www.locallaw.gov.cn/,2017年5月26日最后访问。

❷ 朱景文著:《法理学》,第244页,中国人民大学出版社,2014。

❸ 即《立法法》新增第13条规定:"全国人民代表大会及其常务委员会可以根据改革发展的需要,决定就行政管理等领域的特定事项授权在一定期限内在部分地方暂时调整或者暂时停止适用法律的部分规定。"本文简称为"暂停法律适用条款"。

施行。省级人大常委会对报请批准的地方性法规进行合法性审查，同宪法、法律、行政法规和本省、自治区的地方性法规不抵触的，应当在四个月内予以批准。这一规定沿袭了《立法法》修改前"较大的市"立法批准制度，但事实上历来备受争议❶。在《立法法》修改过程中，多数较大的市人大常委会建议将批准程序改为备案程序，但考虑到现行宪法没有规定设区的市法规制度，而且此次地方立法主体数量大增，各设区的市之间立法水平不平衡，为了维护国家法制统一，保证设区的市立法与上位法不抵触，有必要保留批准制度。但有学者认为，根据《宪法》第62条第1款第15项的规定，全国人大通过《地方组织法》赋予较大的市立法权，最终是有宪法依据的❷。还有学者提出，《立法法》赋予设区的市以地方立法权可视作法律对宪法的续造❸。笔者认为，尽管不断面临合宪性的质疑，但我国地方立法主体通过《地方组织法》《立法法》等法律发展宪法的方式不断扩容已是不争的事实。在设区的市立法权限范围模糊、中央与地方以及省级与设区的市之间立法事项重合、备案审查流于形式等现实情况下，为应对地方立法主体在短期内大幅扩容可能给国家法制统一带来的风险与挑战，减少重复立法，提高地方立法质量，有必要在一定时期内继续保留批准制度。

省级人大常委会对设区的市地方性法规的批准是一种法定批准，是该地方性法规生效的必经程序，但在性质上应视为立法监督的一种方式。《立法法》仅规定省级人大常委会在批准时应当进行合法性审查，没有规定审查的具体标准、批准的程序和方式。从各省地方立法法规的规定看，通常由设区的市人大及其常委会将法规草案及有关资料报送省人大常委

---

❶ 认为批准制度使地方性法规的制定程序过于烦琐，并容易在实践中造成混乱，应予以废除，代之以备案程序，赋予"较大的市"完整的地方性法规制定权。参见苗连营、宋雅芳：《论地方性法规的批准与备案制度》，载《郑州大学学报（社会科学版）》，2000年第2期。

❷ 1982年宪法第62条列举了全国人大各项权力外，还规定全国人大享有"应当由最高国家权力机关行使的其他职权"，因此，全国人大通过《地方组织法》授予较大市人大及其常委会地方性法规制定权，最终是有宪法依据的。《立法法》规定的较大的市批准制度只是对这种立法权行使的监督，而不是否定其立法权。参见邓世豹：《论授予较大市完整立法权》，载《暨南学报（哲学社会科学版）》，2014年第10期。

❸ 郑毅：《对我国〈立法法〉修改后若干疑难问题的诠释与回应》，载《政治与法律》，2016年第1期。

会，省人大常委会法工委征求有关方面的意见后提请法制委员会审议，法制委员会向主任会议提出审查报告，由主任会议决定提请常委会会议表决通过。一般经过一次会议审议批准。在批准方式上，经审查认为相抵触的，省人大常委会可采取不予批准、附修改意见予以批准或者退回修改后再提请批准等处理方式。其中，"不予批准"的方式容易挫伤设区的市人大常委会的积极性，造成立法资源不必要的浪费，实践中很少采用。后两种方式被江苏、广东、河南等不少地方采纳，但由于需要设区的市人大常委会再次召开常委会会议对修改意见进行审议表决，容易造成立法进程的拖延。对此，浙江省人大常委会探索另一种方式，即在与设区的市人大常委会协商后，直接对部分法规草案进行修改并对修改了的批准文本草案审议表决❶。此种方式虽然有利于提高地方立法工作的效率，但未充分尊重设区的市地方立法自主权，混淆了立法监督权与立法权，而且容易助长设区的市人大常委会的"依赖"心理。

通过在批准制度中引入工作沟通机制并实现二者有机结合，更能达到监督的目的，保证立法工作的科学性和效率性❷。如为避免设区的市人大常委会对已经审议通过的法规草案在报请批准后再次修改和审议甚至出现不予批准的情况，各省人大常委会通常要求设区的市人大常委会在审议通过前将法规草案报送省人大常委会法工委征求意见。2016年《江苏省制定和批准地方性法规条例》还进一步明确了草案报送时间和意见反馈时间❸。此外，设区的市人大常委会在编制年度立法计划和立法规划时可征求省人大常委会的意见；在起草或审议法规草案过程中，可以主动请示或邀请省人大常委会法工委派员参加，帮助研究并提出修改意见，尽可能将报批法规的合法性问题解决在设区的市人大常委会审议通过前；在省人大常委会审议过程中，设区的市人大常委会应派人列席会议听取意见并回答询问，如果发现报批的地方性法规同本省政府规章相抵触的，应当根据具体情况

---

❶ 朱振进：《对较大市地方性法规审查批准的思考》，载《观察与思考》，2012年第4期。
❷ 汪全胜：《论法规批准制度》，载《北京行政学院学报》，2006年第2期。
❸ 2016年《江苏省制定和批准地方性法规条例》第53条规定："设区的市人民代表大会及其常务委员会制定的地方性法规在审议通过的两个月前，应当将法规草案及有关资料送省人民代表大会常务委员会，由省人民代表大会常务委员会法制工作委员会研究，征求有关方面的意见，并在收到法规草案之日起一个月内将意见和修改建议告知制定法规的机关。"

分别作出处理决定。

地方立法解释是一个重要的法律工具库,是地方立法机关对法律规范相关条款的含义以及有关概念、定义等作出说明的过程❶。党的十八届四中全会决定提出"完善立法体制机制,坚持立改废释并举。加强法律解释工作,及时明确法律规定含义和适用法律依据"。截至 2016 年 7 月底,我国现行有效的地方性法规已达 9000 多件,但对地方立法的解释几乎尚未充分开发使用,同时在认识上也存在一些误区。如设区的市法规的立法解释是否需经省人大常委会批准,各地的做法不尽相同。山东、河南、浙江等省地方立法法规要求报省人大常委会批准;贵州、广东等省只要求备案;江苏省则要求设区的市人大常委会在作出解释前征求省人大常委会法工委意见。从理论上分析,与立法的制定和废止不同,设区的市法规的立法解释附随于设区的市法规,无论是进一步明确具体含义还是明确新情况的适用依据,都应当遵循立法的目的和原则,符合立法的原意。而设区的市人大常委会享有法规内容的确定权,省人大常委会的批准只是对设区的市法规合法性的监督,并不直接干预法规的具体内容。因此,设区的市法规的立法解释没有必要适用程序较为烦琐的批准制度,采用备案制度更为合适。

(二) 充实省级人大常委会立法力量

随着更多的设区的市获得地方立法权和报批法规数量的大幅增加,省级人大常委会审查批准的任务也不断加重。如根据对各省人大常委会工作报告的统计,2014 年广东省人大常委会审查批准广州等较大的市法规 8 件,2016 年竟增至 39 件;2014 年江苏省人大常委会批准较大的市法规 17 件,2016 年增至 35 件。而在省级人大常委会立法机构人员配备上,据全国人大常委会法工委的统计❷,截至 2016 年 8 月,27 个省、自治区共有人大法制委员会组成人员 258 人,平均只有 9.5 人,具有法律工作经历的占

---

❶ 莫于川、曹飞:《贯彻四中全会精神,提高地方立法质量——增强"六性"是主动回应地方立法体制改革的理性选择》,载《南都学坛(人文社会科学学报)》,2015 年第 1 期。

❷ 《各地人大及其常委会立法机构和立法队伍建设的情况》,载中国人大网 http://www.npc.gov.cn/,2017 年 5 月 28 日最后访问。

66%，其中，最多的有 15 人，如湖北、新疆，最少的只有 6 人，如云南；27 个省、自治区共有法工委工作人员 520 人，平均 19 人，其中，最多的为 28 人，如湖北，最少的只有 9 人，如辽宁，具有法律工作经历的占 65%。此外，河北、黑龙江、江西、广东、新疆、内蒙古等地法工委实有人数与人员编制数尚存在一定差距[1]。根据《立法法》的安排，省人大常委会法制委员会和法工委一方面要承担自身繁重的立法任务，另一方面还在设区的市立法计划的统筹协调、地方性法规草案的审查批准、地方政府规章的备案等方面担负着重要职责，这必然对省级人大常委会立法队伍建设提出更高的要求。

　　2015 年 9 月，张德江委员长在第二十一次全国地方立法研讨会上强调指出，立足立法工作实际需要加强队伍能力建设，谋划长远积极壮大立法工作队伍。全国人大常委会法制工作委员会主任李适时在第二十二次全国地方立法研讨会上指出，立法工作是政治性、专业性、理论性、实践性都很强的工作。当合格立法人要着力提高思想境界、着力培养奉献精神、着力培养严谨认真的态度、着力提高业务能力水平。立法人既要是通才，又要具备法律专长[2]。有学者提出，合格的立法工作人员应当具备三方面条件：一是学识条件；二是业务能力条件；三是品行条件[3]。省级人大常委会立法工作人员既要有扎实的专业功底，又要具备较强的沟通协调能力；既要尊重设区的市立法主体地位，不越俎代庖、不指手画脚，又要针对法规中存在的合法性问题及时做好说明解释和指导修改等工作。为此，需要树立新的立法理念，建立常态化培训机制，拓宽参训范围；完善地方立法职业准入制度，建立立法机构与科研院所的双向交流机制；完善立法职业化晋升通道，吸引并留住优秀立法人才，不断提高业务能力水平，打造一支专业精干的立法工作队伍。

---

[1] 如黑龙江省人大常委会法工委编制 29 人，实有人数 21 人；江西省人大常委会法工委编制 29 人，实有人数 18 人；广东省人大常委会法工委编制 30 人，实有人数 21 人。

[2] 李适时：《在第二十二次地方立法研讨会上的小结》，载中国人大网 http://www.npc.gov.cn/，2017 年 5 月 28 日最后访问。

[3] 胡弘弘、白永峰：《地方人大立法人才培养机制研究》，载《中州学刊》，2015 年第 8 期。

五、"第五道防线"分析

（一）运行现状考察

根据新《立法法》第 98 条的规定，设区的市制定的地方性法规，由省级人大常委会报全国人大常委会和国务院备案。设区的市制定的规章报本级人大常委会、省级人大常委会、省级人民政府和国务院备案。第 99 条分别规定了要求审查、建议审查和主动审查[1]。尽管"备案审查"经常被相提并论，其实二者是两种不同的立法监督方式，并没有必然的联系。从备案本身的法律意义说，备案就是登记、统计、存档，便于备案机关在必要时进行审查、全面了解地方和部门的立法情况和执法情况以及加强对下级立法工作的指导。因此，备案本身并不必然引起对备案法规的审查[2]，尤其是设区的市法规和规章的备案主体众多，要求每个备案主体均进行审查是不现实且没有必要的。而"法规审查"的目的是纠正法规或规章之间的互相冲突以及与上位法相冲突的现象，审查主体必须享有改变或撤销的权力。目前，全国人大常委会的备案工作由办公厅秘书局承担，并分送给各专门委员会、法制工作委员会进行审查。2004 年在全国人大常委会法工委下设的法规备案审查室只负责法规的审查工作。新《立法法》强化了常委会工作机构的备案审查工作职责，允许常委会工作机构审查后向制定机关提出书面意见，制定机关不予纠正的，应当向委员长会议提出撤销法规的建议。此外，国务院法制办也成立了政府法制协调司（法规规章备案审查司），承办法规和规章的备案审查工作。目前除对司法解释和行政法规

---

[1] 《立法法》第 99 条规定：国务院、中央军事委员会、最高人民法院、最高人民检察院和各省、自治区、直辖市的人民代表大会常务委员会认为行政法规、地方性法规、自治条例和单行条例同宪法或者法律相抵触的，可以向全国人民代表大会常务委员会书面提出进行审查的要求，由常务委员会工作机构分送有关的专门委员会进行审查、提出意见。

前款规定以外的其他国家机关和社会团体、企业事业组织以及公民认为行政法规、地方性法规、自治条例和单行条例同宪法或者法律相抵触的，可以向全国人民代表大会常务委员会书面提出进行审查的建议，由常务委员会工作机构进行研究，必要时，送有关的专门委员会进行审查、提出意见。

有关的专门委员会和常务委员会工作机构可以对报送备案的规范性文件进行主动审查。

[2] 蔡定剑：《立法监督初探》，载《人大工作通讯》，1994 年第 17 期。

实行逐件审查外,地方性法规和政府规章因数量众多、审查力量有限,只能有重点、有选择地开展主动审查。主动审查在本质上仍属于抽象的事先审查,通常在内部操作,审查结果一般不对社会公开,其所承载的立法监督功能是非常有限的。

《立法法》对被动审查的规定,根据启动主体不同区分为要求审查和建议审查。目前,"要求审查"从未启动过,"建议审查"的数量也非常有限,主要原因是受理标准不明确、受理程序复杂、受理和审查时限缺失、审查意见反馈少等,公民或组织提出审查建议的积极性不断受挫。据统计,自 2008 年到 2012 年,全国人大常委会收到的各类审查建议只有 361 件,其中以公民个人名义提出的有 335 件,占 92.8%❶。2016 年一年,全国人大常委会共接受审查建议 92 件,对其中属于全国人大常委会备案审查范围的逐件进行了审查研究并提出研究意见❷。在处理方式上均通过事先与制定机关沟通等方式自行纠正,尚未启动过撤销程序。新《立法法》增加了备案审查的意见反馈和信息公开规定❸,有利于保障审查建议人的知情权,增强公民、组织提出审查建议的积极性,提高社会公众对备案审查工作的关注度与参与度,并督促制定机关尽早纠正违法问题,有效维护国家法制统一❹。杭州市民潘洪斌有幸成为这一制度的"受益者",他向全国人大常委会提出的《杭州市道路交通安全管理条例》合法性审查建议被受理、建议获得支持并收到书面意见反馈。杭州市人大常委会在修改条例的同时还委托专家学者对本届人大任期内制定的全部地方性法规的合法性进行审查。但也不能过分夸大这一典型个案的连锁效应,如前所述,同样存在类似违法情形的其他城市交通立法并未主动纠正,对于其他公民或组织提出的审查建议是否会被受理仍缺少可预期的判断标准和切实的制度保

---

❶ 林来梵:《建构具有动力机制的备案审查制度》,载财新网 http://opinion.caixin.com/2014-12-04/100758849.html,2017 年 5 月 28 日最后访问。

❷ 《一辆电动自行车牵动全国人大常委会》,载新华网 www.news.cn,2017 年 5 月 22 日最后访问。

❸ 《立法法》第 101 条规定,全国人民代表大会有关的专门委员会和常务委员会工作机构应当按照规定要求,将审查、研究情况向提出审查建议的国家机关、社会团体、企业事业组织以及公民反馈,并可以向社会公开。

❹ 全国人大常委会法制工作委员会国家法室:《中华人民共和国立法法释义》,第 321 页,法律出版社,2015。

障。受备案审查程序的不足、制度设计的不合理以及备案审查力量的有限等多种因素的制约，备案审查制度所发挥的立法监督作用与人们的预期相比仍存在较大的差距。

（二）建构法规审查制度的动力机制

十八届四中全会决定明确提出，加强备案审查制度和能力建设，把所有规范性文件纳入备案审查范围，依法撤销和纠正违宪违法的规范性文件，禁止地方制发带有立法性质的文件。《立法法》确立的法规审查制度长期以来因动力不足而基本处于沉睡状态。随着依法治国的全面推进和人权保障意识的增强，如何在现有法律程序框架内强化法规审查的动力机制，完善法规审查启动机制以激活这一机制，成为现实而迫切的选择。

《立法法》第99条第1款规定了提出"审查要求"的五大机关，分别为国务院、中央军事委员会、最高人民法院、最高人民检察院和各省、自治区、直辖市的人民代表大会常务委员会，但迄今为止这五大机关没有提出过一件审查案例。究其原因，主要是缺少提出审查的动力。对此，林来梵教授指出，五大机关本身都有一定的立法权限，相互之间也不可能相互指出各自存在的问题。从多年的实际运行效果看，单纯依靠全国人大及其常委会或司法系统，都很难使合宪性审查获得足够的制度支撑和源源不断的动力。激活现有的宪法监督机制，应该把全国人大及其常委会的主体地位和司法审查中的功能优势结合起来，将公民的权利诉求作为重要的动力来源❶。另有学者提出，赋予案件的当事人质疑法规合法性和合宪性的请求权，再由受理法院请求最高人民法院提出审查要求来推动法规审查机制的运行❷。这一制度设计的运作动力在于地方性法规的合法性问题直接关涉到公民的切身利益，目的在于通过公民个案启动最高人民法院的"要求审查权"。笔者基本赞同这一思路，尤其是目前理论界和实务界对地方性

---

❶ 林来梵：《建构具有动力机制的备案审查制度》，载财新网 http://opinion.caixin.com/2014-12-04/100758849.html，2017年5月28日最后访问。

❷ 叶海波：《论法规审查机制的完善》，载《厦门特区党校学报》，2008年第3期。

法规在司法审查中的地位尚存在很大争议❶，在《立法法》框架下将司法审查与备案审查结合起来不失为一种稳妥且容易被实务部门接受的做法。事实上，杭州市民潘洪斌在向全国人大常委会提出审查建议之前，已先向杭州市地方法院提起诉讼并质疑杭州市地方性法规的合法性，但法院并未上报最高人民法院提出审查要求。但这一思路的具体落实需要相关部门的协力，更需要科学设计的配套机制来推动和保障，如通过诉讼法赋予当事人质疑法规合法性的请求权、明确各级人民法院就法规的合法性问题上报最高人民法院的规则与程序、明确全国人大常委会受理和审查法规的期限以防止诉讼周期过长、明确全国人大常委会对法规合法性的判断对法院审判的拘束力等。

与国务院等其他四类审查主体相比，省级人大常委会的"要求审查权"长期受到忽视。有学者认为基于我国省级人大常委会独特的宪法地位和宪法监督职责，其"要求审查权"可承载更加丰富的功能。其职权的全面性和综合性，群体数量多、地域差异大而可能产生更强烈的审查需求，以及背后存在一种多元的利益结构，赋予省级人大常委会极为多样的提请动机。据此可参照省级人大常委会在法律询问答复程序中的实际作用，设置其行使审查要求权的具体方案，如省级人大常委会的常委会主任、主任会议或特定比例的委员等就自身工作中发现具有违宪违法嫌疑的法规，应主动向全国人大常委会提出审查要求；省级人大常委会还可以按照特定条件受理辖区内各级各类国家机关、社会团体或企事业组织甚至特定数量的选民提出的请求，在筛选和过滤的基础上提出审查要求❷。从《立法法》的制度设计看，省级人大常委会在设区的市立法工作的推进、设区的市立法权的行使、对设区的市立法的批准以及改变或撤销等方面担负着重要职

---

❶ 如刘志刚教授认为，地方性法规在刑事审判中不具有直接的适用性，在民事、行政审判中所处的地位不应该是绝对的"依据"地位，而应该是类同于规章那样的"参照"地位，法院在司法审判中有选择地适用地方性法规的权力。参见刘志刚：《地方性法规在司法审判中所处的地位及适用》，载《法治研究》，2017年第2期。但来自人大系统的学者多认为法院在审理本行政区域内的行政案件过程中，应该普遍适用地方性法规作为裁判的依据，没有合法与否的评判权以及适用与否的决定权。如谭鹏：《地方性法规在司法诉讼中的冲突适用》，载重庆人大网http: //www.ccpc.cq.cn/Home/Index/more/id/63929.html，2017年5月26日最后访问。

❷ 王建学：《省级人大常委会法规审查要求权的规范建构》，载《法学评论》，2017年第2期。

责,完善省级人大常委会要求审查权的启动机制,既有利于补强省级人大常委会自身立法力量的不足,又有利于及时发现和解决地方立法的违法性或违宪性问题,从而维护国家法制统一,保障公民基本权利。此外,全国人大常委会应根据《立法法》第101条的规定,尽快出台专门规定完善向审查建议人进行反馈的时间、条件、内容、形式等反馈机制以及向社会公开的程序机制,从而调动社会公众参与法规审查的积极性。在审查的处理上,应改变目前主要由制定机关自行修改的做法,将审查与改变或撤销制度实现有效地对接,真正发挥法规审查制度的监督功能。

综上,尽管"五道防线"基于设区的市立法权行使的全过程,试图构建一套事前、事中与事后相结合的、动态的法律控制机制的思路具有一定的创新性和合理性,但各道"防线"在法律控制机制中所处的地位和发挥的作用存在较大差异,在实际运作中仍存在诸多需要进一步研究的问题。对地方立法实践的考察和分析表明,仅靠"五道防线"难以为数量众多的设区的市立法构建全方位的法律控制机制,还需要与设区的市立法程序制度、法律规范之间的冲突裁决制度、有限的司法审查制度、法规规章清理制度、立法后评估制度等结合起来,从而形成更为严密并协调运行的法律控制机制。显然,本文的探索只是一个开始。

(本文发表于《苏州大学学报(哲学社会科学版)》,2017年第5期)

实务篇

《Y市征地补偿和被征地农民社会保障办法》实施情况评估报告

根据《江苏省规范性文件制定和备案规定》和《Y市规范性文件实施情况后评价办法》的有关规定，按照合法公正、客观公开、及时高效原则，采用文献研究、专家咨询、实地调研、座谈讨论等多种形式，对《Y市征地补偿和被征地农民社会保障办法》（以下简称《办法》）进行了实施情况后评估，现将评估情况报告如下：

一、基本概况评估

随着我国城镇化和工业化的快速推进，非农用地规模不断膨胀，被征地农民数量随之增加。在市场经济和征地补偿标准偏低的背景下，单一货币补偿方式难以保障被征地农民的长远生计。于是，社会保障安置作为一种"理想化"的安置方式得到社会一定的认同。近年来，在市委、市政府的正确领导下，我市认真贯彻落实国家和省有关政策法规，对被征地农民的社会保障也作了积极的探索与实践。2005年和2011年分别出台《Y市征地补偿和被征地农民基本生活保障实施细则》和《Y市征地补偿暂行办法》，为被征地农民社会保障提供了政策依据。党的十八届三中全会决定提出"要建立更加公平可持续的社会保障制度，完善对被征地农民合理、规范、多元保障机制"。2013年9月10日，省政府发布《江苏省征地补偿与被征地农民社会保障办法》（省政府第93号令），明确对被征地农民实行"一次性部分货币补偿与社会保障安置"相结合；明确社保前置原则，先保障、后征地，"即征即保、应保尽保"；明确政府的兜底职责，各级政府按照以支定收、收支平衡、不留缺口的原则筹集被征地农民社会保障资金。

根据省政府文件精神，结合我市实际，市人力资源和社会保障局、市国土资源局和市财政局共同起草了《Y市征地补偿与被征地农民社会保障办法》，经市十三届政府第9次常务会议研究通过。《办法》在基本沿袭省政府第93号令的基础上，进一步予以个性化、特色化和本土化，如明确了被征地农民的名单公示的时间、适当调整被征地农民人数计算方式、适当提高土地补偿费的最低支付标准、进一步明确被征地农民社保资金来源、进一步细化劳动年龄段被征地农民进保机制等，既与省政府文件保持高度一致，又有我市的针对性和可操作性，从制度上确保失地农民基本生活不降低，长远生计有保障。随着对社会保障安置政策了解的不断深入以及部分已入保并领取养老金的被征地农民所产生的示范效应，被征地农民也从最初的误解、排斥甚至抵制转变为越来越多的认可、支持甚至竞争获取入保指标，被征地农民入保的积极性日益高涨，市和县、区征地补偿费用和被征地农民社会保障费用及时足额到位，征地补偿安置程序更加规范、透明，新政策实施效果初现。但由于《办法》出台较为仓促，在实施过程中也反映出一些问题：一是与调整同一事项的其他规范性文件未有效整合，给政策执行带来不便；二是对如何结合本市实际更好地落实省政府第93号令的有关规定，尚缺乏深入细致的研究；三是征地补偿标准调整不够及时，县、区政府财政压力较大；四是政策宣传的广度和深度不够，仍有少数被征地农民因误解而拖延入保；五是与遗留问题的衔接难，有待进一步探索解决。

二、《办法》的评估情况

（一）合法性评估

本《办法》与《江苏省征地补偿和被征地农民社会保障办法》确立的基本原则和制度框架一致，与现行实施的上位法及国家有关法律、法规、政策不存在冲突之处，总体上合乎上位法的规定，但在以下几个方面尚需斟酌：

1. 《办法》第一条的立法依据中应增加"《中华人民共和国土地管理法》"按照《江苏省规范性文件制定和备案规定》的规定，规范性文件一般只引用主要法律、法规、规章及上级规范性文件作为制定依据。《江苏省征地补偿和被征地农民社会保障办法》第一条列举的立法依据包括"《中华人民共和国物权法》《中华人民共和国土地管理法》《中华人民共和国社会保险法》等法律法规"。《办法》作为执行《江苏省征地补偿和被征地农民社会保障办法》的下级规范性文件,不应在立法依据中去掉"《中华人民共和国土地管理法》"。

2. 《办法》第十三条关于"省人民政府制定并公布的标准高于市人民政府的,按省人民政府规定的标准执行"的规定与《江苏省征地补偿和被征地农民社会保障办法》的规定不符。

《江苏省征地补偿和被征地农民社会保障办法》第十四条第二款规定:"市、县(市)人民政府制定的土地补偿费和安置补助费标准,不得低于省人民政府规定的最低标准。"据此,如果市、县(市)政府规定的土地补偿费和安置补助费标准低于省人民政府规定的标准,应立即着手修改市或县(市)的旧标准,而不是漠视甚至"认可"这一违法现象的存在,允许直接选择适用省人民政府规定的标准。因此,本条规定不仅多余而且在实际操作中容易造成误解。

3. 《办法》第十条第一款中关于"林地、园地不计入农村集体经济组织征收土地前农用地面积"的规定与《土地管理法》和《江苏省征地补偿和被征地农民社会保障办法》的规定不符。

《土地管理法》第四条第三款规定"农用地是指直接用于农业生产的土地,包括耕地、林地、草地、农田水利用地、养殖水面等。"《江苏省征地补偿和被征地农民社会保障办法》第十一条并未将"林地、园地"排除出被征地农村集体经济组织农用地面积的计算范围。《办法》的这一规定主要是基于我市部分地区(如林场)人均农用地面积大,多为山上林地,一般不用来实际生产生活,过去一直是按照人均耕地来征地带人,如按照省政府第93号令人均农用地来征地带人,将带人很少,造成征地征收难度大。尽管这一制度初衷具有一定的正当性,但根据《土地管理法》的规定,未直接用于农业生产的林地等本身就不属于《土地管理法》规定的"农用地"范畴,而且这一规定是基于部分地区的特殊性,有悖于规范性文件的普遍适用性,也损害了其他地区被征地农民的平等权。

（二）合理性评估

《办法》的主要制度和各项管理措施总体上比较合理、可行，体现了公平、公开原则和以人为本原则，符合法治的基本原则和基本精神，如规定需要安置的被征地农民人数不足一人的，按一人计算；将支付给16周岁以上被征地农民的农用地补偿费比例由省政府第93号令的70%以上提高到80%以上；允许从事非全日制工作或者自由择业的被征地农民自主选择入保补缴方式；将本《办法》的适应对象往前追溯到2013年12月1日后新征收土地等，充分照顾到被征地农民的现实需求，有利于保障被征地农民的生活和长远生计，但在以下几个方面尚需改进：

1. 《办法》在内容上与《江苏省征地补偿和被征地农民社会保障办法》的重复率过高，部分条款欠缺必要性。

地方法规范的生命力在于地方性，地方特色是地方法规范的基础。如果地方法规范不能反映地方实际情况，只是重复上位法规范，就丧失了地方法规范制定权存在的根基和价值。《江苏省规范性文件制定和备案规定》第八条第三款规定："法律、法规、规章已经明确规定的内容，规范性文件原则上不作重复规定；上级规范性文件已经明确规定的内容，下级规范性文件也不再作重复规定。"如何判断下位法规范对上位法规范的哪些重复是必要的，哪些是不必要的，尚缺乏明确统一的标准。通常来说，下级规范性文件对上级规范性文件的目的条款和原则条款的重复以及为了保持法律规则的逻辑完整性而在部分条款上的重复是必要的，对上位法规范已明确规定的行为模式和法律责任条款没有必要重复。《办法》对《江苏省征地补偿和被征地农民社会保障办法》的大幅重复不仅造成篇幅冗长，而且降低了地方性和操作性。因此，应在对《办法》进行大幅精减的同时将《Y市征地补偿暂行办法》中关于征地补偿工作程序和征地补偿安置标准的有关规定整合进来。

2. 《办法》第五条仅规定了"市国土资源、人力资源和社会保障、监察、财政、农业、民政、审计等"部门监督和指导职能，去掉了《江苏省征地补偿和被征地农民社会保障办法》第七条规定的"协调"职能，难以满足相关部门对征地补偿安置的管理需要。

3.《办法》第二十一条和第二十四条分别规定由县、区人民政府确定被征地农民养老补助金和被征地农民社会保障金的具体标准,未规定向市人民政府备案,不利于市政府对征地补偿安置工作的统一、及时规范和管理。

(三) 协调性评估

《办法》主要是为落实省政府第 93 号令而出台的,在内容上与《Y 市征地补偿暂行办法》《Y 市城乡居民社会养老保险制度实施办法》等正在实施的其他规范性文件相互之间并不存在冲突,规定的制度总体上相互协调、衔接,但在具体执行和下一步的修改完善中应注意以下两个方面:

1. 应注意将《办法》第十四条与《Y 市征地补偿暂行办法》第二条第五款的规定结合起来理解适用,避免片面解读。

《办法》第十四条规定:"大中型水利、水电工程及铁路、公路、水运等重点交通基础设施建设的征地补偿和被征地农民社会保障标准,按照市人民政府规定的征地补偿和被征地农民社会保障标准执行,国务院和省人民政府规定的标准高于市人民政府的,执行国务院和省人民政府规定的标准。"这意味着,对于此类特殊征地的补偿安置,应优先适用本市政府的规定,只有国务院和省政府规定的标准高于市政府的,才适用国务院和省的规定。而《Y 市征地补偿暂行办法》第二条第五款规定:"大中型水利、水电工程及铁路、公路、水运等重点交通基础设施建设的征地补偿标准和安置,国家和省另有规定的,从其规定。"这意味着,对于此类特殊征地的补偿安置应优先适用国家和省的规定。仅从字面解释的角度看,二者似乎存在一定的冲突。但从条文所蕴含的基本理论和精神看,二者具有相通之处,前者主要基于最大限度地保障被征地农民利益的角度考虑,选择适用较高的标准;后者主要基于特别法优于一般法的适用规则考虑。一方面,由于此类特殊征地的补偿安置涉及的问题较为复杂,通常出台专门文件作出详细规定,如《江苏省政府办公厅转发省交通运输厅省国土资源厅关于省交通重点工程建设项目征地补偿安置实施意见的通知》(苏政办发〔2016〕81 号)、《江苏省政府办公厅关于转发省水利厅省发展改革委省国土资源厅江苏省大中型水利工程建设项目征地拆迁和安置补偿意见的通知》（苏政办发〔2016〕106号）等，在具体执行中理应优先适用专门规定。另一方面，由于各地经济社会发展不平衡，国家和省规定的征地补偿安置标准通常为最低标准，当地政府可以根据本地实际制定更高的标准并在本地优先适用，这与"下位法规范服从上位法规范"并不冲突。

因此，为避免在适用中产生歧义，建议将两个条款统一起来作如下规定："大中型水利、水电工程及铁路、公路、水运等重点交通基础设施建设的征地补偿安置，国家和省另有规定的，从其规定。本市政府制定的征地补偿和被征地农民社会保障标准高于国家和省的，执行本市标准。"

2. 应将《Y市征地补偿暂行办法》和本《办法》整合成一个规范性文件。

根据《江苏省规范性文件制定和备案规定》第六条的规定，行政机关制定规范性文件应当本着精简、效能的原则予以控制。因此，调整同一事项的规范性文件应尽量整合在一起，既有利于为社会提供明确、统一的规则，减少适用中的不便，又有利于提高规范性文件的质量，保持规范性文件内部体系的完整性。目前调整本市行政区域范围内征地补偿工作的规范性文件主要是《Y市征地补偿暂行办法》和本《办法》，二者在制度框架和主要内容上既相互补充又相互交叉重叠，在有些规定上还存在一定的冲突或不协调，有必要整合起来。

（四）操作性评估

《办法》在基本遵循省政府第93号令的基础上进一步明确规定被征地农民的名单在被征地农村集体经济组织所在地公示不少于5个工作日；进一步细化劳动年龄段被征地农民的进保机制；明确被征地农民社会保障资金的三大主要来源等，程序更加正当简便、公开透明，征地补偿标准和被征地农民社会保障措施清楚明白，具有可操作性，但在以下几个方面有待进一步改进。

1. 基于具体执行的便利，应将《Y市征地补偿暂行办法》中关于征地补偿工作程序和征地补偿安置标准的规定整合进《办法》中。

2. 严格执行《办法》第十八条第二款关于"县、区人民政府确定的被征地农民各年龄段人员比例，应当与征地前被征地单位各年龄段人员比例基本相同"的规定,并在第五章增加相应的违法责任条款,防止随意增加16周岁以下被征地农民的人数,切实将劳动年龄段被征地农民纳入城乡社会保障体系。

3. 根据《中华人民共和国村民委员会组织法》第二十四条的规定,征地补偿费的使用、分配方案以及村民会议认为应当由村民会议讨论决定的涉及村民利益的其他事项,应当经村民会议讨论决定方可办理。被征地农民名单的确定及入保名额的分配也属于涉及村民利益的事项,应由村民会议讨论决定,具体程序适用《中华人民共和国村民委员会组织法》的规定,有利于及时化解和解决征地补偿安置争议。

(五)完善性评估

《办法》规定了征地补偿和被征地农民社会保障的目的和原则,相关部门职责分工、征地补偿制度、被征地农民社会保障制度、资金管理制度和监督管理制度,制度设计完备、配套制度健全,有利于征地补偿安置工作的顺利进行,但在以下具体制度和措施上还可进一步完善:

1. 完善被征地农民名单的产生办法

《江苏省征地补偿和被征地农民社会保障办法》第五条仅规定了被征地农民的基本条件和名单确定程序,具体办法由市、县(市)人民政府制定。《办法》第六条对此也未作出明确规定,而是规定"具体办法由县、区人民政府制定"。但在实施过程中,主要依据《Y市征地补偿暂行办法》第四条的规定并结合多年的实务经验来确定,县、区人民政府并未根据《办法》的规定出台具体办法。被征地农民名单的确定是征地补偿和安置中的一项基础性工作,影响广泛、争议较大,如计划内新增人口以及大中专学生毕业后户口迁回原农村集体经济组织尚未就业等人员的补偿和安置问题。对此,应由市人民政府在《办法》中按照"概括+列举"的方式作出明确、统一的规定,即被征地农民的基本条件、可纳入农村集体经济组织成员数据库的人员类型、不纳入农村集体经济组织成员数据库的人员类型。

2. 完善被征地农民的就业保障机制

无论是纳入企业职工基本养老保险还是城乡居民社会养老保险,都只是为被征地农民提供最基本的"生存照顾",尚未达到对其发展权的保障。促进被征地农民就业是确保其基本生活水平不下降和长远生计的根本渠道,政府及有关部门应采取措施促进劳动年龄段的被征地农民就业,如落实被征地农民就业培训资金、积极为被征地农民提供就业指导和职业介绍等服务、通过税收减免等措施鼓励指导用地单位优先安置被征地农民的就业、为被征地农民就业提供贷款等扶持政策,并在《办法》中予以明确。

3. 在"附则"中增加对被征用集体所有的水域、滩涂的渔民进行补偿和社会保障的规定

《中华人民共和国渔业法》第十四条规定:"国家建设征用集体所有的水域、滩涂,按照《中华人民共和国土地管理法》有关征地的规定办理。"结合Y的资源布局和区域特色,为了保障被征用海域的渔民生活和长远生计,应在《办法》的"附则"部分明确规定"政府依法征用集体所有的水域、滩涂的补偿和社会保障,参照本《办法》有关规定执行"。

4. 完善征地补偿安置的"法律责任"条款

征地补偿安置的法律责任既涉及实体法责任,又涉及程序法责任;既涉及土地管理等有关行政机关,又涉及被征地农村集体经济组织及其成员;既涉及行政责任,又涉及刑事责任。《办法》第五章在完全照搬《江苏省征地补偿和被征地农民社会保障办法》第五章的内容的同时却省略了刑事责任条款,对违反征地补偿安置程序、未及时调整征地补偿标准、随意改变被征地农民各年龄段人员比例、妨碍征地工作依法进行等行为的违法责任没有规定,应予完善。

(六) 规范性评估

《办法》在体例结构上基本沿袭《江苏省征地补偿和被征地农民社会保障办法》,文字表述比较规范,逻辑结构比较严密,能够保证《办法》的正确有效实施,但在个别地方仍可进一步完善。

1. 《办法》第三十一条第三款表述不规范,应在80%之前加上"不少于",从而与第十五条的规定保持一致。

2. 《办法》第五章的"监督管理"基本上照搬《江苏省征地补偿和被征地农民社会保障办法》第五章"法律责任"的内容,并未突出"监督管

理"的特征。根据违法行为与法律责任相对应、标题与内容相一致的立法技术要求，应将《办法》第五章的"监督管理"改为"法律责任"。

3.《办法》第十七条应补充"区人民政府"，与第四条的规定对应起来，具体表述如下："被征地农村集体经济组织和被征地农民对征地补偿安置方案有争议的，由市、县（区）人民政府协调；协调未达成一致意见的，由批准征收土地的人民政府裁决。协调、裁决争议的具体程序按照有关规定执行。"

（七）实施效果评估

《办法》实施以来，在市委和市政府的领导下，市国土资源、人力资源和社会保障、监察、财政、农业、民政、审计等部门的监督、协调和指导下，各级政府及其工作部门认真贯彻落实省政府第93号令的文件精神以及《办法》与相关文件的规定，切实做好征地补偿和被征地农民社会保障工作，征地补偿程序日趋公开透明，征地补偿标准随经济社会发展水平和物价水平等适时调整，征地补偿费用和被征地农民社会保障费用及时足额到位，被征地农民入保的积极性日趋高涨，征地补偿安置争议总体上呈下降趋势，征地矛盾不断缓解。《办法》的具体制度和主要措施得到落实，被征地农民的生活和长远生计得以保障，实施成效日益显著。

三、评估结论

根据评估情况，鉴于本《办法》实施时间不长，有些问题尚在探索中，相关理论研究和实践经验还不够成熟，建议继续执行本《办法》，待时机和条件成熟时再进行修改。在实施过程中应着重研究以下几个问题，一是本《办法》与《Y市征地补偿暂行办法》的有效协调与配合；二是结合本市实际和实践经验有效落实省政府第93号令的有关规定；三是推动解决与遗留问题的衔接问题。同时，进一步加大被征地农民社会保障政策宣传的广度和深度，使广大群众真正了解并积极参与这一惠民政策，分享更多的改革成果。

《F市城区养犬管理办法》实施情况评估报告

根据《江苏省规范性文件制定和备案规定》（省政府54号令）和《F市规范性文件实施情况后评价办法》的有关规定，按照合法公正、客观公开、及时高效原则，采用文献研究、专家咨询、实地调研、座谈讨论等多种形式，对《F市城区养犬管理办法》（以下简称《办法》）进行了实施情况的评估，现将评估情况报告如下。

一、基本情况评估

近年来，随着我国社会经济的快速发展，人民群众精神追求的不断增强，狗作为人类最亲密的朋友，在排解孤独、缓解社会压力等方面成为现代人生活中不可或缺的一部分。当养犬成为日益普遍的社会现象，"犬患"问题直接渗透到城市管理和人们的日常生活中，如犬只伤人、犬吠扰民、宠物犬随地排泄、狂犬病疫情的发生等，引发了犬与人生存空间和生存资源的矛盾、养犬人与非养犬人的矛盾、养犬与社区环境维护的矛盾等一系列社会问题。有效解决这些社会问题的关键是建立健全、科学、有效的养犬管理法律制度，尤其是建立一套预防、治理和消除"犬患"的长效法律机制。目前我国尚未出台全国统一的城市养犬法律或行政法规，关于养犬管理的规定主要分散于《中华人民共和国动物防疫法》《中华人民共和国侵权责任法》《中华人民共和国治安管理处罚法》《中华人民共和国传染病防治法》《中华人民共和国进出境动植物检疫法》等法律。在地方立法层面，部分城市相继出台了养犬管理的地方性法规、地方政府规章或规范性文件。在养犬管理立法的理念上，经历了从禁止养犬、严格限制养犬到适当放宽养犬的转变，养犬管理法律理念更为科学、法律制度不断完善。

在市委、市政府的正确领导和关心重视下，为贯彻落实国家和省有关政策法规，由市政府办牵头，经市公安局、建设局、卫生局、城管局、农委等多部门反复讨论并经市政府法制办审核，出台了《F 市城区养犬管理办法》。该《办法》根据《中华人民共和国动物防疫法》《中华人民共和国侵权责任法》《中华人民共和国治安管理处罚法》《中华人民共和国传染病防治法》以及《江苏省动物防疫条例》《江苏省城市市容和环境卫生管理条例》等法律法规的规定，结合本市实际，规定了养犬管理的基本原则、相关部门职责分工、养犬登记、养犬行为规范、监督实施等基本制度，涵盖了养犬管理的主要方面，为规范 F 市城区养犬管理工作提供了重要依据。

自 2016 年以来，公安机关根据市委、市政府关于创建全国卫生城市的要求，依据《F 市城区养犬管理办法》，先后多次组织开展了城区养犬管理集中整治行动。根据《治安管理处罚法》等相关法律法规的规定，进一步强化了对纵犬伤人、纵犬扰乱公共场所秩序等案件的查处力度。对于《办法》中没有明确规定的禁养犬和流浪犬的收容问题，公安机关根据我市城区养犬管理的实际需要和国内其他城市的通行做法，设立了犬类留检所，进行了有益的探索并取得初步成效，但在实施过程中也反映出一些问题：一是在城区养犬管理工作中，虽然城管、公安、畜牧、卫生、工商等部门都有职责分工，但在具体实施过程中，实际上是公安机关单兵作战，没有形成有关部门密切协作配合的有效机制，实施效果欠佳；二是《办法》关于养犬管理的实体性规定较多，程序性规定较少，一定程度上影响了文件的可操作性；三是《办法》虽然规定了养犬行为规范，但没有明确相应的法律责任，而是分散于相关法律法规，给养犬人和养犬管理部门带来不便；四是公安机关探索设立的犬只留检所因缺少制度依据及经费、人员等方面的不足，在持续运行和有效管理方面仍面临一系列问题；五是个别条款在合理性、协调性、可操作性、规范性等方面有待进一步改进。

二、《办法》的评估情况

（一）合法性评估

作为规范性文件，本《办法》是为实施《中华人民共和国动物防疫法》《中华人民共和国治安管理处罚法》《江苏省动物防疫条例》《江苏省城市市容和环境卫生管理条例》等法律、法规的相关规定，结合本市城区养犬实际而作出的具体规定，对违法养犬行为的处罚均援引上位法规定，没有创设行政许可、行政处罚、行政强制等事项。本《办法》所确立的养犬管理基本原则和制度框架符合法治政府建设的要求，与现行实施的上位法及国家有关法律、法规、政策不存在冲突之处，总体上合乎上位法的规定，但在以下几个方面尚需斟酌。

1. 《办法》第一条的立法依据中应增加《中华人民共和国侵权责任法》和《江苏省动物防疫条例》，去掉《国务院办公厅转发卫生部、农业部、公安部关于加强狂犬病预防控制工作的意见的通知》。

按照《江苏省规范性文件制定和备案规定》的规定，规范性文件一般只引用主要法律、法规、规章及上级规范性文件作为制定依据。目前，我国尚未制定全国统一的城市养犬管理法律或行政法规，相关规定主要散见于《中华人民共和国动物防疫法》《中华人民共和国侵权责任法》《治安管理处罚法》等法律以及一些地方性法规或规定。《国务院办公厅转发卫生部、农业部、公安部关于加强狂犬病预防控制工作的意见的通知》（国办发〔1984〕80号）主要从狂犬病预防控制的角度作出规定，无法涵盖城市养犬所涉及的犬只饲养、交易、展览、表演、诊疗、服务等多方面的活动，而且在指导思想上仍奉行严格的"禁养"思路，难以适应新时期养犬管理立法理念转变的需要，因此，不应再将其作为《办法》的主要制定依据。

据此，建议将本《办法》第一条调整为"为加强城区养犬管理，保障公民健康和人身安全，维护社会公共秩序和城市市容环境卫生，根据《中华人民共和国动物防疫法》《中华人民共和国侵权责任法》《中华人民共和国治安管理处罚法》《江苏省动物防疫条例》《江苏省城市市容和环境卫生管理条例》等法律法规的规定，结合本市城市实际，制定本办法"。

2. 《办法》第四条第二款中的"各级人民政府"应调整为"市、区（县）人民政府"。

根据《中华人民共和国地方各级人民代表大会和地方各级人民政府组织法》第六十四条、六十六条的规定，只有省、自治区、直辖市、自治州、县、自治县、市和市辖区的人民政府设立工作部门，位于最基层的乡镇人民政府不再设立各个部门。因此，《办法》第四条第二款关于"各级人民政府应当建立由公安、城管、兽医、工商、卫生等有关部门组成的养犬管理协调工作机制"的规定表述不准确，应改为"市、区（县）人民政府"。

3. 《办法》第四条第二款第（一）项关于公安部门"调解涉犬纠纷"的规定过于宽泛，与公安部门的职责设置无法实现有效对接。

行政调解的对象是与行政管理活动有关的民事争议和部分行政争议。根据《治安管理处罚法》第九条的规定，对于因民间纠纷引起的打架斗殴或者损毁他人财物等违反治安管理行为，情节较轻的，公安机关可以调解处理。根据语义解释，"涉犬纠纷"有些与治安管理有关，如饲养动物干扰他人正常生活或驱使动物伤害他人等；有些则是与治安管理无关的民事纠纷，如犬只买卖纠纷、犬只防疫纠纷、违法经营犬只纠纷等，后者显然不属于公安机关调解的对象，如果在《办法》中宽泛地规定由公安部门调解涉犬纠纷，将面临尴尬。因此，建议将此项规定修改为"调解涉犬治安纠纷"，限定具体范围。

（二）合理性评估

《办法》的主要制度和各项管理措施必要、合理、可行，体现了公平、公开原则和以人为本原则，符合法治的基本原则和基本精神，如规定对养犬实行管理和服务相结合，行政机关执法和基层组织参与管理相结合，养犬人自律和社会公众监督相结合的原则；明确公安、城管、兽医、工商、卫生等有关部门在养犬管理职责上的分工与协调；规定居民委员会、住宅小区业主委员会等依法组织居民、业主制定并实施养犬公约，任何单位和个人有权对违法养犬行为进行劝阻、举报和投诉，充分调动广大群众参与养犬管理的主动性和积极性；规定各场所经营者、管理者或活动举办者根据需要设立禁犬标识；对养犬人携犬乘坐公共交通工具、乘坐电梯或上下楼梯、遛犬等行为规范作出细致规定等，体现了服务型政府的理念和依法治理养犬问题的思路，注意兼顾养犬的人、不养犬的人、政府等多方面的利益需求，但在以下几个方面还可以进一步改进。

1. 《办法》第四条第二款第（一）项关于"公安部门负责捕杀野犬、

狂犬"的规定容易引起公众的误解，可能损害政府和公安部门的形象。

养犬管理是城市管理工作的一个重要内容，其出发点应该是预防疾病，保护公民的健康和人身安全，其目标是通过规范居民养犬行为来促进社会和谐、人与人的和谐以及人与动物的和谐。人的不文明行为在各个领域都存在，与动物没有关系，就像醉驾和车没有关系一样。养犬管理的主导思想是约束人的行为，包括养犬的人和不养犬的人的行为，而不是消灭动物。随着公民意识教育与善良教育的加强和社会文明程度的提升，城市管理工作开始更多地融入人文关怀理念，体现在养犬管理上，提倡养犬人和不养犬的人和谐相处，社会对待动物日益宽容，尤其是在流浪犬的处理上更为人性化。F市公安机关根据本市城区养犬管理的实际需要并参照国内其他城市的通行做法，也设立了犬类留检所，除对危险性较大的狂犬采取必要的措施进行捕杀外，对发现的无证犬、野犬和禁养犬经强制免疫程序后先行收容寄养并区别处理，对无人领养的犬只实施安乐死等无害化措施。这一探索已取得初步成效，但由于缺少专门的资金和人员保障以及民间组织的参与不足，在持续运行和有效管理等方面有待进一步探索和完善。

据此，建议将《办法》第四条第二款第（一）项关于"公安部门负责捕杀野犬、狂犬"的规定调整为更具概括性的表述，如"公安部门负责处理因违反本办法被收容的犬只以及无主犬、流浪犬，妥善处置狂犬"。同样，《办法》第十四条第二款中"认定为狂犬的，报告当地公安派出所组织捕杀"应调整为"认定为狂犬的，报当地公安派出所处理"。

2.《办法》第四条应增加第三款，明确规定"乡镇人民政府和街道办事处应当配合有关部门做好养犬管理工作"，以充分发挥基层政府和街道办事处在方便组织动员群众及进行综合管理等方面的优势。

增加第四款，规定"公安部门应建立养犬管理信息系统，并与其他有关部门实行养犬登记、免疫、处罚等信息共享。"从而节约管理成本，提高管理效率。

3.《办法》第七条在"养犬行业协会"之外还应增加"宠物协会等其他社会团体"，并积极培育、引导和鼓励与养犬相关的社会组织的发展。

养犬管理是一项综合性的管理工作，仅靠政府部门的力量显然力不从心，需要充分调动社会各方力量，尤其是在养犬政策的宣传教育以及犬只的收容、认领和领养等方面。目前F市城区的养犬管理工作主要由公安机关负责，压力大、投入多、收效有限，如在犬类留检所的运行方面，与养犬管理部门相比，民间组织更有热情和时间，有社会责任感，有动物福利的理念和常识，有公开性、透明性，而且不用那么多的费用。《宿迁市市区养犬管理办法》第四条规定"公安机关设立犬只留检所，负责犬只的收容、认领和领养工作，并可向社会购买公共服务"，体现了地方政府在养犬管理上的新思路和新探索。据了解，目前F尚未成立专门的养犬行业协会，少数养犬爱好者在宠物经营者或宠物医院的组织下偶尔开展小范围的交流活动，但尚未登记成立专门的社会团体。2013年党的十八届三中全会决定提出"创新社会治理体制"，规定"适合由社会组织提供的公共服务和解决的事项，交由社会组织承担。重点培育和优先发展行业协会商会类、科技类、公益慈善类、城乡社区服务类社会组织，成立时直接依法申请登记"。随着养犬现象的日益普遍化，F市养犬管理工作的持续健康发展必然离不开养犬行业协会及其他相关社会团体的积极协助和有效参与，政府也应当采取措施培育、鼓励和引导这些社会组织的健康发展。

据此，建议将第七条调整为"鼓励和支持养犬行业协会和其他相关社会团体、组织通过开展宣传教育、赞助活动、提供产品和服务等方式参与养犬管理活动，协助有关部门做好养犬管理工作"。

（三）协调性评估

《办法》在内容上注意与《中华人民共和国动物防疫法》《中华人民共和国治安管理处罚法》《江苏省动物防疫条例》《江苏省城市市容和环境卫生管理条例》等法律法规的规定保持协调一致，与本市正在实施的其他规范性文件也不存在冲突，规定的制度总体上相互衔接，但个别条款与上位法的关系尚未完全理顺，违法行为与法律责任在条款设置上的协调与衔接需要进一步完善。

1.《办法》第六条第一款的规定较为散乱，与相关上位法的关系尚未理顺。

首先，由于城市化的快速推进，城区中还存在不少"城中村"或"城乡结合部",在管理体制上仍然保留着村民委员会,而这些地方也是大型犬和流浪犬的聚集地,是养犬管理的重点监控区域。因此,城区养犬管理工作仍需要发挥村民委员会的作用。其次,根据《中华人民共和国物权法》《中华人民共和国物业管理条例》的规定,"物业管理企业"改称"物业服务企业",本《办法》第六条第一款也应使用"物业服务企业"的表述。最后,根据《中华人民共和国城市居民委员会组织法》《中华人民共和国村民委员会组织法》和《中华人民共和国物业管理条例》的规定,就养犬事项制定公约的权力应由居民委员会、村民委员会和住宅小区业主委员会行使,物业服务企业无权行使,但可以在养犬政策宣传教育和养犬公约监督实施方面发挥重要作用。此外,居民委员会和村民委员会在调解民间纠纷(包括养犬纠纷)方面担负着法定任务,业主委员会因与养犬纠纷具有直接利害关系,不适宜担任调解人。

据此,建议将《办法》第六条第一款调整为三款,分别规定如下。

"居民委员会、村民委员会和住宅小区业主委员会可以依法组织居民、村民、业主制定养犬公约,规定允许遛犬的区域和时间,设立标识并监督实施"。

"居民委员会、村民委员会应当协助有关部门开展养犬管理工作,开展依法养犬、文明养犬的宣传教育,依法调解因养犬引起的纠纷"。

"物业服务企业应当在本居住区内开展依法养犬、文明养犬的宣传教育,制定并监督实施养犬公约;对违法养犬行为予以制止,并向有关部门报告"。

2.《办法》对养犬人的行为作出一系列限制性规定,但缺少相应的法律责任条款,制度之间的衔接不够,无法满足有关部门进行养犬管理的需要。建议修改第二十一条,将《中华人民共和国动物防疫法》《中华人民共和国侵权责任法》《中华人民共和国治安管理处罚法》《江苏省动物防疫条例》《江苏省城市市容和环境卫生管理条例》等法律法规中关于养犬行为法律责任的规定整合进《办法》中,使违法行为与法律责任相衔接。

《江苏省规范性文件制定和备案规定》第九条规定:"行政机关制定规范性文件以实施法律、法规、规章的相关规定为主,不得创设行政许可、行政处罚、行政强制、行政征收征用等事项。""规范性文件为实施法律、法规、规章作出具体规定的，不得违法增加公民、法人或者其他组织的义务或者限制公民、法人或者其他组织的权利。"根据《行政处罚法》第十四条的规定，规章以外的其他规范性文件不得设定行政处罚。结合《行政处罚法》第九条至第十三条的规定，这里的"设定"既包括创设行政处罚，也包括对上位法规定的处罚行为、种类和幅度范围内作出具体规定。因此，《办法》作为规范性文件，只能根据本市城区实际和养犬管理的需要，将上位法规定的有关养犬行为的法律责任条款进行整合并予以落实，尤其是目前全国尚无统一的养犬立法，有关养犬行为的法律责任规定较为分散，给养犬管理部门和养犬人带来不便，基于实际操作的便利，更有必要在《办法》中统一规定，明确处罚的理由和依据，使养犬人充分意识到养犬行为法律界限的存在，自觉遵守养犬管理规定。具体调整建议如下：

"犬只伤害他人的，养犬人应当及时将受伤者送到医疗卫生机构诊治，并承担相应的法律责任"。

"遗弃、逃逸的犬只在遗弃、逃逸期间造成他人损害的，由原犬只饲养人或者管理人承担侵权责任"。

"违反本办法规定，饲养犬只干扰他人正常生活的，由公安机关处警告；警告后不改正的，或者放任犬只恐吓他人的，处200元以上500元以下罚款"。

"违反本办法规定，驱使犬只伤害他人的，由公安机关处5日以上10日以下拘留，并处200元以上500元以下罚款；情节较轻的，处5日以下拘留或者500元以下罚款"。

"驱使犬只伤害他人，构成犯罪的，依法追究刑事责任"。

"违反本办法规定，养犬人未对犬只进行兽用狂犬病疫苗的免疫接种的，由动物卫生监督机构责令改正；拒不改正的，处500元以上1000元以下罚款"。

"违反本办法规定，转让、出借、涂改、伪造、变造犬只免疫证明的，或者使用伪造、复制的犬只免疫证明的，由动物卫生监督机构没收违法所得，收缴免疫证明，并处3000元以上30000元以下罚款"。

"违反本办法规定，饲养犬只污染环境的，由城管部门责令纠正违法行为，采取补救措施，并可处以20元以上200元以下罚款"。

"违反本办法规定，随意掩埋或丢弃染疫、病死以及死因不明的犬只的，由动物卫生监督机构责令改正，采取补救措施，进行无害化处理，所需处理费用由违法行为人承担，并处1000元以上3000元以下罚款"。

3.《办法》仅规定了养犬人的法律责任，未规定养犬管理部门的法律责任，不符合现代法治理念。建议增加规定："养犬管理有关部门及其工作人员玩忽职守、滥用职权、徇私舞弊的，依法给予行政处分；构成犯罪的，依法追究刑事责任。"

（四）操作性评估

《办法》结合上位法有关规定和本市城区实际规定了养犬管理的基本制度，如公安、城管、兽医、工商、卫生等相关部门的职责分工，城区居民饲养犬只的数量和标准，犬只染疫或死亡的无害化处理，养犬人携犬行为规范等，制度设计较为具体，符合规范性文件的定位，具有可行性，能解决养犬管理中的主要问题；关于居委会或业主委员会组织制定养犬公约以及公共场所的经营者、管理者设立限制犬只进入标识的规定，体现了对基层组织和社会公众参与养犬管理的重视，符合正当程序的理念，高效便民，易于操作，但在狂犬疫苗的注射、养犬登记程序的细化等方面尚可进一步改进：

1.《办法》第十一条第一款关于"养犬人应及时将犬只送当地动物防疫机构注射疫苗"的规定在实际操作中给养犬人带来不便。

目前F市畜牧兽医部门在市辖区共设立5个定点免疫地点，布局较为分散、数量不足，难以满足犬只免疫的现实需要，尤其为养犬人携犬外出带来风险和不便。在2016年开展的城区养犬管理集中整治行动中，市公安局与兽医部门密切合作，在各派出所设点集中开展免疫工作，受到养犬人的热烈欢迎和积极参与，但由于兽医部门业务繁忙且人员不足，这一工作难以长期、持续地开展下去。鉴于有的市辖区已在授权宠物门诊接种疫苗方面作出积极探索并取得一定成效，而且狂犬疫苗接种工作易于操作和监管，为方便养犬人就近为犬只注射疫苗，减少因携犬外出而带来的诸多不便，兽医部门可授权一些符合资质要求的宠物门诊或医院进行狂犬疫苗预防接种，同时加强对疫苗质量、价格等方面的监管。

据此，建议将该款有关规定调整为"养犬人应及时将犬只送当地动物防疫机构或其授权的注射点注射疫苗"。

2. 因狂犬病疫苗有效期一般为一年，需要定期注射才能有效发挥预防作用。据此，《办法》第十一条应增加规定："养犬人应当根据犬只免疫证明规定的期限，为犬只续种狂犬病疫苗；逾期未续种狂犬病疫苗的，由兽医部门注销免疫证明，收回《家犬免疫证》。"从而实现犬只免疫工作的常态化和可持续化。

3. 《办法》第十二条仅规定养犬登记需提交的材料，未规定公安机关办理登记的时限、步骤等具体程序，也没有规定养犬登记的变更、补办、注销等手续，可操作性不强，难以满足养犬登记制度实际运行的需要。据此，应在《办法》第十二条后增加下列条文：

"公安派出所应当自收到登记材料之日起10日内进行审核。符合条件的，准予登记并发放《养犬登记证》和犬牌；不符合条件的，不予登记并说明理由。"

"养犬人的居住地或者养犬单位住所地变更的，应当自变更之日起15日内持《养犬登记证》到新居住地或单位住所地的登记机关办理变更手续。""养犬人将在一般管理区饲养的犬只转移到重点管理区饲养的，应当符合重点管理区的养犬条件并在规定期限内办理变更手续。""养犬人将犬只转让给他人的，受让人应在规定期限内到登记机关办理变更手续。"

"《养犬登记证》、犬牌损毁或遗失的，养犬人应当自丢失之日起15日，到原登记机关申请补发。"

"饲养的犬只死亡或者失踪的，养犬人应当自犬只死亡或者失踪之日起15日内，持《养犬登记证》和犬牌到原登记机关办理注销手续。""放弃饲养犬只的，养犬人应当自犬只送交他人饲养或者送交犬只留检所之日起15日内，持《养犬登记证》和犬牌到原登记机关办理注销手续。""未办理注销手续的，不得再申办养犬登记。"

（五）完善性评估

《办法》对养犬管理相关部门的职责分工，饲养犬只的数量和标准，养犬登记需提交的材料，犬只染疫或死亡的处理，携犬进入公共场所、乘坐公共交通工具、乘坐电梯或者上下楼梯、遛犬等方面的行为规范，犬只扰民或伤人，阻碍养犬管理的法律责任等方面作出规定，基本涵盖城市养犬管理的主要内容，能解决犬类管理工作中的大部分问题，制度设计比较完备，配套制度比较健全，但在以下具体制度和措施上还可进一步完善、细化。

1.《办法》第二条第二款应增加"导盲犬""动物园用犬"，按照国家有关规定实行特殊管理。如2015年中国铁路总公司办公厅和中国残疾人联合会办公厅联合发布《视力残疾旅客携带导盲犬进站乘车若干规定（试行）》等。

2.《办法》第四条应增加第五款，规定"养犬管理工作经费列入市、区各相关部门财政预算"。养犬管理作为一项常态化的城市管理工作，需要专门的经费保障，而不是仅靠公安部门的单打独斗和短期的集中整治行动就能解决，因此，应纳入相关部门的财政预算。

3. 目前绝大多数地方对城区养犬实行分区管理，以适应城市化高速推进所带来的城区建设不平衡问题。建议修改《办法》第十条，将城区划分为重点管理区和一般管理区，明确重点管理区的具体范围并适时调整，重点管理区以外为一般管理区。增加规定："重点管理区每户居民限养1条小型犬，禁止饲养烈性犬和大型犬；一般管理区内饲养的大型犬、烈性犬，必须实行拴养或者圈养。"同时考虑到城中村或城乡结合部等区域居民独户居住和看家护院等现实需要，还应补充规定"重点管理区内的农村地区或城乡结合地区，经区人民政府决定，可以按照一般管理区进行管理；一般管理区内人口密集的特殊区域，经区人民政府决定，可以按照重点管理区进行管理"，从而使养犬管理更具弹性化和人性化，减少涉犬纠纷。

此外，对宠物犬的繁殖进行法律控制是国外宠物立法的普遍做法，但考虑到手术费用和我国养犬人群体现状，暂时还不宜作出强制性规定，但可以作出倡导性、鼓励性的规定以及给予一定费用减免或补贴下的诱导性规定。据此，建议在第十条增加规定"提倡居民饲养绝育犬"，待条件成熟时可为养犬人支付的犬只绝育手术费提供一定的补贴，从而缓解犬只快速繁殖给养犬人和养犬管理工作带来的压力。

4.《办法》第九条应增加奖励性条款，如"对在养犬管理中作出突出成绩和贡献的单位和个人，各级人民政府应给予一定的表彰和奖励"，以充分调动社会力量参与养犬管理的积极性。

5. 根据《中华人民共和国动物防疫法》和《江苏省动物防疫条例》的有关规定，《办法》第十一条应增加一款"禁止转让、出借、涂改、伪造或者变造犬只免疫证明"。

6.《办法》应增加关于"犬只留检所"的规定，置于第十三条以下，使这一实践探索获得制度上的保障并不断完善。具体规定建议如下：

"公安部门牵头相关部门共同设立犬只留检所，负责收容违反本办法规定的犬只以及无主犬、野犬。自收容之日起 15 日内，原养犬人可以将犬只领回并支付一定的管养费用；逾期未领回的，可以由其他符合养犬条件的人领养，并承担相应的管养费用。无人领回、领养的犬只，在寄养 1 个月后由犬只留检所按照有关规定予以处理。"

"兽医部门或其授权的组织应当依法对犬只留检所收容的犬只进行检疫、防疫，根据需要实施安乐死等无害化措施。"

7. 根据《江苏省城市市容和环境卫生管理条例》第二十六条第二款的规定，《办法》第十九条应增加规定"养犬人应当即时清除犬只排泄的粪便"，以维护城市公共卫生环境。

8.《办法》应增加对养犬人的信用监管规定，将因违反本办法被养犬管理部门处罚的个人和单位列入 F 市公共信用信息系统，以促进养犬人和养犬单位自律，营造依法养犬、文明养犬的良好社会氛围。根据《江苏省自然人失信惩戒办法（试行）》《江苏省社会法人失信惩戒办法（试行）》《F 市严重失信黑名单社会公示实施办法（试行）》等文件的规定，违反公共场所和城市市容管理规定的行为属于社会管理领域失信行为，根据行政处罚的轻重可分为一般失信行为、较重失信行为和严重失信行为，并分别予以惩戒。

（六）规范性评估

《办法》虽未分设章、节，但在结构安排上基本遵循总则、行为规范、法律责任、附则的逻辑顺序，文字表述规范，体例结构合理，逻辑结构比较严密，总体上能够保证《办法》的正确有效实施，但个别条款在规范性方面还应进一步完善：

1. 《办法》第六条第二款的表述不规范，从逻辑关系上看应整合进第五条。

犬只伤人纠纷多发生在普通民众尤其是邻里之间，为避免矛盾激化并节约诉讼成本，应提倡先由当事人协商或由有关部门调解解决，达不成协议或达成协议后不履行的，再向人民法院提起诉讼。《办法》第六条第二款未提及"当事人协商"和"协议达成后不履行"的情况，"由当事人诉讼到人民法院处理"在语言表述上具有口语化色彩，不符合法律语言规范化的要求。据此，建议将《办法》第六条第二款调整为："发生犬只伤人的纠纷案件，当事人可协商处理或由相关部门调解，未达成协议或达成协议后不履行的，当事人可依法向人民法院提起诉讼。"同时鉴于该款涉及有关行政管理部门的行政调解职能，应置于《办法》第五条第二款更为合适。

2. 《办法》第十二条的规定不够明确具体，应予修改完善。

养犬登记是养犬管理中的重要环节，与养犬人的利益直接相关。养犬登记所提交的材料应当明确、具体，具有可操作性，为申请人提供明确的指引。《立法法》第六条第二款规定"法律规范应当明确、具体，具有针对性和可执行性"。《江苏省规范性文件制定和备案规定》第八条第二款规定："规范性文件的用语应当准确、简洁，条文内容应当明确、具体，具有可操作性。"《办法》第十二条规定的个人养犬和单位养犬需提交的材料，在语言表述上较为笼统概括，如只提及"养犬人身份证明材料"，未规定对养犬人身份的具体要求；只提及"住所地证明材料"，未规定对养犬人住所地的具体要求等，而且包含不确定的兜底条款"其他需要的材料"，在实际操作中极易产生人为化、随意化，给申请者带来不必要的麻烦。

据此，建议将《办法》第十二条调整如下：

一是删除兜底条款，明确列举个人养犬和单位养犬应当符合的条件。

二是明确规定个人养犬应当符合以下条件：（一）有本市常住户口或暂住本市的合法身份；（二）具有完全民事行为能力；（三）在本市有固定

住所且独户居住；（四）取得合法有效的犬只免疫证明（进口犬只还须取得出入境检验检疫机构的检疫证明）。

三是明确单位养犬应当符合以下条件：（一）能够独立承担法律责任；（二）有护卫、表演等特殊需要；（三）设有专人看管、犬笼等设施及养犬安全管理制度；（四）取得合法有效的犬只免疫证明（进口犬只还须取得出入境检验检疫机构的检疫证明）。

3.《办法》第十三条的规定在内容上交叉重叠，逻辑结构不够严密。

无论是兴办养殖场、开办犬只诊疗机构，还是从事犬只寄养、培训、美容等活动，均属于经营性行为，应当依法办理工商登记。同时基于管理上的信息共享，还应当向公安部门备案。据此，建议将《办法》第十三条调整如下：

"从事犬只养殖、销售，开办犬只诊疗、寄养、培训、美容等经营服务活动的，应当依法办理工商登记，并向公安部门备案。"

"养殖、销售犬只的，应当符合动物防疫条件，并取得《动物防疫条件合格证》。"

"开办犬只诊疗机构的，应当取得兽医部门核发的《动物诊疗许可证》。"

4.《办法》第十五条第一款已涵盖第二款的内容，没有必要分设两款。国家质量监督检验建议总局发布的《病害动物和病害动物产品生物安全处理规程》的适用范围广泛，包括国家规定的染疫动物及其产品、病死毒死或者死因不明的动物尸体、经检验对人体健康有害的动物和病害动物产品、国家规定的其他应该进行生物安全处理的动物和动物产品。既包括正常死亡又包括异常死亡的情形，据此，建议将《办法》第十五条统一调整为："犬只死亡的，养犬人应当按照《病害动物和病害动物产品生物安全处理规程》规定处理，或者交由有资质的动物尸体无害化处理机构进行无害化处理，并承担相应处理费用，不得随意掩埋或者丢弃。"

5.《办法》第十六条与第十七条之间具有密切的前后承接关系，二者应合并为一条，分设为两款。

（七）实施效果评估

《办法》实施以来，尤其是在开展城区养犬管理集中整治行动期间，公安机关通过在公共场所、居民小区、社区居委会等重要点位悬挂张贴、现场咨询、上门走访、发放宣传单等形式以及利用报刊、广播、电视、网站等传媒平台加强宣传教育，使广大群众充分认识到非法养犬的危害，引导养犬人树立自觉维护公共安全、城市环境卫生和社会秩序的责任意识和自律意识，做到依法养犬、文明养犬。联合畜牧兽医部门在基层派出所设点为犬只集中免疫和登记，受到养犬人的欢迎和支持，养犬登记工作取得重大进展。督促、指导基层组织和公共场所经营者、管理者制定养犬公约，耐心、细致、及时地解决群众反映的涉犬问题，切实将人性化执法融入养犬管理工作中，逐渐形成全民参与、齐抓共管、文明养犬、消除犬患的良好局面。《办法》总体上合乎上位法的规定，与正在实施的其他规范性文件不存在冲突，文字表述规范，体例结构合理，逻辑结构比较严密，规定的具体制度和主要措施日益得到社会各界的理解和遵守，基本能够解决养犬管理管理工作中的大部分问题，但在部分制度设计上的合理性、文件内部部分条文之间的协调性、部分条款的可操作性和规范性以及养犬管理制度的完善性等方面有待进一步改进。

三、评估结论

根据评估情况，建议分两个阶段进行调整：一是基于规范性文件的定位，总结F市城区养犬管理实践经验，学习借鉴其他城市先进的养犬管理制度，结合本市城区实际，对本《办法》予以修改完善，尤其是加强养犬管理相关部门的信息共享和协作配合、细化养犬管理的具体程序、梳理整合违法养犬行为的法律责任条款等，进一步增强本《办法》的合理性、协调性、可操作性、完善性和规范性，为下一步立法打下基础。二是基于地方政府规章的定位，构建更具本土化、个性化、创新性的城市养犬管理法律制度。据学者统计，2010年全国共有涉及犬类管理的地方性法规和政府规章76件，其中地方性法规有24件，其余52件均为地方政府规章。养犬管理作为城市管理工作的一部分，属于《立法法》所规定的设区的市立法权限范围。一方面，养犬管理立法涉及对公民权利的减损和义务的增加，要想在制度设计上获得更大的自主空间，有必要提升其效力层级，出台专门的养犬管理立法；另一方面，鉴于养犬管理立法调整对象的局限性、养犬管理工作不能仅靠政府部门更需要社会力量的参与和养犬人的自律、地方立法资源的有限性等因素，如果短期内出台地方性法规的时机和条件尚未成熟的话，建议先出台养犬管理地方政府规章，结合相关法律法规的规定和本市实际，充分运用《行政处罚法》所规定的地方政府规章的处罚设定权，构建更具规范性和可操作性的养犬管理法律制度。

《D 市城市居民最低生活保障办法》实施情况评估报告

根据《江苏省规范性文件制定和备案规定》（省政府 54 号令）和《D 市规范性文件实施情况后评价办法》的有关规定，按照合法公正、客观公开、及时高效原则，采用文献研究、专家咨询、实地调研、座谈讨论等多种形式，对《D 市城市居民最低生活保障办法》（以下简称《办法》）进行了实施情况的评估，现将评估情况报告如下。

一、基本情况评估

城市居民最低生活保障制度是城市社会保障体系的重要组成部分，是保障我国城市居民基本生活的最后一道"防护网"，对缓解贫富差距带来的社会危机、维护社会稳定、促进经济改革和拉动经济发展等具有重要作用。本《办法》的出台既是贯彻落实《城市居民最低生活保障条例》和《江苏省城市居民最低生活保障办法》等上级文件规定的体现，也为保障本市居民的基本生活、规范本市城市居民最低生活保障制度提供了依据。

据统计，"十二五"时期，全市城乡低保标准实现"五连增"，建立了新的 D 市社会救助工作联席会议制度，形成有效的工作协调机制。加大政策宣传力度，专项治理"人情保""错保"等侵害群众利益的突出问题。完善家庭收入核对工作机制，提高信息化管理水平，坚持"用数据说话"。尽管取得一定的成绩，但在《办法》实施过程中也反映出一些问题：一是随着最低生活保障制度改革的持续推进，一些新的上级文件规定陆续出台，如 2011 年《国务院关于进一步加强和改进最低生活保障工作的意见》、2012 年《江苏省居民最低生活保障工作规程》和民政部《最低生活保障审批办法（试行）》、2014 年《社会救助暂行办法》等，而本《办法》

制定于2002年，与新的上级文件规定不完全一致。二是最低生活保障工作的实践活动落后于制度设计，如联席会议制度、信息化建设等尚未纳入制度化、规范化轨道。三是根据"新型城镇化与城乡发展一体化主要指标"的安排，到2020年D市城乡最低生活保障标准并轨覆盖率达到100%，目前城乡二元化的居民最低生活保障格局难以为实现这一指标提供制度保障。四是《办法》与上位法的重复率过高，地方特色不够鲜明，此外，个别条款在协调性、可操作性、规范性等方面还有待进一步改进。

二、《办法》的评估情况

（一）合法性评估

本办法的制定依据是《城市居民最低生活保障条例》（国务院令第271号）和《江苏省城市居民最低生活保障办法》（省政府令第186号），这两个上位法仍然是现行有效的。本《办法》是为贯彻落实上位法规定而制定的，在体例结构和条文内容上基本合乎上位法的规定。同时，作为规范性文件，本办法的"法律责任"部分均援引上位法的规定，没有创设行政许可、行政处罚、行政强制等事项，也没有违法增加公民、法人或者其他组织的义务或者限制公民、法人或者其他组织的权利。

近些年，随着社会保障制度改革的持续推进，社会保障制度体系也在不断更新和完善，如《国务院关于进一步加强和改进最低生活保障工作的意见》（国发〔2011〕45号）、《江苏省居民最低生活保障工作规程》（苏民规〔2012〕2号 苏财社〔2012〕245号）、《社会救助暂行办法》（国务院令第649号）、民政部《最低生活保障审核审批办法（试行）》（民发〔2012〕220号）等，这些新的上位法或文件都需要地方予以贯彻和落实。此外，由于社会保障制度的实施涉及经济社会生活的各个方面，其他领域的制度变化也会影响到最低生活保障的制度设计。因本《办法》制定时间较早，距今已有15年时间，在一些地方与新出台的文件规定不完全一致。

1. 关于最低生活保障原则的规定与新的文件规定不符

《办法》第四条规定，实施最低生活保障制度应当遵循以下原则：（一）保障基本生活原则；（二）属地管理原则；（三）公开、公平、公正原则。这一规定与《江苏省城市居民最低生活保障办法》第三条的规定相一致，但与新规定不符。《国务院关于进一步加强和改进最低生活保障工作的意见》（国发〔2012〕45号）将最低生活保障的基本原则归纳为"坚持应保尽保、坚持公平公正、坚持动态管理、坚持统筹兼顾"四个方面。《江苏省居民最低生活保障工作规程》（苏民规〔2012〕2号、苏财社〔2012〕245号）第二条规定，最低生活保障原则包括：（一）保障居民基本生活；（二）属地管理；（三）公开、公平、公正；（四）分类施保，动态管理；（五）政府保障与社会帮扶相结合，鼓励劳动自立。

省内其他设区的市出台的最低生活保障立法或文件关于原则的规定也不完全相同，如2010年《南京市城乡居民最低生活保障条例》第四条规定，实施最低生活保障应当遵循以下原则：（一）保障基本生活；（二）公开、公平、公正；（三）应保尽保，分类施保；（四）属地管理；（五）政府保障、社会帮扶与鼓励劳动自救相结合。2013年《徐州市居民最低生活保障工作操作细则》第二条规定，最低生活保障原则包括：（一）保障居民基本生活；（二）实行属地管理；（三）坚持公开、公平、公正；（四）实行分类施保，动态管理；（五）政府保障与社会帮扶相结合；（六）应保尽保与引导就业相结合。

规范性文件的基本原则是该文件所奉行的基本理念和价值的体现，不仅贯穿于整个文件的始终，而且决定着规范性文件的结构和制度设计。据此，建议本《办法》根据中央和省文件的最新规定，借鉴省内其他设区的市立法经验并结合D市实际情况，重新梳理、总结和提炼最低生活保障的基本原则并在规定中予以明确。

2. 关于"家庭收入"的规定与新的文件规定不一致

"家庭收入"是认定低保对象的基本条件之一。目前，人均可支配收入由四部分构成，即工资性收入、转移性收入（养老金等）、经营性收入和财产性收入。随着我国经济实力的快速增长和城镇化步伐的加快，居民的就业渠道、收入来源不断拓宽，家庭收入日趋呈现出复杂化和多元化的趋势，其中财产性收入所占的比重不断加大。党的十八届三中全会决定提出，保障农户宅基地用益无权……慎重稳妥推进农民住房财产权抵押、担保、转让，探索农民增加财产性收入渠道。保护投资者尤其是中小投资者合法权益，多渠道增加居民财产性收入。据国家统计局数据，2016年全国居民人均经营净收入名义增长6.6%，其中人均三产经营净收入增长10.6%。全国居民人均财产净收入名义增长8.6%，其中出租房屋财产性收入增长9.9%，转让承包土地经营权租金净收入增长12.4%。

《江苏省城市居民最低生活保障办法》第八条和第十条分别采取肯定式列举与否定式列举相结合的方式规定了"家庭收入"的范围。通过条文对比可以发现，《办法》第十条第一款关于"家庭收入"的肯定式列举规定与《江苏省城市居民最低生活保障办法》第八条相比，漏掉了"租金"和"退休金"两项，实际上构成对上位法规定的限缩解释。《办法》第十二条关于"家庭收入"的否定式列举规定与江苏省城市居民最低生活保障办法》第十条完全相同。

为适应居民家庭收入结构的变化和相关制度改革发展的需要，进一步提高最低生活保障救助对象的准确率。2012年《江苏省居民最低生活保障工作规程》第十二条和第十三条对"家庭收入"的范围重新作出更为明确、细致的列举性规定，并授权当地政府规定其他应当计入和不应当计入家庭收入的项目。对比《江苏省居民最低生活保障工作规程》与《江苏省城市居民最低生活保障办法》关于"家庭收入"的规定，可以发现：

(1)《江苏省居民最低生活保障工作规程》在"家庭收入"的肯定式列举中，明确列举了计时工资、计件工资、加班工资以及特殊情况下支付的工资等项目；增加"从事各类经营、服务活动和农副业生产所得（包括可以折合现金的实物收入）"，"征地保养金、商业保险金"，"遗嘱生活补助费、20世纪60年代初精减退职职工生活补助费"，"一次性安置费、一次性经济赔偿（补助、补偿）金、定期给付的各种生活补助（补偿）费"，"集体经济组织分配所得、农村土地承包经营权流转所得、规划拆迁补偿所得"，"财产转让或者变卖所得"，"博彩及其他偶然所得"等项目。

(2) 在"家庭收入"的否定式列举中，明确将"优抚对象按照规定享受的立功荣誉金、护理费；中华人民共和国成立前老党员生活补贴"，"对国家、社会和人民作出特殊贡献，政府给予的奖励金和特殊津贴；劳动模范荣誉津贴；见义勇为奖励金"，"政府发放的尊老金"，"政府、社会给予的医疗救助款物"，"政府发放的廉租住房补贴"，"因公（工）负伤人员的医疗费、护理费、残疾辅助器具费,因公(工)死亡人员的丧葬费","按照规定由用人单位统一扣缴和个人自缴的社会保险费、住房公积金","因拆迁获得的拆迁补偿款中,按照规定用于购置安居性质的自住房屋和必要的搬迁、装修、购置普通家具家电等实际支出的部分","最低生活保障对象参加社区组织的公益性劳动所得","政府发放的物价补贴、节日补助、一次性生活补贴金","残联发放的残疾人护理补贴、教育补贴、机动轮椅车燃油补贴、低保内重残补贴等残疾人专项补贴经费;民政部门发放的低保外特殊困难残疾人生活救助金","归侨生活补助费"等项目排除出"家庭收入"范围。

2014年《社会救助暂行办法》第十条第二款规定,最低生活保障家庭收入状况、财产状况的认定办法,由省、自治区、直辖市或者设区的市级人民政府按照国家有关规定制定。基于此,《办法》应当根据《江苏省居民最低生活保障工作规程》的新规定,借鉴其他地方立法经验并结合本地实际对"家庭收入"的范围作出更为明确、具体的规定:

其一,根据《全国道德模范荣誉称号管理暂行办法》(文明委〔2015〕6号)第四条的规定,属地管理责任部门与本地区本系统全国道德模范及提名奖获得者建立经常性联系制度……做好关爱帮扶、心理疏导、思想政治教育、道德行为引导等工作。2015年,江苏省文明委印发了《江苏省道德模范荣誉称号管理暂行办法》,并在全国率先设立道德建设公益基金会——江苏省美德基金会,迄今基金规模已达5000万元,累计向453位生活困难的先进模范人物提供了400万元现金资助。D市委宣传部、市文明办、市总工会、团市委、市妇联等单位也定期组织开展D市道德模范评选活动。但是,关于"道德模范奖励金"是否应当计入"家庭收入"范围,在本《办法》和《江苏省居民最低生活保障工作规程》均未明确规定,建议参照"劳动模范荣誉津贴""见义勇为奖励金"的规定,将其列入"不应当计入家庭收入"的范围。

其二,《办法》和《江苏省居民最低生活保障工作规程》只提到"计划生育家庭按政策享有的独生子女费"不应当计入"家庭收入"的范围,未规定"计划生育家庭特别扶助金"。根据江苏省人口计生委、财政厅《关于印发〈江苏省独生子女伤残死亡家庭扶助制度实施意见〉的通知》

(苏人口计生委〔2007〕110号)和2007年市人口计生委、市财政局印发的《D市独生子女伤残死亡家庭扶助制度实施意见》的规定,从2007年起,江苏省建立并实施独生子女伤残死亡家庭扶助制度。开展城乡居民最低生活保障制度的地区,在核算家庭收入时,独生子女伤残死亡家庭扶助金不计入城乡居民最低生活保障制度基数,也不冲抵其他方面的优惠和补助。因此,建议在《办法》中将"计划生育家庭特别扶助金"与"计划生育家庭按政策享有的独生子女费"一并列入"不应当计入家庭收入"的范围。

其三,结合D的地域特色,建议在"农副业生产所得"中进一步规定"从事种植、养殖、采集及加工等农林牧渔业的生产收入"。此外,建议将"劳动分红"作为"其他劳务所得",与"工资""奖金""津贴"等一并列入"应当计入家庭收入"的范围;将"租金、退休金"以及"出让无形资产、特许权等收入"等占比较大的收入项目明确列入"应当计入家庭收入"的范围。

3. 关于低保申请材料公示时间的规定与新的文件规定不一致

《办法》第二十二条第一款第(四)项规定,县、区人民政府民政部门对上报材料进行审查,对符合条件的对象,通知街道办事处、镇人民政府,由社区居民委员会向申请人所在单位和社会同时公示,公示5日后无异议的予以批准,并签发《城市居民最低生活保障金领取证》。而根据《江苏省居民最低生活保障工作规程》第二十二条第二款的规定,公示期不得少于7天。民政部《最低生活保障审核审批办法(试行)》也规定,公示期为7天。可见,《办法》的规定违反了上级文件的规定,应予修改。

(二)合理性评估

《办法》的主要制度和各项管理措施必要、合理、可行,体现了公平、公开原则和以人为本原则,符合现行法治的基本原则和基本精神,如规定"实施最低生活保障制度应当遵循公开、公平、公正原则"。规定"家庭成员月人均收入的确定,按家庭申请前3个月家庭收入平均数计算;收入不确定的家庭,按申请前12个月的平均数计算"。规定被批准获得最低生活保障的保障对象,根据不同情况享受不同保障标准,体现了形式平等与实质平等的兼顾。规定"管理审批机关应当每月公布最低生活保障对象和享受最低生活保障金的数额，公开最低生活保障政策规定，并公布投诉电话，接受社会监督"，体现了服务型政府的理念和规范实施最低生活保障制度的思路，注意平衡并协调多方面的利益需求，但在以下几个方面还可以进一步改进。

1. 本《办法》与上位法的重复率过高

2009年《江苏省规范性文件制定和备案规定》第八条第三款规定："法律、法规、规章已经明确规定的内容，规范性文件原则上不作重复规定；上级规范性文件已经明确规定的内容，下级规范性文件也不再作重复规定。"通过条文对比可以发现，本《办法》第二条、第三条、第四条、第六条、第七条、第十条、第十一条、第十二条、第十三条、第十四条、第十六条、第十七条、第十九条、第二十条、第二十一条、第二十四条、第二十五条、第二十六条、第二十七条、第二十八条、第三十条、第三十一条、第三十二条、第三十三条、第三十四条、第三十五条、第三十六条、第三十七条等至少28个条文与《江苏省城市居民最低生活保障办法》和《城市居民最低生活保障条例》的规定完全重复，占《办法》条文总数的70%以上。

《江苏省规范性文件制定和备案规定》第八条第二款规定，规范性文件的用语应当准确、简洁，条文内容应当明确、具体，具有可操作性。我国实行统一而多层次的立法体制，地方立法奉行"不抵触、有特色、可操作"的原则。本《办法》与上位法的重复率过高，地方特色不足，更具操作性的程序性规定相对缺乏，这也是造成《D市城市居民最低生活保障办法实施细则》与《办法》并存的原因之一。

2. 对"户籍状况"的规定不尽合理

户籍状况、家庭收入和家庭财产是认定低保对象的三个基本要件，其中户籍状况是首要条件，尤其在实行城乡二元化的居民最低生活保障制度的地区，户籍状况的认定直接决定着低保对象的适用依据和保障待遇。目前，D市城市居民的最低生活保障适用本《办法》，《关于建立和完善农村居民最低生活保障制度的意见》适用于农村居民。根据低保标准调整的最新规定，2017年7月1日起，D市区城市低保标准提高到每人每月535元，农村低保标准提高到每人每月460元；三县城市低保标准提高到每人每月435元，农村低保标准提高到每人每月410元。根据本《办法》第八条的规定，只有持有我市非农业户口的符合条件的城市居民才能享受城市居民最低生活保障。但是，这种仅以农业或非农业的"户籍状况"来划分城市和农村居民最低生活保障待遇的做法，难以适应城镇化建设的快速推进和户籍制度改革步伐加快的现实需要。

在我国城镇化进程中，户籍人口城镇化率一直低于常住人口城镇化率，而且二者之间的差距在不断扩大。据国家发改委组织编写的《国家新型城镇化报告2015》显示，2014年我国城镇化率达到56.1%，但户籍人口城镇化率仅为39.9%，两者之间存在着16.2个百分点的差距。2016年D市政府工作报告指出，D市城镇化率已达61%，较"十一五"末提高14个百分点，今后五年全市城镇化将达到68%，并将"坚持新型城镇化、城乡一体化发展"作为"十三五"期间的重要举措之一。如何保障城镇常住人口的基本生活，加快推进户籍制度配套改革，成为近年来各级政府致力解决的难题。党的十八届三中全会决定提出，推进城乡最低生活保障制度统筹发展，稳步推进城镇基本公共服务常住人口全覆盖，把进城落户农民完全纳入城镇住房和社会保障体系。《国务院关于深入推进新型城镇化建设的若干意见》（国发〔2016〕8号）提出，鼓励地方各级人民政府根据本地承载能力不断扩大对居住证持有人的公共服务范围并提高服务标准，缩小与户籍人口基本公共服务的差距。推进城镇基本公共服务常住人口全覆盖。

为适应城镇化建设和户籍制度改革的需要，民政部《最低生活保障审核审批办法（试行）》第十一条规定，（一）在同一市县辖区内，申请人经常居住地与户籍所在地不一致的，根据市县人民政府的规定，申请人凭户籍所在地县级人民政府民政部门出具的未享受最低生活保障的证明，可以向经常居住地乡镇人民政府（街道办事处）提出申请。（二）户籍类别相同但家庭成员户口不在一起的家庭，应将户口迁移到一起后再提出申请。因特殊原因无法将户口迁移到一起的，可选择在户主或者其主要家庭成员的户籍所在地提出申请，户籍不在申请地的其他家庭成员分别提供各自户籍所在地县级人民政府民政部门出具的未享受低保的证明。(三) 共同生活的家庭成员分别持有非农业户口和农业户口的,一般按户籍类别分别申请城市低保和农村低保。《江苏省居民最低生活保障工作规程》第五条第二款规定,户籍所在地为城镇行政区域并且实际居住6个月以上、无承包土地、不参加农村集体经济收益分配的居民,适用城市居民最低生活保障标准;其他居民,适用农村居民最低生活保障标准。第三款规定,对于同一户籍家庭具有不同情形的,原则上按家庭实际常住地相应适用城市或者农村居民最低生活保障标准。

据此,为适应D市城镇化建设的需要,贯彻落实民政部和江苏省民政厅的文件规定,并借鉴其他地方的立法经验,建议在《办法》第二章"保障对象和保障待遇"增加关于"户籍状况"的规定,如"户籍所在地为城镇行政区域并且实际居住6个月以上、无承包土地、不参加农村集体经济收益分配的居民,适用城市居民最低生活保障标准;其他居民,适用农村居民最低生活保障标准。""对于同一户籍家庭具有不同情形的,原则上按家庭实际常住地相应适用城市或者农村居民最低生活保障标准。"

3. 关于"家庭成员"的界定不尽合理

家庭收入和家庭财产的计算均以"家庭成员"为单位,"家庭成员"的合理界定对认定低保对象具有重要意义。《办法》第九条规定采取肯定性的概括式与列举式相结合的方式来界定"家庭成员"。2012年11月《江苏省居民最低生活保障工作规程》第九条和2012年12月民政部《最低生活保障审核审批办法(试行)》第五条也对"家庭成员"进行了界定。与后两个文件相比,《办法》第九条的规定存在以下一些问题:

(1) 缺少兜底性条款,难以涵盖其他未明确列举的情形。如离婚后仍然吃住在一起的;存在法定赡养、抚养、扶养关系并且长期共同生活的分户籍家庭;长期外出务工的,是否视为共同生活的家庭成员?基于此,建议根据《江苏省居民最低生活保障工作规程》第九条的规定,在《办法》第九条第一款增加第四项作为"兜底条款",即"其他经县级市(区)以上民政部门认定的共同生活成员",以适应快速变化的社会实践。

(2) 缺少否定性规定,在逻辑上不够周全。民政部《最低生活保障审核审批办法(试行)》第五条第二款进一步列举了不计入共同生活的家庭成员,即"(一)连续三年以上(含三年)脱离家庭独立生活的宗教教职人员;(二)在监狱、劳动教养场所内服刑、劳动教养的人员;(三)省级人民政府民政部门根据本条原则和有关程序认定的其他人员"。2013年《苏州市居民最低生活保障实施细则》第十一条又增加了"正在服役期间的义务兵",同时在"劳动教养的人员"中排除了"经司法行政部门认定的社区服刑人员",即"经司法行政部门认定的社区服刑人员"应计入共同生活的家庭成员,以适应2013年12月《全国人大常委会关于废止有关劳动教养法律规定的决定》明确废除劳动教养制度的改革实践,并与社区矫正制度相衔接,具有借鉴意义。据此,建议根据民政部《最低生活保障审核审批办法(试行)》的规定,并借鉴其他地方的立法经验,在本《办法》中增加关于"家庭成员"的否定性规定,从而使"家庭成员"的界定更为合理科学。

(三) 协调性评估

《办法》在内容上注意与《城市居民最低生活保障条例》《江苏省城市居民最低生活保障办法》等上位法的规定保持协调一致,违法行为与法律责任在条款设置上具有衔接性,与本市正在实施的其他规范性文件不存在明显冲突,但个别条款与相关领域的改革措施之间的协调性不够,《办法》内部个别条文之间的关系需要进一步理顺。

1.《办法》与城乡统筹发展的要求衔接不够

党的十八届三中全会决定提出,推进城乡最低生活保障制度统筹发展。《国务院关于进一步加强和改进最低生活保障工作的意见》在"基本原则"中提出"坚持统筹兼顾。统筹城乡、区域和经济社会发展",并要求"省级人民政府可根据区域经济社会发展情况,研究制定本行政区域内相对统一的区域标准,逐步缩小城乡差距、区域差距"。《江苏省居民最低生活保障工作规程》第七条规定:"有条件的地区可以实行城乡一体的最低生活保障标准。"目前,省内其他地方均出台了城乡统一适用的最低生活保障规定。

根据《D市新型城镇化与城乡发展一体化规划(2015—2020年)》在"完善城乡社会保障体系"中提出:"进一步完善城乡统一的最低生活保障

制度，积极推进以县（区）为单位实现城乡低保标准统一。"根据"新型城镇化与城乡发展一体化主要指标"的安排，到 2020 年 D 市城乡最低生活保障标准并轨覆盖率达到 100%。目前距该项指标的实现仅剩三年时间。显然，D 实行的城乡二元化居民最低生活保障制度无法为实现城乡最低生活保障标准完全并轨的指标任务提供充分的制度保障，也有悖于城乡统筹发展的趋势。基于此，建议结合本地实际并借鉴省内其他城市的立法经验，尽快建立城乡居民统一适用的最低生活保障制度，推动实行城乡一体的最低生活保障标准。

2.《办法》内部条文之间的协调性不够

《办法》第十三条与第三十条之间存在着紧密的逻辑关系，却分设在两章，法条之间的衔接不够。《江苏省社会救助办法》第四十八条和第五十一条也有类似的规定，但二者统一设置在第八章"就业救助"中，便于理解和适用。其中，第四十八条规定："县级以上地方人民政府应当建立健全就业救助制度，对最低生活保障家庭中有劳动能力并处于失业状态的成员，通过贷款贴息、社会保险补贴、岗位补贴、培训补贴、职业技能鉴定补贴、费用减免、公益性岗位安置等办法，给予就业救助。"第五十一条规定："最低生活保障家庭中法定劳动年龄内有劳动能力但未就业的成员，应当接受人力资源社会保障等有关部门介绍的工作；无正当理由，连续 3 次拒绝接受介绍的与其健康状况、劳动能力等相适应的工作，或者拒绝接受职业介绍并且未自行求职就业达 6 个月以上的，县级人民政府民政部门应当决定减发或者停发其本人的最低生活保障金。"因此，从条文之间协调性的角度看，建议将《办法》第十三条挪入"第五章 社会救助"中，并作为第三十条之后的独立一条。

（四）操作性评估

《办法》根据上位法的规定并结合本市实际情况，对享受最低生活保障的条件、"家庭成员"的界定、最低生活保障的办理程序等问题作了详细、明确的规定，制度设计更为具体、可行，易于操作，比较符合正当程序的理念，有利于保障最低生活保障工作的规范、有序开展，但在以下几个方面还可以进一步细化和完善。

1. 《办法》关于开发区保障资金的规定不符合具体实际

《办法》第十八条规定:"市区(包括××风景名胜区)保障资金由市、区财政按 6∶4 比例分担;各县保障资金由县财政承担;D 经济技术开发区保障资金由开发区财政承担。"这里只提到"经济技术开发区",但从实际情况看,目前坐落在 D 的"开发区"除经济技术开发区外,还有高新技术产业开发、国家出口加工区以及国务院批准设立的国家东中西区域合作示范区的先导区——××新区等,既有国家级的、又有省级的,只笼统使用"D 市经济技术开发区"的话,适用范围显然过于狭窄。2015 年国家发展和改革委员会《关于促进具备条件的开发区向城市综合功能区转型的指导意见》提出,主动适应引领经济发展新常态,积极顺应开发区转型升级和政府职能转变背景下的新要求,推动具备条件的开发区城市功能由单一生产功能向城市综合功能转型,如增强居住和生活功能、完善公共服务功能、加强基础设施建设、强化生态环境保护等。因此,明确各类"开发区"居民最低生活保障资金的来源是推动 D 市"开发区"城市功能转型的必然要求。

2017 年 9 月经省人大常委会批准并公布的《D 市市容和环境卫生管理条例》第四条第二款规定,开发园区、风景名胜区等区域的管理机构负责其管理区域内的市容和环境卫生工作。可见,使用"开发园区"的表述更能在外延上涵盖各类"开发区",符合 D 地方实际,在立法实践中也得到普遍认可。据此,《办法》第十五条应参照市容和环境卫生管理立法的做法,将"D 市经济技术开发区保障资金由开发区财政承担"调整为"开发园区的保障资金由开发园区财政承担"。

2. 对低保对象参加技能培训和公益性劳动的规定过于笼统

《办法》第十三条仅规定在就业年龄内有劳动能力但尚未就业的城市低保对象,在享受低保待遇期间,应当参加公益性社区服务劳动。1999 年《城市最低生活保障条例》第十条第三款规定:"在就业年龄内有劳动能力但尚未就业的城市居民,在享受城市居民最低生活保障待遇期间,应当参加其所在的居民委员会组织的公益性社区服务劳动。"显然,这一义务性规定过于笼统,也未设定相应的法律责任,导致该条款的操作性不强,实施效果有限。

一些地方的低保立法对此进行了探索性规定,如 2008 年《深圳市居民最低生活保障办法》第二十一条第一款规定:"低保人员有下列情形之一的,从查实的次月起停止发放该低保人员的居民最低生活保障金:……(二)达到法定就业年龄且有劳动能力,无正当理由不就业或劳动,不接受公共就业服务机构组织的培训,或经公共就业服务机构两次推荐就业而拒绝的;(三)连续两次或以上无正当理由不参加街道办事处组织的公益性社区服务劳动的。"2013 年《青岛市民政局城乡最低生活保障工作实施办法》第十一条规定:"有下列情形之一的家庭,不得纳入城乡低保:……(十二)在就业年龄段内有劳动能力,符合就业条件者应先到街道劳动保障服务中心或职业介绍机构进行求职登记。无正当理由 1 年内两次拒绝有关部门介绍就业或技能培训的;无正当理由拒不参加公益性劳动的。"

2012 年《江苏省居民最低生活保障工作规程》第三十六条规定:"在法定劳动年龄段内有劳动能力但尚未就业的最低生活保障对象,应当接受公共就业服务机构提供的技能培训和职业介绍服务。拒绝接受职业介绍并且未自行求职就业达 6 个月以上,或者连续 3 次拒绝接受公共就业服务机构提供职业介绍的,停发其本人的最低生活保障金。"第三十七条规定:"在法定劳动年龄段内有劳动能力的最低生活保障对象,应当按照当地乡镇人民政府(街道办事处)或者村(居)民委员会的要求参加公益性劳动。连续 2 次或者累计 4 次无正当理由不参加公益性劳动的,停发其本人的最低生活保障金。"

2014 年国务院颁布的《社会救助暂行办法》第四十五条规定:"最低生活保障家庭中有劳动能力但未就业的成员,应当接受人力资源社会保障等有关部门介绍的工作;无正当理由,连续 3 次拒绝接受介绍的与其健康状况、劳动能力等相适应的工作的,县级人民政府民政部门应当决定减发或者停发其本人的最低生活保障金。"这里特别强调所介绍的工作应当与本人的健康状况、劳动能力等相适应,制度设计更为精细化、人性化。与此相应,2014 年《江苏省社会救助办法》第五十一条规定:"最低生活保障家庭中法定劳动年龄内有劳动能力但未就业的成员,应当接受人力资源社会保障等有关部门介绍的工作;无正当理由,连续 3 次拒绝接受介绍的与其健康状况、劳动能力等相适应的工作，或者拒绝接受职业介绍并且未自行求职就业达 6 个月以上的，县级人民政府民政部门应当决定减发或者停发其本人的最低生活保障金。"

设区的市应如何理解和适用中央和省级立法的相关规定？首先，居民最低生活保障只是社会救助的一种形式，除此之外，社会救助还包括受灾人员救助、医疗救助、教育救助、住房救助、就业救助等多种形式。因此，《江苏省居民最低生活保障工作规程》和《江苏省社会救助办法》作为现行有效的省级政府规章，二者之间应认定为特别法与一般法的关系，即优先适用《江苏省居民最低生活保障工作规程》的规定，《江苏省居民最低生活保障工作规程》没有规定的，才适用《江苏省社会救助办法》。其次，《江苏省居民最低生活保障工作规程》与《社会救助暂行办法》之间属于下位法与上位法的关系，前者属于省级政府规章，后者属于行政法规，对于同一事项的规定，前者不得违反后者。如强调介绍的工作与其健康状况、劳动能力等相适应，如果确实由于健康状况、劳动能力等原因而不适合从事所介绍的工作，则不适用该项规定。最后，赋予居民无正当理由必须参加公益性劳动或不得拒绝接受职业介绍的法律义务，是支配给付行政的国家辅助性原理的体现，也是贯彻落实"政府保障、社会帮扶与鼓励劳动自救相结合"原则的必然要求，对于提高最低生活保障资金使用效益，激发社会创新活力等具有重要意义。

基于此，首先，建议在"总则"中增加规定公共就业服务机构应当为在法定劳动年龄段内有劳动能力但尚未就业的低保对象提供技能培训和职业介绍服务。其次，增加规定："无正当理由，连续 3 次拒绝接受公共就业服务机构介绍的与其健康状况、劳动能力等相适应的工作，或者拒绝接受职业介绍并且未自行求职就业达 6 个月以上的，应当减发或者停发其本人的最低生活保障金。"第三，增加规定"连续 2 次或者累计 4 次无正当理由不参加公益性劳动的，应当停发其本人的最低生活保障金"。

3. 没有对"不得享受最低生活保障"的情形作出规定

《办法》第八条仅规定了享受最低生活保障的情形，关于"不得享受最低生活保障"的情形却被置于《D 市城市居民最低生活保障办法实施细则》（以下简称《实施细则》）第八条。将对同一问题的肯定式规定和否定式规定分设于不同的规范性文件中，显然不易于操作，也易于引起当事人的误解。从省内其他设区的市有关低保的规范性文件看，省内绝大多数地方均将二者放置于同一个规范性文件中，便于理解和适用。据此，建议将《实施细则》第八条关于"不得享受最低生活保障"情形的规定置于本《办法》第八条之后。

在具体内容上，2012年《江苏省居民最低生活保障工作规程》第十一条明确列举了不得享受最低生活保障的十几种情形，并规定其他情形由当地政府规定，这为地方立法提供了操作性规则和自主规定的空间。相比之下，《实施细则》第八条的相关规定因制定时间较早，有些规定已难以适应目前的经济社会发展水平和居民收入现实，如将"有机动车、移动电话等非生活必需品"也包括在内，没有将"残疾人代步车"排除在外等；有些规定与其他规范性文件出现冲突，如《D市征地补偿和被征地农民社会保障办法》第二十七条规定："被征地农民家庭人均收入低于当地最低生活保障标准的，可以按照规定申请最低生活保障。"《实施细则》第八条则规定："由于征地而农转非并自愿领取一次性全额补助的，不得享受最低生活保障。"从省内其他城市新出台的有关低保的文件规定看，在贯彻落实《江苏省居民最低生活保障工作规程》第十一条规定的同时，又根据本地实际增加了一些情形，如《苏州市居民最低生活保障实施细则》第十二条将"外地来本市就读的在校学生、户籍未落在属于本人或其家庭成员房产上的毕业生及其他外来人员""非在外务工和其他特殊原因，在申请低保之前或者享受低保期间，在本市以外地区居住半年以上的居民"也列入不得享受低保的情形。《徐州市居民最低生活保障工作操作细则》第十一条对《江苏省居民最低生活保障工作规程》第十一条第一款第（一）项第7目关于"其他实际生活水平明显高于当地最低生活保障标准的家庭"的规定作了更为明确的列举，如"无特殊情况，水、电、气月总支出占当地最低生活保障标准30%以上的家庭""家庭通讯费月支出总额占当地最低生活保障标准20%以上的家庭""饲养高档宠物、购置贵重首饰及其他贵重物品、经常享用高档非生活必需品、经常参加高消费娱乐休闲活动的家庭""申请最低生活保障前一年内，家中购买单件价值超过最低生活保障标准5倍以上非生活必需品的家庭"等。相比之下，《实施细则》第八条的规定显得滞后而简单，建议在贯彻实施《江苏省居民最低生活保障工作规程》第十一条的规定的基础上，借鉴省内其他城市的立法经验，结合D市实际，对"不得享受最低生活保障"的情形作出更为明确具体的规定。

（五）完善性评估

《办法》分别对城市居民最低生活保障的方针与原则、职能分工、社会参与、保障对象和保障待遇、保障资金和保障标准、保障金的审批发放、社会救助以及法律责任等问题作出系统的规定，基本涵盖最低生活保障制度的主要内容，可以解决最低生活保障工作的主要问题，制度设计比较完备，并辅以《D市城市居民最低生活保障办法实施细则》《D市市区城乡困难居民临时救助暂行办法》《D市困难家庭经济状况核对暂行办法》等配套制度，社会救助制度体系在不断健全，但在以下具体制度和措施上还可进一步完善。

1. 未规定联席会议制度

最低生活保障工作的实施和推进涉及公安、劳动和社会保障、卫生计生、城乡建设、残联、工商、统计、银行等多个部门和单位，尤其是居民家庭收入核对工作的有效开展更需要加强部门之间的沟通合作与信息共享。2014年《江苏省社会救助办法》第五条规定："县级以上地方人民政府应当将社会救助纳入国民经济和社会发展规划，建立社会救助联席会议制度，健全政府领导、民政部门牵头、有关部门配合、社会力量参与的社会救助工作协调机制，统筹各项社会救助政策和标准，整合优化社会救助资源。"《国务院办公厅关于加强困难群众基本生活保障有关工作的通知》（国办发〔2017〕15号）明确要求全国各县（市、区）都要建立健全由政府负责人牵头，民政部门负责，发展改革、教育、财政、人力资源社会保障、住房城乡建设、卫生计生、扶贫、残联等部门和单位参加的困难群众基本生活保障工作协调机制，定期研究解决本地区各类困难群众基本生活保障问题，确保党中央、国务院相关决策部署更好地落实到基层。

为贯彻落实上级文件规定，2013年7月，D市建立了市、县二级申请救助家庭经济核对工作联席会议制度，2014年6月，又建立了市、县、乡三级社会救助工作联席会议制度，由发改委、财政、教育、公安、人力资源和社会保障、城乡建设、统计、工商、地税、国税、银监分局、审计、物价等28个部门组成，在市政府领导下定期研究解决各类困难群众的基本生活保障问题，推动各成员单位之间的协调配合和信息共享。但无论是本《办法》还是《D市市区城乡困难居民临时救助暂行办法》均未提及这一举措，无法为该项举措的持续运行提供有力的制度保障。基于此，建议在《办法》"总则"中增加关于社会救助联席会议制度的规定，从而将该制度固定下来。如2013年《南通市城乡居民最低生活保障办法》第八条规定："市政府建立社会救助联席会议制度，统筹做好低保与其他社会救助政策的协调发展和有效衔接，完善信息共享机制，督导推进社会救助体系建设。"

2. 未规定对低保对象隐私的保护

建立低保公示制度，有利于确保低保审核审批过程的公开透明，有效杜绝"人情保""关系保"和"错保"等违法现象的发生，真正实现阳光低保。但在公示过程中应注意对低保对象隐私的保护，不得公开与最低生活保障无关的信息。《江苏省居民最低生活保障工作规程》第三十三条规定："县级人民政府民政部门应当就最低生活保障对象的家庭成员、收入情况、保障金额等在其家庭常住地长期公示。公示中应当注意保护最低生活保障对象的个人隐私，不得公开与最低生活保障无关的信息。"民政部《最低生活保障审核审批办法（试行）》第三十四条规定："县级人民政府民政部门应当对低保家庭实行长期公示，并完善面向公众的低保对象信息查询机制。公示中应当保护低保对象个人隐私，不得公开与低保无关的信息。"据此，建议在《办法》第二十九条中增加规定："公示中应当注意保护低保对象的个人隐私，不得公开与最低生活保障无关的信息。"

3. 未规定最低生活保障工作的信息化建设和失信惩戒机制

居民家庭收入核对是最低生活保障制度公正、公平实施的关键，也是低保对象准确认定的前提和基础，但由于各部门间的信息数据不能及时实现共享，民政部门采用传统的书面审查、入户调查、邻里访问、信函索证等方式，不仅无法查询房产、车辆等信息，而且对少数单位出具的虚假收入证明也难以核实，造成部分已经退休甚至死亡、购买机动车辆、办有工商营业执照等人员享受低保未能及时清退，或者既缴纳公积金又享受低保、既领养老退休金又享受低保等"骗保"现象，严重侵占了广大困难群众的切身利益，伤害了人民群众的感情，影响了政府的公信力和低保工作的持续健康发展。因此，加快推动核对信息系统建设是适应我国经济社会快速发展，提升社会救助管理服务水平的重大举措。建立跨部门、多层次的核对信息平台，横向与涉及个人经济状况信息的部门实现数据共享，纵向形成各级核对机构的业务联动，实现救助申请家庭经济状况信息核对的业务协同，已成为社会救助事业发展的必然要求。

《国务院关于进一步加强和改进最低生活保障工作的意见》提出："加快推进信息化建设，全面部署全国最低生活保障信息管理系统。对于出具虚假证明材料的单位和个人，各地除按有关法律法规规定处理外，还应将有关信息记入征信系统。"《民政部关于居民家庭经济状况核对信息系统建设的指导意见》（民发〔2014〕83号）专门对加快推动居民家庭经济状况核对信息系统建设，促进信息共享和业务协同作出全面部署。《民政部关于加快推广应用全国最低生活保障信息系统的通知》（民函〔2015〕83号）对全国最低生活保障信息系统一期工程（以下简称"低保一期系统"）的全面应用、数据交换、系统维护和考评考核、人员培训等作出明确规定。《民政部、中国银监会关于银行业金融机构协助开展社会救助家庭存款等金融资产信息查询工作的通知》（民发〔2015〕61号）进一步推动民政部门与银行业金融机构的信息共享与协作。

《江苏省城市居民最低生活保障办法》第六条规定："地方各级人民政府应当推进最低生活保障工作的信息化和社会化管理进程，加快最低生活保障信息网络建设，提高管理水平。"《江苏省居民最低生活保障工作规程》第三十九条规定："加快推进信息化建设，全面运行最低生活保障信息管理系统，不断提高工作效率。"《江苏省社会救助办法》第七条规定："县级以上地方人民政府应当按照国家统一规划建立社会救助管理信息系统，实现社会救助信息互联互通、资源共享。"省内一些设区的市均在地方立法中对最低生活保障工作的信息化建设作出规定。如2013年《常州市城乡居民最低生活保障工作实施细则》第三十九条规定："加快推进信息化建设，全面运行最低生活保障信息管理系统，不断提高工作效率。对于出具虚假证明材料的单位和个人,各地除按有关法律法规规定处理外,还应将有关信息计入征信系统。"

为贯彻落实中央和省级文件规定,2013年7月,D市建立了市、县二级申请救助家庭经济核对工作联席会议制度,2014年6月,又建立了市、县、乡三级社会救助工作联席会议制度,协调解决申请救助家庭经济状况跨部门信息共享问题。此外,为贯彻落实《江苏省社会法人失信惩戒办法(试行)》(苏政办发〔2013〕99号)和《江苏省自然人失信惩戒办法(试行)》(苏政办发〔2013〕100号)的规定,2016年D市政府出台了《D市社会法人和自然人失信惩戒办法(试行)》,规定各县区要加强社会信用体系建设,构建公共信用信息系统,建立健全社会法人、自然人失信行为联合惩戒机制。市、县区信用管理机构负责组织实施办法。各相关单位按照各自职责和权限协同做好失信惩戒工作。这为建立健全最低生活保障的失信惩戒机制提供了操作规则。

基于此,建议在《办法》的"总则"中增加关于最低生活保障信息化建设以及违反最低生活保障规定的失信惩戒机制等方面的规定,进一步提高居民家庭收入认定的准确性和公正性,为低保对象提供及时、准确、高效的服务,不断提升社会救助管理服务水平,把党的惠民政策送到真正需要救助的困难群众手中。

(六)规范性评估

《办法》共分为七章,在结构安排上基本遵循总则、行为规范、法律责任、附则的逻辑顺序,文字表述规范,体例结构合理,逻辑结构比较严密,总体上能够保证城市居民最低生活保证制度的正确有效实施,但个别条款在规范性方面还应当进一步完善。

1. 制定依据过于陈旧

本《办法》第一条明确列举了1999年《城市居民最低生活保障条例》(国务院第271号)和2002年《江苏省城市居民最低生活保障办法》(省政府令第186号)作为制定依据。这两个立法虽然仍是现行有效的上位法,但因制定时间较早,制度设计相对简单,已经难以适应最低生活保障制度城乡统筹和改革发展的需要。《国务院关于进一步加强和改进最低生活保障工作的意见》出台以后，2012年民政部《最低生活保障审核审批办法（试行）》、2012年江苏省民政厅等六部门联合颁发的《江苏省居民最低生活保障工作规程》、2014年国务院《社会救助暂行办法》等一系列调整最低生活保障的立法陆续出台，为本《办法》提供了更新的上位法依据。

综观省内其他设区的市立法经验，主要有两种模式：一是在制定依据中不列举具体的上位法或文件，仅作概括式规定。如2013年《常州市城乡居民最低生活保障工作实施细则》第一条："为进一步规范和完善我市城乡居民最低生活保障制度，保障城乡困难居民的基本生活权益，根据国家、省、市有关规定和要求，结合本市实际，制定本实施细则。"二是及时修改最低生活保障立法并在制定依据中列举最新的上位法或文件。如2013年《苏州市居民最低生活保障实施细则》第一条："为进一步规范最低生活保障工作，根据民政部《最低生活保障审核审批办法（试行）》、省民政厅等六部门联合颁发的《江苏省居民最低生活保障工作规程》及有关文件规定，结合我市实际，制定本实施细则。"早在2010年5月，民政部政策法规司和社会救助司在北京组织召开了《城市居民最低生活保障条例》修订研讨会，政策法规司司长王建军表示，将加快条例修订进度并上报国务院。基于此，为避免上位法修改可能出现的条文不对应问题，建议借鉴其他地方立法经验，不对制定依据作列举性规定，仅作概括式规定。

2. 个别法条的标点符号使用不规范

《办法》第四条第一款第（一）至（三）项分别规定了实施最低生活保障制度的原则，这三项原则之间是并列关系，应当使用分号，却使用了句号，不符合立法技术规范。如《江苏省城市居民最低生活保障办法》第三条和《江苏省居民最低生活保障工作规程》第二条在规定最低生活保障的各项原则时也使用了分号。因此，建议将《办法》第四条第一款第（一）项和第（二）项后面的"句号"改为"分号"。此外，本《办法》第八条第一款第（一）至（五）项、第九条第一款第（一）至（二）项、第十条第一款第（一）至（四）项、第十一条第一款第（一）项、第十二条第一款第（一）至（四）项、第十四条第一款第（一）项、第二十条第一款第（一）至（四）项在标点符号的使用方面均存在类似的问题。

(七) 实施效果评估

本《办法》实施以来，得到社会各界的普遍遵守和执行，对保障本市居民的基本生活和规范最低生活保障工作发挥了重要作用，实现了预期目的。《办法》总体上合乎《城市居民最低生活保障条例》和《江苏省城市居民最低生活保障办法》等上位法的规定，与本市正在实施的其他规范性文件不存在明显冲突，文字表述比较规范、体例设计合理、逻辑结构比较严密，基本能够解决城市居民最低生活保障工作中的大部分问题，但《办法》的制定时间太早，一些制度设计已难以适应经济社会发展的新变化，与新出台的一些上级文件规定也不完全一致；与上级文件规定的重复率过高，地方特色不够鲜明，也在一定程度上影响了该文件的可操作性；对"户籍状况""家庭成员"等事项的规定存在一定的不合理之处；与相关改革措施的衔接不够及时，个别条文之间的协调性不够；部分条款的可操作性和规范性有待进一步改进；一些具体制度和措施还可以进一步完善，尤其应当将一些实践证明有效可行的经验及时上升为制度规定，以保障持续稳步推进。

三、评估结论

《江苏省规范性文件制定和备案规定》第三十三条规定，制定机关应当每隔两年对规范性文件进行一次清理。对不符合法律、法规、规章规定，或者不适应经济社会发展要求的规范性文件，应当及时予以修改或者废止。《D市规范性文件制定和备案管理办法》第三十六条第二款规定，规范性文件有效期根据实际情况确定，自施行之日起期限一般为5年，有特别规定的从其规定。尽管作为本《办法》制定依据的《城市居民最低生活保障条例》和《江苏省城市居民最低生活保障办法》并没有修改，《办法》也没有违反这两个上位法的规定，但《办法》已实施十五年时间，尤其是随着社会保障制度改革的持续推进，一系列相关的上位法和文件陆续出台，这些新的上位法和文件都需要在地方予以贯彻和落实，《办法》显然力不从心。此外，省内多数设区的市均在2013年出台了新的最低生活保障办法或统一的社会救助办法。据此,根据以上评估情况,建议对本《办法》予以修改,一是建议结合《国务院关于进一步加强和改进最低生活保障工作的意见》《江苏省居民最低生活保障工作规程》《社会救助暂行办法》、民政部《最低生活保障审核审批办法(试行)》等新的文件规定,出台统一的城乡居民最低生活保障办法,对城乡居民最低生活保障的原则、保障对象、保障标准、申请受理和审批程序、保障资金管理、法律责任等内容作出系统规定。建议将《实施细则》中关于"不得享受生活保障"的规定挪入《办法》中。二是在条件成熟时,建议出台统一的社会救助实施办法,对最低生活保障、特困人员供养、受灾人员救助、医疗救助、教育救助、住房救助、就业救助、临时救助等社会救助体系作出全面系统的规定,减少规范性文件之间的交叉重叠。

《C 市国有土地上房屋征收与补偿暂行办法》实施情况评估报告

根据《江苏省规范性文件制定和备案规定》和《C 市规范性文件实施情况后评价办法》的有关规定，按照合法公正、客观公开、及时高效原则，采用文献研究、专家咨询、实地调研、座谈讨论等多种形式，对《C 市国有土地上房屋征收与补偿暂行办法》（以下简称《办法》）进行了实施情况的评估，现将评估情况报告如下。

一、基本情况评估

在市委、市政府的正确领导和关心重视下，为贯彻落实《国有土地上房屋征收与补偿条例》等有关政策法规，规范国有土地上房屋征收与补偿行为，维护公共利益，保障被征收房屋所有权人的合法权益，结合本市实际制定本《办法》。自《办法》实施以来，市城乡建设局以推动市重点工程建设为抓手，不断增强服务意识，改进工作作风，提高办事效率，严格依法行政，为房屋被征收人及相关利害关系人提供文明、诚实、热情、积极的服务，较好地促进了我市城市化建设进程。从 2011 年 5 月到 2017 年年底，县、区两级房屋征收实施主体及相关部门无违法违规组织实施房屋征收案件的发生，2017 年以来各县区在房屋征收实施过程中未出现一起因组织实施房屋征收引发的败诉或造成社会不良影响的案件。

《办法》根据《国有土地上房屋征收与补偿条例》的规定，借鉴其他城市立法经验，结合本市实际，对征收主体、征收与补偿程序、被征收人数量较多的界定、征收评估以及征收补偿等方面作了细化规定，较好地解决了房屋征收与补偿面临的实际问题，及时有效地推动了本市道路修建、旧城改建等重点工程建设项目房屋征收与补偿工作的有序开展，提升了房屋征收依法行政的水平，推动了房屋征收向依法征收、阳光征收、和谐征收迈进，为规范本市国有土地上房屋征收与补偿活动、保障房屋被征收人及相关利害关系人的合法权益提供了制度依据，取得不少成效，但随着《国有土地上房屋征收评估办法》《江苏省贯彻实施〈国有土地上房屋征收与补偿条例〉若干问题的规定》等上位法规文件的出台和本市城市化的进一步推进以及房地产市场的快速发展，《办法》在实施过程中也反映出一些问题：一是个别条款违反了上位法的规定，存在一定的合法性问题，如估价机构的确定程序、房屋征收评估程序等；二是个别条款与继其后出台的上位法规文件的协调性不够，《办法》内部相关规定之间的协调与衔接也不够，有待进一步理顺；三是《办法》的部分制度设计不尽合理，如估价机构的确定方式、直管公房征收补偿机制等，有待进一步改进；四是《办法》对停产停业损失补偿的规定过于简单，在文件名称、个别条款的文字表述和逻辑顺序等方面不够规范，有待进一步完善和规范；五是《办法》作为规范本市房屋征收与补偿活动的基础性规范，还与《C市市区国有土地上房屋征收范围内未经登记建筑调查认定和处理暂行办法》《C市市区国有土地上房屋征收与补偿若干问题的规定》《C市市区国有土地上房屋征收与补偿相关问题补充规定》（以下简称《补充规定》）等其他规范性文件共同调整房屋征收与补偿活动，制度体系过于庞杂、分散，给房屋征收与补偿规定的理解和适用带来不便。

二、《办法》的评估情况

（一）合法性评估

本《办法》是为贯彻落实《国有土地上房屋征收与补偿条例》等法律法规，结合本市实际而制定。作为规范性文件，《办法》关于法律责任的规定均援引上位法，没有创设行政许可、行政处罚、行政强制等事项，也没有违法增加公民、法人或者其他组织的义务或者限制公民、法人或者其他组织的权利。《办法》总体上符合《国有土地上房屋征收与补偿条例》和《江苏省贯彻实施〈国有土地上房屋征收与补偿条例〉若干问题的规定》（苏政发〔2011〕91号）的精神和要求，对规范我市国有土地上房屋征收与补偿活动、保障被征收房屋所有权人的合法权益发挥了重要作用,但有个别条款与前述上位法及新出台的《国有土地上房屋征收评估办法》(建房〔2011〕77号)存在一定的冲突,具体体现在以下几个方面。

1. 《办法》第八条第十一项的规定不符合上位法

《办法》第八条规定:"房屋征收与补偿应当遵循下列程序:……;(十一)依法申请人民法院强制执行。"从语义解释的角度分析,"应当遵循"意味着《办法》第八条所列举的十一项程序是房屋征收与补偿行为的必经程序,征收主体并无选择权。而《国有土地上房屋征收与补偿条例》第二十条第一款规定:"被征收人在法定期限内不申请行政复议或者不提起行政诉讼,在补偿决定规定的期限内又不搬迁的,由作出房屋征收决定的市、县级人民政府依法申请人民法院强制执行。"可见,"依法申请人民法院强制执行"只有在符合法定情形下才予以启动,并非必经程序。《办法》第八条第十一项的规定不符合《国有土地上房屋征收与补偿条例》第二十条第一款的立法本意。据此,建议将《办法》第八条第十一项的规定调整为"必要时依法申请人民法院强制执行"。

2. 《办法》第二十二条违反了上位法的规定

《办法》第二十二条规定了估价机构的确定程序,其中第一款第三项规定:"估价机构报名数少于5家时,由房屋征收部门按报名先后排序直接提供给被征收人选定;报名数多于5家时,由房屋征收部门按照社会信誉、综合能力、资质等级及业务承接情况择优推荐5家,提供给被征收人选定。"而按照《国有土地上房屋征收与补偿条例》第二十条的规定,房地产价格评估机构由被征收人协商选定;协商不成的,通过多数决定、随机选定等方式确定。《国有土地上房屋征收评估办法》第四条规定:"房地产价格评估机构由被征收人在规定时间内协商选定;在规定时间内协商不成的,由房屋征收部门通过组织被征收人按照少数服从多数的原则投票决定,或者采取摇号、抽签等随机方式确定。"《江苏省贯彻实施〈国有土地上房屋征收与补偿条例〉若干问题的规定》第十条规定:"确定房地产价格评估机构应当遵循以下程序:(一)房屋征收部门向社会发布征收评估信息;(二)具有相应资质的房地产价格评估机构报名;(三)房屋征收部门按照报名先后顺序公布具有相应资质的房地产价格评估机构名单；（四）被征收人在规定时间内协商选定房地产价格评估机构，并将协商结果书面告知房屋征收部门……"可见，具有相应资质的房地产价格评估机构都可以参加评选，上位法并未赋予房屋征收部门择优推荐权。《办法》第二十二条第一款第三项的规定限制了具有相应资质的房地产价格评估机构的公平竞争权，也损害了被征收人的选择权，与上位法的规定不符。

《无锡市国有土地上房屋征收与补偿办法》第二十一条规定，房屋征收范围确定后，房屋征收部门应当书面或者在房屋征收部门网站上发布通告，通知房地产价格评估机构名录中所有评估机构。房屋征收部门应当将自愿报名参与该征收项目评估工作且评估能力适应征收项目工作量的评估机构名单在房屋征收范围内公布，供被征收人选择。被征收人一致选择同一房地产评估机构的，为协商选定……这一规定兼顾了国有土地上房屋征收评估工作的公平与效率，充分尊重被征收人的意愿，也保障了房地产评估机构的公平竞争权，更加契合《国有土地上房屋征收与补偿条例》和《国有土地上房屋征收评估办法》等上位法的立法本意，对完善本《办法》具有一定的借鉴意义。据此，建议将《办法》第二十二条第一款第（三）项修改为"房屋征收部门将自愿报名参与该征收项目评估工作的估价机构名单在房屋征收范围内公布，供被征收人选择"。

3. 《办法》第二十九条和第三十条违反了上位法规定

根据《国有土地上房屋征收评估办法》第二十条、第二十一条、第二十二条和第二十五条的规定，被征收人或者房屋征收部门对评估结果有异议的，应当自收到评估报告之日起10日内，向房地产价格评估机构申请复核评估。原房地产价格评估机构应当自收到书面复核评估申请之日起10日内对评估结果进行复核。被征收人或者房屋征收部门对原房地产价格评估机构的复核结果有异议的，应当自收到复核结果之日起10日内，向被征收房屋所在地评估专家委员会申请鉴定。评估专家组成员为3人以上单数，其中房地产估价师不得少于二分之一。评估专家委员会应当自收到鉴定申请之日起10日内，对申请鉴定评估报告的……等评估技术问题进行审核，出具书面鉴定意见。

根据《办法》第二十九条、三十条的规定，被征收人或者房屋征收部门对评估价值有异议的,自收到评估报告之日起 15 日内,可以向估价机构提出书面符合评估申请。估价机构自收到复核评估申请之日起 5 日内给予答复。被征收人或者房屋征收部门对评估机构的复核结果有异议的,自收到复核结果之日起 15 日内,可以向市房地产评估专家委员会申请鉴定。市房地产评估专家委员会受理房屋征收评估鉴定申请后,应当自收到鉴定申请之日起 15 日内,指派 3 人以上单数成员组组成鉴定组……并出具书面鉴定意见。二者之间出现不一致的主要原因是《办法》的出台时间早于《国有土地上房屋征收评估办法》,但从法律效力位阶看,《国有土地上房屋征收评估办法》由住房和城乡建设部制定,属于部门规章,效力层级高于作为规范性文件的《办法》。此外,综观 2017 年《北京市国有土地上房屋征收评估暂行办法》和《天津市国有土地上房屋征收与补偿规定》以及省内其他地方在《国有土地上房屋征收评估办法》之后出台的国有土地上房屋征收与补偿规定,在上述时限规定上均与《国有土地上房屋征收评估办法》保持一致。据此,建议修改《办法》第二十九条和三十条关于时限的规定,同时补充规定"专家组成员中房地产估价师不得少于二分之一",从而与《国有土地上房屋征收评估办法》保持一致。

(二) 合理性评估

《办法》主要从总则、征收决定、征收评估、征收补偿和法律责任等方面构建了国有土地上房屋征收与补偿的制度体系,尤其是进一步明确了开发区和云台山风景名胜区的房屋征收主体;参照省住建厅的指导性意见,综合考虑我市房屋征收与补偿的工作流程,进一步细化了征收与补偿程序;总结我市多年来房屋评估的做法,参照全国房屋征收评估制度改革的趋势和其他地方立法经验,对估价机构的管理、选定、评估的核心内容及基本要求作出规定;适应我市房屋征收与补偿的实践需要,增加对征收直管公房补偿的内容等,以上主要制度和各项管理措施必要、合理、可行,体现了公平、公开原则和以人为本原则,符合法治的基本原则和基本精神,但关于以下几个方面的规定不尽合理,有待进一步改进。

1. 《办法》第十九条的规定不尽合理

《办法》第十九条规定:"房屋征收范围确定后,任何单位和个人不得在房屋征收范围内实施下列事项：(一)新建、扩建、改建房屋；(二)……"该条规定的依据是《国有土地上房屋征收与补偿条例》第十六条第一款，即"房屋征收范围确定后，不得在房屋征收范围内实施新建、扩建、改建房屋和改变房屋用途等不当增加补偿费用的行为；违反规定实施的，不予补偿"。通过文义解释分析，《国有土地上房屋征收与补偿条例》并未绝对禁止在房屋征收范围确定后对房屋实施新建、扩建和改建等行为，而是禁止"不当增加补偿费用的新建、扩建和改建等行为"，比如在实践中存在房屋征收范围内的房屋经鉴定系危房，如不立即改建将危及住户人身与财产安全的情况，而且这种改建行为也应限制在"不应增加补偿费用的行为"范围之内。

据此，建议将危房改建作为例外情形区别对待，即在《办法》第十九条第一款第(一)项后面补充规定"经鉴定属于危房解危改造除外"，从而使《办法》规定的管理措施在不违反上位法规定的前提下更为合理、可行。

2.《办法》第二十二条第一款第(四)项的规定不尽合理

《办法》第二十二条第一款第(四)项规定："房屋征收部门登记、统计被征收人的选定意见，半数以上被征收人选择同一家估价机构，视为协商选定成功；协商不成的，可采用被征收人投票方式，按照简单多数决定；也可采用随机选定方式，按照抽签结果确定。"值得注意的是，"简单多数"即指"半数以上"，即第一种方式与第二种方式在事实上是重叠的，其结果是既难以确定估价机构，又增加了被征收人的负担，影响房屋征收工作的效率。

考察其他地方的相关规定，如《上海市国有土地上房屋征收与补偿实施细则》第二十四条第二款规定："房地产价格评估机构由被征收人、公有房屋承租人协商选定；协商不成的，由房屋征收部门通过组织被征收人、公有房屋承租人按照少数服从多数的原则投票决定，也可以由房屋征收部门或者被征收人、公有房屋承租人采取摇号、抽签等随机方式确定。"《宿迁市市区国有土地上房屋征收与补偿办法》第二十一条第一款规定："房地产价格评估机构由被征收人在规定时间内协商选定；被征收人在规定时间内协商不成的，房屋征收部门可以通过组织被征收人按照少数服从多数的原则投票决定,或者采取摇号、抽签等方式确定。"《苏州市国有土地上房屋征收与补偿暂行办法》第十八条规定:"半数以上被征收人共同选择一家房地产价格评估机构的,视为协商选择成功……。如协商选定不成的,由房屋征收部门在公布的名录中适当选取 5 个具有相应资质的房地产价格评估机构,公开抽签确定。"《无锡市国有土地上房屋征收与补偿办法》第二十一条规定:"被征收人一致选择同一房地产评估机构的,为协商选定;超过 50% 的被征收人选择同一家房地产评估机构的,为多数决定;不足 50% 的,由房屋征收部门从得票数多的前五位评估机构(不足五家的全部参加)中,通过公开抽签的方式确定。"比较以上几个地方的立法规定可以发现,一是各地对于"协商选定"的理解不同,有的认为应当是"协商一致",即被征收人一致选择同一估价机构;有的认为应当是"少数服从多数",即半数以上被征收人共同选择一家估价机构。二是各地对于"协商不成"情况下的处理方式也不同。

《国有土地上房屋征收评估办法》第四条规定:"房地产价格评估机构由被征收人在规定时间内协商选定;在规定时间内协商不成的,由房屋征收部门通过组织被征收人按照少数服从多数的原则投票决定,或者采取摇号、抽签等随机方式确定。"《江苏省贯彻实施〈国有土地上房屋征收与补偿条例〉若干问题的规定》第十条第一款第五项规定:"被征收人在规定时间内协商不成的,由房屋征收部门组织被征收人投票决定或者通过摇号、抽签等方式确定。采用投票方式时,超过 50% 的被征收人选择同一房地产价格评估机构的,为多数决定;不足 50% 的,采取摇号、抽签等方式确定。"从文义解释的角度分析,上位法所规定的"协商选定"应当是"协商一致",只有"协商不成的",才按照少数服从多数的原则投票决定或采取其他方式确定。事实上,"协商一致"作为一种议事规则在国际法上有着特定的含义,即指成员国之间通过广泛协商取得一致合意,不经投票即通过决议。协商一致是国际组织和国际会议在 20 世纪 60 年代发展起来的一种新的决策方式,已成为关贸总协定和世贸组织决策程序的一项基本准则,并与多数表决、加权表决等其他表决制度相并列。此外,基于正当程序的理念,如果房屋征收部门在第一次通知被征收人协商选定估计机构不成的情况下,就直接由征收部门主持抽签确定,难以充分体现被征收人之间的协商过程，而应当再组织一次协商，即按照少数服从多数的原则投票决定，如果仍无法决定的，再通过摇号、抽签等随机选定方式确定，从而充分尊重被征收人自由选择估价机构的意愿，使其合法权益通过估价机构选择程序的正当行使得以保障。

据此，结合上位法的规定，借鉴上海、宿迁、无锡、苏州等地方的立法经验，建议将《办法》第二十二条第一款第（四）项的规定调整为"房屋征收部门登记、统计被征收人的选定意见，被征收人一致选择同一估价机构的，为协商选定；在规定时间内协商不成的，按照少数服从多数的原则投票决定，超过50%的被征收人选择同一估价机构的，为多数决定；不足50%的，由房屋征收部门从得票数多的前五位评估机构（不足五家的全部参加）中，通过公开抽签的方式确定"。

3. 《办法》第四十二条的部分规定不尽合理

《办法》第四十二条规定："……。对既不选择货币补偿，又不选择产权调换的，房屋征收部门将货币补偿款足额专户存储并提供产权调换房屋或者周转用房后，可视为先补偿。"事实上这种情况在实践中并不存在。根据《国有土地上房屋征收与补偿条例》第二十六条和《办法》第四十一条的规定，房屋征收部门与被征收人在征收补偿方案确定的签约期限内达不成补偿协议，由房屋征收部门报请作出房屋征收决定的人民政府，按照征收补偿方案作出补偿决定，并在房屋征收范围内予以公告。如果被征收人"既不选择货币补偿，又不选择产权调换的"，应当视为房屋征收部门和被征收人达不成补偿协议，作出征收补偿决定的人民政府可以作出补偿决定，在补偿决定中会对补偿方式作出安排。基于此项制度设计的本意和实践需要，建议将该项规定作如下调整："被征收人在补偿协议达成或补偿决定作出后无故不领取补偿款或者不接受产权调换的，房屋征收部门将货币补偿款足额专户存储并提供产权调换房屋或者周转用房后，可视为先补偿。"

4. 《办法》第三十五条关于直管公房征收补偿的规定不尽合理

直管公房是我国计划经济时代遗留的历史产物，在保障中低收入水平家庭住房、维护社会稳定、构建和谐社会等方面发挥了重要的作用，但由于政策法规严重滞后、监管不力、使用分配不透明等原因，导致其管理经营存在不少问题。《国有土地上房屋征收与补偿条例》和《江苏省贯彻实施〈国有土地上房屋征收与补偿条例〉若干问题的规定》均未提及直管公房的征收与补偿问题，而由各地分散规定，如南京、上海、天津、青岛等地方关于国有土地上房屋征收与补偿的立法均对直管公房的征收与补偿作出专门规定。

《办法》第三十五条第三款规定："征收直管公房按照市场评估价值的40%对房屋承租人予以使用权补偿，60%补偿归被征收人，被征收人与租人解除租赁关系。租赁合同中约定有相关条款内容的按照协议条款执行。被征收人与房屋承租人对解除租赁关系达不成协议的，房屋征收部门应当对被征收人实行产权调换。"第三十八条第二款规定："对符合保障条件的直管公房承租人，可以先解除租赁关系，无偿退回公房使用权，再按照住房保障有关规定，优先给予住房保障。"《补充规定》对市直管公房的征收补偿问题又作出如下规定："征收市直管公房非住宅房屋，由被征收人与承租人解除租赁合同，并按合同约定依法处理。市直管公房承租人依托原直管公房自建的房屋，在2003年卫星正射影像图上有记载的，参照有证房屋并扣除市政府最新公布的基准地价予以补偿。征收市直管公房住宅性房屋，按其房屋市场评估价的60%对承租人予以使用权补偿。"可见，新的规定对直管公房住宅性房屋承租人补偿的比例有所提高。

与其他地方的相关立法相比，本《办法》及《补充规定》关于直管公房征收补偿的规定存在以下问题：

一是对被征收直管公房承租人的补偿比例明显偏低。《南京市国有土地上房屋征收与补偿办法》第二十六条规定，征收住宅房屋的，将房地产评估价格的百分之十支付给房屋所有权人，百分之九十支付给直管公房承租人。租赁双方另有约定的，从其约定。《上海市国有土地上房屋征收与补偿实施细则》第三十六条规定，在公有出租非居住房屋征收中，被征收人与公有房屋承租人的补偿比例分别为20%和80%。《天津市国有土地上房屋征收与补偿规定》第二十七条规定，征收公有住宅房屋的，被征收人和承租人的补偿比例为5%和95%；征收公有非住宅房屋的，补偿比例为20%和80%。直管公房是由政府享有所有权并经营管理的房屋，其承租人绝大多数是城镇中低收入且无住房的家庭。为保护承租人的合法权益，切实解决承租人的住房困难，对直管公房的征收补偿应向承租人倾斜，尤其应加大对直管公房住宅性房屋承租人的补偿比例。据此，建议借鉴其他地方的立法经验，结合本市实际，按照直管公房住宅房屋和非住宅房屋分别设定不同的补偿标准，并进一步提高对直管公房承租人的补偿比例。

二是关于"被征收人与房屋承租人对解除租赁关系达不成协议的，房屋征收部门应当对被征收人实行产权调换"的规定过于简单，不利于保障承租人的住房需求。对此，《天津市国有土地上房屋征收与补偿规定》第二十七条规定："征收公有房屋，被征收人和公有房屋承租人对解除租赁关系达不成协议的，按照下列规定给予补偿：（一）住宅房屋按照被征收房屋价值的5%给予被征收人补偿，按照被征收房屋价值的95%给予公有房屋承租人补偿……（二）搬迁费、临时安置费或者周转用房、停产停业损失补偿和补助、奖励应当给予公有房屋承租人。公有房屋承租人选择房屋产权调换的，应当按照前款规定的被征收房屋价值比例计算、结清与用于产权调换房屋价值的差价。"《青岛市国有土地上房屋征收与补偿条例》第二十五条第一款第（三）项规定："公有住宅房屋承租人与被征收人对补偿方式达不成一致意见的，房屋征收部门应当对被征收人实行房屋补偿。补偿的房屋由原房屋承租人承租，被征收人应当与原房屋承租人订立房屋租赁合同。"建议借鉴前述立法经验，在《办法》中明确被征收直管公房补偿费用在被征收人和承租人之间的分配方式以及在进行房屋产权调换时明确保障直管公房承租人的租赁权。

（三）协调性评估

《办法》与《国有土地上房屋征收与补偿条例》的规定保持协调一致，规定的各项制度之间总体上相互衔接，形成具有内在联系、层次分明的房屋征收与补偿制度体系。但《办法》的个别条款与其后出台的《国有土地上房屋征收评估办法》及《江苏省贯彻实施〈国有土地上房屋征收与补偿条例〉若干问题的规定》等上位法的协调性不够，而是通过市政府另行出台的《C市市区国有土地上房屋征收范围内未经登记建筑调查认定和处理暂行办法》《C市市区国有土地上房屋征收与补偿若干问题的规定》《C市市区国有土地上房屋征收与补偿相关问题补充规定》等规范性文件予以落实，由此造成本市国有土地上房屋征收与补偿制度体系较为庞杂、零散，给相关规定的理解和适用带来不便。此外，《办法》内部个别条款之间的协调与衔接不够，需要进一步理顺。

1.《办法》第一条规定的协调性不够

一是保障对象范围过于狭窄。

《办法》第一条规定："为规范国有土地上房屋征收与补偿活动……保障被征收房屋所有权人的合法权益……制定本暂行办法。"将本《办法》的保障对象仅限定于"被征收房屋所有权人"显然过于狭窄，既不符合国有土地上房屋征收与补偿活动的实际情况，又与《办法》其他条文规定不太协调，如直管公房的补偿对象包括被征收人和房屋承租人，被征收房屋停产停业损失的补偿对象涉及房屋所有权人、承租人或实际经营者，搬迁补助费的对象涉及被征收房屋的合法占有人和被征收人等。一些地方立法已作出改变，如2017年《青岛市国有土地上房屋征收与补偿条例》第一条规定："为了规范国有土地上房屋征收与补偿活动……保障被征收人以及其他利害关系人的合法权益……制定本条例。"2016年《天津市国有土地上房屋征收与补偿规定》第一条规定："为了规范国有土地上房屋征收与补偿活动……保障被征收人房屋所有权人、公有房屋承租人的合法权益……制定本规定。"据此，建议借鉴青岛市的立法经验，将本《办法》第一条有关规定调整如下："为规范国有土地上房屋征收与补偿活动……保障被征收房屋所有权人以及其他利害关系人的合法权益……制定本办法。"

二是立法依据范围过于狭窄。

《办法》第一条规定："……根据《国有土地上房屋征收与补偿条例》及有关法律、法规，结合我市实际，制定本暂行办法。"本《办法》作为规范性文件，效力层级较低，相关的法律、法规、规章以及上级规范性文件均应作为其制定依据。此外，从房屋征收与补偿条例的立法现状看，直接相关的法律法规数量较少，规章和规范性文件较多，如《国有土地上房屋征收评估办法》《江苏省贯彻实施〈国有土地上房屋征收与补偿条例〉若干问题的规定》等。一些地方立法已注意到这一现状，如无锡、南京等市出台的《国有土地上房屋征收与补偿办法》第一条均规定："……根据国务院《国有土地上房屋征收与补偿条例》等有关规定……制定本办法。"《宿迁市市区国有土地上房屋征收与补偿办法》第一条规定:"……根据国务院《国有土地上房屋征收与补偿条例》《省政府关于印发江苏省贯彻实施〈国有土地上房屋征收与补偿条例〉若干问题规定的通知》(苏政发〔2011〕91号)及有关规定……制定本办法。"据此,建议将本《办法》第一条的规定调整为"……根据《国有土地上房屋征收与补偿条例》等有关规定……制定本办法"。

2. 《办法》第二十四条的规定与上位法不太协调

《国有土地上房屋征收评估办法》第五条第二款规定:"两家以上房地产价格评估机构承担的,应当共同协商确定一家房地产价格评估机构为牵头单位;牵头单位应当组织相关房地产价格评估机构就评估对象、评估时点、价值内涵、评估依据、评估假设、评估原则、评估技术路线、评估方法、重要参数选取、评估结果确定方式等进行沟通,统一标准。"而《办法》第二十四条第二款仅规定:"两家或者两家以上估价机构承担同一房屋征收评估项目的,应当就评估对象、评估时点、价值内涵、评估依据、评估原则、评估技术路线、评估方法、重要参数选取等进行沟通协商,执行统一标准。"与上位法相比,《办法》仅规定估价机构之间进行沟通协商,未要求确定牵头单位,在实际操作中不利于保证评估工作的顺利开展和评估结果的公平,不便于掌握估价标准的平衡性。据此,建议将《办法》第二十四条第二款作如下修改:"两家或者两家以上估价机构承担同一房屋征收评估项目的,应当共同协商确定一家估价机构为牵头单位;牵头单位应当组织相关估价机构就评估对象、评估时点、价值内涵、评估依据、评估假设、评估原则、评估技术路线、评估方法、重要参数选取、评估结果确定方式等进行沟通协商,执行统一标准。"

3. 《办法》第二十五条第三款的规定与上位法不太协调

《国有土地上房屋征收评估办法》第十二条第三款规定,被征收人拒绝在实地查勘记录上签字或者盖章的,应当由房屋征收部门、注册房地产估价师和无利害关系的第三人见证,有关情况应当在评估报告中说明。而《办法》第二十五条第三款规定,因被征收人原因不能对被征收房屋进行入室实地查勘、拍摄影像资料或者被征收人不同意在实地查勘记录上签字的，应当由估价机构以及无利害关系的第三人见证，并在评估报告中作出说明。这里并未要求注册房地产估价师见证，与上位法规定不太协调，应予补充。

4.《办法》第四十六条的法律责任条款缺少相应的违法行为规定

规范性文件的协调性要求违法行为与法律责任在条款设置上应相互衔接。《办法》第四十六条规定："采取暴力、威胁或者违反规定中断供水、供热、供电和道路通行等非法方式迫使被征收人搬迁，造成损失的，依法承担赔偿责任；对直接负责的主管人员和其他责任人员，构成犯罪的，依法追究刑事责任；尚不构成犯罪的，依法给予处分；构成违反治安管理行为的，依法给予治安管理处罚。"这一规定照搬了《国有土地上房屋征收与补偿条例》第三十一条的规定，但《办法》并未对相应的违法行为作出规定，违反了规范性文件协调性的要求。《国有土地上房屋征收与补偿条例》第二十七条第三款规定："任何单位和个人不得采取暴力、威胁或者违反规定中断供水、供热、供气、供电和道路通行等非法方式迫使被征收人搬迁。禁止建设单位参与搬迁活动。"该项规定与第三十一条的规定前后衔接。据此，建议在《办法》第四十二条中增加上述规定，使违法行为与法律责任在条款设置上相互协调与衔接。

5.《办法》与《补充规定》关于违法建筑补偿的规定不太协调

《国有土地上房屋征收与补偿条例》第四十二条规定，市、县级人民政府及其有关部门应当依法加强对建设活动的监督管理，对违反城乡规划进行建设的，依法予以处理。对认定为违法建筑和超过批准期限的临时建筑的，不予补偿。《办法》第三十二条规定，征收国有土地上单位、个人的合法房屋和未超过批准期限的临时建筑，应当对被征收人给予补偿；对认定为违法建筑和超过批准期限的临时建筑，不予补偿。《补充规定》则规定，违法建筑一律不予补偿。违法建筑被征收人积极配合征收工作，在征收期限内按照约定时间自行拆除违法建筑的，按照违法建筑砖木、砖混、钢混建筑结构类型，分别给予每平方米不超过300元、400元、500元材料补助。这一规定的目的在于调动违法建筑被征收人的积极性，提高房屋征收的效率，但同时也侵犯了合法建筑被征收人的平等权，大幅增加了房屋征收的成本，缺少法律依据。根据现行法律规定，违法建筑被征收人有义务自行拆除违法建筑，逾期不拆除的，行政机关可以依法强制执行。《行政强制法》第四十四条规定，对违法的建筑物、构筑物、设施等需要强制拆除的，应当由行政机关予以公告，限期当事人自行拆除。当事人在法定期限内不申请行政复议或者提起行政诉讼，又不拆除的，行政机关可以依法强制拆除。《补充规定》也规定，在房屋征收范围内，违法建筑被征收人拒不配合征收工作的，由市城市管理行政执法局依法查处。《青岛市国有土地上房屋征收与补偿条例》第二十八条明确规定，对违法建筑和超过批准使用期限的临时建筑，不予补偿、补助，由当事人在有关部门确定的期限内自行拆除；逾期不拆除的，由区（市）人民政府责成有关部门依法强制拆除。建议在将本《办法》和《补充规定》进行整合时，删除《补充规定》中关于对违法建筑被征收人予以材料补助的规定。

（四）操作性评估

《办法》结合上位法的规定和本市实际，对国有土地上房屋征收与补偿的实体性与程序性制度作出更为具体的规定，如参照省住建厅的指导性意见，综合考虑我市房屋征收与补偿的工作流程，概括归纳了征收与补偿的十一项程序；规定房屋征收决定涉及被征收人数量400户（含400户）以上的，应当经县、区人民政府常务会议讨论决定；明确列举各县、区人民政府作出房屋征收决定前，房屋征收部门应当提供的七个方面的材料；明确列举房屋征收公告应当载明的具体内容；在《国有土地上房屋征收与补偿条例》第十六条规定的基础上，进一步明确任何单位和个人在房屋征收范围确定后禁止实施的活动等，这些规定符合正当程序的理念，高效便民，更具有操作性，有利于规范房屋征收与补偿活动，但《办法》在房屋征收评估程序等方面还需进一步改进：

1. 《办法》第三条第二款的规定不符合具体实际

《办法》第三条第二款规定："C 经济技术开发区、××新区、××风景名胜区（科教创业园区）的房屋征收与补偿工作由所在行政区域的区人民政府负责。"从实际情况看，目前坐落在 C 的"开发区"除经济技术开发区和××新区外，还有高新技术产业开发区、国家出口加工区等，尤其是 C 高新技术产业开发区已升格为国家级高新区，核心区总面积 80 平方公里，总人口 15 万人，管辖 3 个街道和 1 个农场，共 22 个村（社区）。《关于支持 C 高新技术产业开发区加快发展的意见》明确高新区党工委、管委会作为市委、市政府派出机构，赋予市级经济社会管理权限。显然，《办法》第三条第二款的表述不够周延。

2017 年 9 月经省人大常委会批准并公布的《C 市市容和环境卫生管理条例》第四条第二款规定，开发园区、风景名胜区等区域的管理机构负责其管理区域内的市容和环境卫生工作。可见，使用"开发园区"的表述更能在外延上涵盖各类"开发区"，符合 C 地方实际，在立法实践中也得到普遍认可。据此，建议将《办法》第三条第二款的规定调整为"开发园区、风景名胜区等区域的房屋征收与补偿工作由所在行政区域的区人民政府负责"。

2. 《办法》第二十七条第二款规定的时间不够明确，难以操作

《办法》第二十条第二款规定："估价机构在分户初步评估结果公示期满并修正后，应当向房屋征收部门提供委托评估范围内被征收房屋的整体评估报告和分户评估报告。房屋征收部门应当及时向被征收人转交分户评估报告。"这一规定直接照搬了《国有土地上房屋征收评估办法》第十七条第一款的规定，并未根据实践需要进一步明确估价机构向房屋征收部门提供评估报告以及房屋征收部门向被征收人转交分户评估报告的具体时限。房屋征收评估是房屋征收过程中不可或缺的重要工作，评估报告的转交与被征收人提出异议、评估报告的复核及鉴定等环节具有前后相承的密切联系。为保证房屋征收评估工作依法、及时、有序地开展，应在《办法》中对提供评估报告和转交分户评估报告的具体时限以及被征收人拒绝接受评估报告或去向不明等特殊情况下的送达方式作出明确规定。参照其他地方的立法经验，建议将《办法》第二十七条第二款调整如下："估价机构在分户初步评估结果公示期满并修正后，应当在 5 日以内向房屋征收部门提供委托评估范围内被征收房屋的整体评估报告和分户评估报告。房屋征收部门应当在 3 日以内向被征收人转交分户评估报告。被征收人拒绝接收评估报告的，房屋征收部门应当在两名以上无利害关系的第三人见证

下将评估报告对被征收人或其同住成年家属实施留置送达；如被征收人去向不明的，房屋征收部门应当在两名以上无利害关系的第三人见证下将评估报告对被征收人实施公告送达。"

（五）完善性评估

《办法》在贯彻属地管理原则的基础上，结合本市实际进一步明确了开发区和云台山风景名胜区的房屋征收主体；细化了房屋征收与补偿的具体程序；完善了对估价机构的管理、选定、评估的核心内容及基本要求；增加了对征收直管公房补偿的内容；列举了房屋征收部门在房屋征收决定作出前应当提供的具体材料、房屋征收公告应当载明的具体内容以及任何单位和个人在房屋征收范围确定后禁止实施的活动等，上述规定基本涵盖国有土地上房屋征收与补偿的主要内容，基本能够解决房屋征收与补偿工作中的实际问题，制度设计比较完备，配套制度比较健全，但在以下具体制度和措施上还应进一步完善。

1. 《办法》应增加被征收人协商选定估价机构的期限规定

在国有土地上房屋征收与补偿活动中，对被征收的房屋价值补偿，依法由具有相应资质的评估机构评估确定。为充分保障被征收人协商的权利，尊重被征收人的意愿，维护被征收人的合法权益，《江苏省贯彻实施〈国有土地上房屋征收与补偿条例〉若干问题的规定》第九条第二款规定："房屋征收部门规定被征收人协商选定房地产价格评估机构的时间应当不少于5个工作日。"《宿迁市市区国有土地上房屋征收与补偿办法》第二十一条第三款规定："被征收人协商选定房地产价格评估机构的时间应当不少于5个工作日。"《南京市国有土地上房屋征收与补偿办法》第二十一条第一款第三项规定，被征收人、直管公房承租人在七个工作日内协商选定评估机构，并将协商结果书面告知房屋征收部门。为限制实际操作过程中估价机构选择的随意性，确保选择程序的正当，建议在《办法》第二十二条增加一款，明确规定："被征收人协商选定房地产价格评估机构的时间应当不少于5个工作日。"

2. 《办法》应增加停产停业损失补偿的规定

随着我国城市化进程的加快，关于企业拆迁和门面房等商业拆迁问题越来越多，停产停业损失补偿问题日益引起重视。根据《国有土地上房屋征收与补偿条例》第十七条、二十三条的规定，对被征收人因征收房屋造成的停产停业损失应当进行补偿。对因征收房屋造成停产停业损失的补偿，根据房屋被征收前的效益、停产停业期限等因素确定。《国有土地上房屋征收评估办法》第十四条规定，停产停业损失补偿由征收当事人协商确定；协商不成的，可以委托房地产价格评估机构通过评估确定。目前，北京市、重庆市、河南省、陕西省、贵州省以及泰州市、赣州市、鹰潭市等地方均在国有土地上房屋征收与补偿立法中对停产停业损失补偿的基本内容作出规定。《江苏省贯彻实施〈国有土地上房屋征收与补偿条例〉若干问题的规定》第十一条至第十七条对停产停业损失补偿作出较为详细的规定。本《办法》第十三条在将停产停业损失补偿纳入补偿范围的同时，只是笼统规定"停产停业损失补偿按照相关规定执行"。《C市国有土地上房屋征收与补偿若干问题的规定》第四条至第七条对停产停业损失补偿问题作出规定。

为推动国有土地上房屋征收与补偿制度的有效实施，建议将《C市国有土地上房屋征收与补偿若干问题的规定》中关于停产停业损失补偿问题的原则性规定挪入《办法》中，涉及停产停业损失补偿的确定因素、确定方式、适用条件、不同情况下的补偿标准、擅自改变房屋用途的处理、骗取停产停业损失补偿的处理等方面。其次，借鉴其他地方的立法经验，建议在停产停业损失补偿的确定因素中综合考量房屋被征收前的效益、停产停业期限、房屋评估价值以及房屋征收部门是否提供周转房等多种因素。最后，借鉴其他地方的立法经验，建议将停产停业损失补偿的计算标准由具体数额调整为一定比例，以适应房地产价格动态调整的需要，同时根据被征收房屋的来源、地段、层高、经营年限等因素设置更为精细化的补偿标准。

3.《办法》应增加关于房屋公摊面积补偿的规定

近年来，随着城市土地资源变得日益紧张，高层建筑开发日益增多，房屋征收基本上为征收多层、补偿高层，高层住宅的公摊面积一般远远大于多层住宅，在一定程度上影响了被征收人居住条件的改善，实践中也成为房屋征收矛盾的多发点。《中华人民共和国物权法》第四十二条第三款规定："征收单位、个人的房屋及其他不动产，应当依法给予拆迁补偿，维护被征收人的合法权益；征收个人住宅的，还应当保障被征收人的居住条件。"这意味着房屋被征收人的居住条件不能因为征收拆迁而降低,由此引申出"拆一还一"的最低原则。所谓的"拆一还一"应当是指房屋的实用面积,而不是包含公摊面积在内的建筑面积,否则被征收人的居住条件难以得到保障。《国有土地上房屋征收与补偿条例》没有对"公摊面积"作出直接规定,但第十九条第一款规定:"对被征收房屋价值的补偿,不得低于房屋征收决定公告之日被征收房屋类似房地产的市场价格",而"房地产的市场价格"本身就包含房屋公摊面积价格,这意味着对被征收房屋价值的补偿应当考虑公摊面积。

不少地方在国有土地上房屋征收与补偿办法中对房屋公摊面积的补偿问题作出明确规定。如《青岛市国有土地上房屋征收与补偿条例》第二十一条规定,征收住宅房屋实行就地房屋补偿的,应补偿面积按照下列规定执行:……(四)补偿房屋的公摊面积单独计入应补偿面积。第二十三条规定,补偿房屋公摊面积,按照该款第一项至第三项的应补偿面积之和乘以公摊面积比例计算。前款规定的公摊面积比例,在本市市区范围内,征收区域用于住宅房屋建设的,按照该住宅房屋建设项目的平均公摊面积比例计算;征收区域用于其他工程建设的,按照23%计算。《新疆维吾尔自治区实施〈国有土地上房屋征收与补偿条例〉办法》第二十条第二款规定,产权调换房屋的公摊面积大于被征收房屋公摊面积的,房屋征收部门应当给予被征收人因增加公摊面积而减少使用面积的损失补偿。《重庆市国有土地上房屋征收与补偿办法(暂行)》第二十五条规定,被征收住宅建筑面积公摊系数低于或等于15%的,按15%的公摊系数计算应补偿的住宅建筑面积,被征收住房建筑面积公摊系数高于15%的,按实际面积计算房屋补偿。《泰安市人民政府关于实施城市片区开发建设的意见》规定,安置房为小高层、高层的,电梯及由电梯增加的走廊公摊面积不计入回迁安置面积。此外,兰州、南宁、成都、洛阳、铁岭、钦州、泸州等地方立法也对公摊面积的补偿作出规定。为了适应本市日益增多的高层建筑,真正保障房屋被征收人的居住条件,有效贯彻落实上位法的精神和要求,建议借鉴其他地方的立法经验,在《办法》第三十六条增加关于房屋公摊面积补偿的规定。

（六）规范性评估

《办法》分为总则、征收决定、征收评估、征收补偿、法律责任和附则几个方面，与《国有土地上房屋征收与补偿条例》相比增加了"征收评估"部分，作为调整本市房屋征收与补偿行为的基础性规范，体例结构比较完整，逻辑比较严密，总体上能够保证《办法》的正确有效实施，但修订后的《办法》不宜继续使用"暂行办法"，个别条款的文字表述不够规范，逻辑顺序不太合理，有待进一步规范。

1. 《办法》的名称不宜使用"暂行办法"

"暂行立法"作为一种特殊立法，广泛存在于中央与地方立法中。它具有灵活性和针对性，能够及时有效地满足社会实践需要，成为我国法律体系的有机组成部分，在法治建设初期发挥了重要作用，但同时也容易使人产生效力不稳定的感觉，影响立法的权威性和稳定性，部分"暂行立法"还面临法律条文设计粗糙、严重滞后于社会实践甚至超越立法权限等问题，尤其是在中国特色社会主义法律体系形成后，优化立法资源、提高立法质量成为法治建设的重要目标，亟待梳理和规制数量庞大的"暂行立法"或"暂行规定"。如《湖南省行政程序规定》第五十一条规定，标注"暂行""试行"的规范性文件，有效期为2年。有效期满的，规范性文件自动失效。制定机关应当在规范性文件有效期届满前6个月内进行评估，认为需要继续施行的，应当重新公布；需要修订的，按制定程序办理。《山东省行政程序规定》第五十三条规定，标注"暂行""试行"的规范性文件，有效期为1年至2年。有效期届满的，规范性文件自动失效。尽管《江苏省行政程序规定》未对标注"暂行"或"试行"的规范性文件有效期作出明确规定，但加强对"暂行规定"的规制已成为普遍共识。

一般来说，"暂行立法"或"暂行规定"主要适用于在上位法未作规定时就某一领域所作的授权立法、试验性立法或临时性规定，如《行政法规制定程序条例》第五条规定："国务院根据全国人民代表大会及其常务委员会的授权决定制定的行政法规，称'暂行条例'或者'暂行规定'。"此外，"暂行规定"的有效期一般不超过2年。本《办法》根据《国有土地上房屋征收与补偿条例》制定，具有明确的上位法依据；在此之前已经出台了《C市城市房屋拆迁管理规定》，并非试验性立法；本《办法》自2011年施行，至今已经6年多时间，期间未开展过实施情况评估、重新公布或修订。此外，考察省内其他地方出台的国有土地上房屋征收与补偿规定，也未使用"暂行"二字。据此，建议在《办法》的新一轮修订中不再使用"暂行"二字。

2.《办法》第七条关于基本原则的规定应前置

房屋征收与补偿的基本原则是贯穿于房屋征收与补偿工作的全过程并具有普遍指导意义的基础性规范。从立法技术要求和立法实务惯例看，法的基本原则条款应置于"总则"部分的前面，一般在"立法目的"和"适用范围"条款之后。如《国有土地上房屋征收与补偿条例》第三条规定："房屋征收与补偿应当遵循决策民主、程序正当、结果公开的原则。"无锡、南京、上海等地方出台的国有土地上房屋征收与补偿规定均是如此安排。而本《办法》则将"基本原则"条款置于第七条，位于立法目的、适用范围、主管部门及职责划分、实施单位、相关部门职责分工等条款之后，一定程度上削弱了其作为"基本原则"对整部规范性文件体系与内容的统领地位，也与《国有土地上房屋征收与补偿条例》的立法安排不一致。据此，建议将《办法》第七条挪至第三条。

3.《办法》关于房地产价格评估机构的名称使用不统一

首先，名称使用不统一。《办法》第八条、第三十条、第三十六条使用的是"评估机构"的表述；第二十一条则规定"对被征收房屋进行房地产市场价值评估，应当由具有三级以上房地产评估资质的房地产估价机构（以下简称估价机构）按照国务院住房城乡建设主管部门制定的房屋征收评估办法评估确定"，其后多个条款均使用"估价机构"的表述；第四十九条又使用了"房地产价格评估机构"的表述。尤其是《办法》第二十九条规定，被征收人或者房屋征收部门对评估价值有异议的，可以在法定期限内向"估价机构"提出书面复核评估申请，但第三十条却规定，被征收人或者房屋征收部门对"评估机构"的复核结果有异议的，可以在法定期限内向市房地产评估专家委员会申请鉴定。可见，《办法》中对同一法律概念的使用前后并不统一，文字表述不够规范。其次，条文之间的逻辑对应关系不够严密。在第二十一条规定"以下简称估价机构"之前，相关条文已使用了简称，条文设计不够严谨。

据此，建议将《办法》第八条第一款第（八）项"选定评估机构"修改为"选定房地产估价机构"，在《办法》第二十一条之后的相关条文中统一使用"估价机构"的简称。

4.《办法》第三十九条第二款的表述不够规范

《办法》第三十九条第二款规定："产权调换房屋为期房的，房屋的设计变更、面积差异等问题，按照建设部《商品房销售管理办法》及相关规定处理。"根据2008年十一届全国人大一次会议通过的国务院机构改革方案，"建设部"改为"住房和城乡建设部"。为防止机构改革所带来的机构名称变化给法律文件的实施带来不便，一般不在法律文件中出现机构的具体名称。据此，建议删除《办法》第三十九条第二款中关于"建设部"的规定，直接适用需援引的规章名称即可。

5.《办法》第四十九条的表述不够规范

《办法》第四十九条规定："房地产价格评估机构或者房地产估价师出具虚假或者有重大差错的评估报告的，由发证机关责令限期改正，给予警告……情节严重的，吊销资质证书、注册证书；造成损失的，依法承担赔偿责任……"这一规定照搬了《国有土地上房屋征收与补偿条例》第三十四条的规定，但后者属于行政法规，有权设定"吊销许可证或执照"的处罚，《办法》作为规范性文件则无权设定。据此，建议在《办法》第四十九条中增加"依法"二字，即"……情节严重的，依法吊销资质证书、注册证书……"

（七）实施效果评估

《办法》自2011年实施以来，得到社会各界的普遍遵守与执行，对规范本市国有土地上房屋征收与补偿活动、维护公共利益、保障房屋被征收人和相关利害关系人的合法权益发挥了重要作用，为有效推动道路修建、旧城改建等一批重点工程建设项目房屋征收与补偿工作的有序开展提供了强有力的保障，实现了预期的目的。《办法》总体上合乎《国有土地上房屋征收与补偿条例》等上位法的规定，与本市正在实施的其他规范性文件不存在明显冲突，体例结构设计合理，逻辑结构比较严密，基本能够解决本市房屋征收与补偿中的实际问题，但随着《国有土地上房屋征收评估办法》《江苏省贯彻实施〈国有土地上房屋征收与补偿条例〉若干问题的规定》等上级法规文件的出台以及本市城市化的持续推进和房地产市场的快速发展，《办法》的一些制度设计已难以适应经济社会发展的新变化，与新出台的一些上级文件规定不完全一致，《办法》内部相关规定之间的协调与衔接不够，部分制度设计不尽合理，个别条款的文字表述和逻辑顺序不够规范，本市国有土地上房屋征收与补偿制度体系过于庞杂、分散，有待进一步修改完善。

三、评估结论

根据评估情况，建议尽快对《办法》进行修改，一是在形式上，建议将《办法》和继其后出台的《C市市区国有土地上房屋征收范围内未经登记建筑调查认定和处理暂行办法》《C市市区国有土地上房屋征收与补偿若干问题的规定》《C市市区国有土地上房屋征收与补偿相关问题补充规定》《房屋装饰装修及附属设施补偿协商价格参考标准》等相关规范性文件进行整合，去掉"暂行"二字，进一步规范《办法》的文字表述和内部条文之间的逻辑关系，最终形成统一的《C市国有土地上房屋征收与补偿办法》。二是在内容上，进一步贯彻落实《物权法》《国有土地上房屋征收与补偿条例》，尤其是《江苏省贯彻实施〈国有土地上房屋征收与补偿条例〉若干问题的规定》和《国有土地上房屋征收评估办法》等上位法的规定，重点完善直管公房的征收补偿制度，有效保障直管公房承租人的合法权益；细化房屋征收评估程序，如估价机构的选择机制、提供评估报告和转交分户评估报告的具体时限、被征收人协商选定估价机构的期限、被征收人拒绝接受评估报告或去向不明等特殊情况下的送达方式等；增加停产停业损失补偿规定和房屋公摊面积补偿规定等，不断健全和完善国有土地上房屋征收与补偿制度体系。

《A市市区房屋征收补助和奖励暂行办法》实施情况评估报告

根据《江苏省规范性文件制定和备案规定》和《A市规范性文件实施情况后评价办法》的有关规定，按照合法公正、客观公开、及时高效原则，采用文献研究、专家咨询、实地调研、座谈讨论等多种形式，对《A市市区房屋征收补助和奖励暂行办法》（以下简称《办法》）进行了实施情况的评估，现将评估情况报告如下。

一、基本情况评估

根据《国有土地上房屋征收与补偿条例》第十七条第二款的规定，市、县级人民政府应当制定补助和奖励办法，对被征收人给予补助和奖励。为贯彻落实《国有土地上房屋征收与补偿条例》等有关规定，同时作为《A市国有土地上房屋征收与补偿暂行办法》的配套政策，进一步规范房屋征收补助标准，建立房屋搬迁奖励机制，引导和奖励被征收人先签约先搬迁，保障房屋征收与补偿工作顺利开展，结合本市实际制定本《办法》。《办法》在总结本市房屋征收与补偿的实践经验基础上，学习借鉴其他地方的立法经验，对《上位法》法规文件的规定作了进一步细化和完善，如明确房屋征收补助和奖励的对象，对搬迁补助费、临时安置补助费和搬迁奖励作出规定并授权各县人民政府参照本办法制定具体办法，体现了一定的前瞻性和探索性，对有效解决房屋征收与补偿工作中面临的实际问题，有效保障本市重点工程建设项目房屋征收与补偿工作的有序开展，促进城市经济和社会发展发挥了重要作用。但随着《国有土地上房屋征收评估办法》《江苏省贯彻实施〈国有土地上房屋征收与补偿条例〉若干问题的规定》等上级文件法规的出台以及本市城区范围不断扩大、国有土地上房屋征收的难度日趋增加，《办法》在实施过程中也反映出一些问题：一是《办法》关于房屋征收补偿、补助和奖励的界定不清，类型比较单一，制度设计较为简单，如缺少停产停业损失补偿、困难补助、住宅房屋产权调换公摊面积补助、选择货币补偿奖励等规定；二是《办法》关于搬迁补助费和临时安置补助费的标准设计不尽合理，关于搬迁奖励的期限设定有待进一步细化；三是《办法》存在明显的重实体、轻程序问题，对房屋征收补助与奖励的程序性规定缺失，不利于相关制度的公正高效实施；四是《办法》在文件名称、生效时间等方面不尽规范。此外，房屋征收补助与奖励的制度设计较为分散，《办法》与《补充规定》的相关规定应予以整合。

二、《办法》的评估情况

（一）合法性评估

本《办法》主要根据《国有土地上房屋征收与补偿条例》和《A市国有土地上房屋征收与补偿暂行办法》等相关规定，结合本市实际而制定。《国有土地上房屋征收与补偿条例》仅规定市、县级人民政府应当制定补助和奖励办法，但对补助和奖励的内涵、类别、标准等未作明确规定，由各地分散规定。本《办法》与《A市市区国有土地上房屋征收与补偿相关问题的补充规定》（以下简称《补充规定》）结合在一起，结合本市实际对《国有土地上房屋征收与补偿条例》等有关规定作了进一步细化和完善，在条文内容上与现行实施的上位法及规范性文件不存在冲突之处，作为规范性文件，没有创设行政许可、行政处罚、行政强制等事项，没有设定违法责任，也没有违法增加公民、法人或者其他组织的义务或者限制公民、法人或者其他组织的权利，符合规范性文件合法性的要求。

（二）合理性评估

《办法》结合本市房屋征收与补偿工作的实际需要，重点对搬迁补助费、临时安置补助费和搬迁奖励的适用情形、计算方式、计算标准等内容作出较为细致的规定，体现出一定的前瞻性和探索性，规定的主要制度和各项管理措施必要、可行，体现了公平、公开原则和以人为本原则，符合法治的基本原则和基本精神，但《办法》的制度设计总体上过于简单，如关于房屋征收补偿、补助和奖励的界定不清，类型单一；关于搬迁补助费和临时安置补助费的标准设计不尽合理，难以适应不断变化的房地产市场价格和各县、区发展不平衡的实际情况等，需要进一步改进。

1. 《办法》关于补偿、补助和奖励的界定不清

《国有土地上房屋征收与补偿条例》仅列举了对被征收人给予的补偿类型，并规定市、县级人民政府应当制定补助和奖励办法，并未对补偿、补助和奖励的内涵、类型和标准作出具体规定，各地的规定存在很大差异。一是在房屋征收"补偿"方面，《国有土地上房屋征收与补偿条例》第十七条明确规定对被征收人给予的补偿包括被征收房屋价值补偿、搬迁补偿、临时安置补偿和停产停业损失补偿，但有不少地方将搬迁补偿和临时安置补偿纳入征收补助的类别，而非补偿类别；一些地方又增加了较为重要的"装修补偿"，以更好地保障被征收人的合法权益。二是在房屋征收"补助"方面，从各地立法规定看，主要包括货币补助、产权调换补助、公摊面积补助、困难补助、房屋用途改变补助、学生交通补助、搬迁所得税补助等类型。三是在房屋征收"奖励"方面，从各地立法规定看，主要包括搬迁奖励、签约奖励以及面积奖励、货币补偿奖励、异地安置奖励、成新奖励、寻找房源奖励等类型。从三者的定位看，"补偿"强调补款与被征收人因房屋征收造成的损失大致相当；"补助"强调在"补偿"的基础上对被征收人的损失进一步给予福利性的补贴，如对产权调换价差的补助、对被征收人生活困难的补助等；"奖励"是为了鼓励被征收人主动配合、积极支持房屋征收与补偿工作而采取的激励机制。一些地方立法对补偿、补助和奖励作出比较明晰的界定，如《无锡市国有土地上房屋征收与补偿办法》第十九条第二款规定："因征收房屋造成的搬迁、临时安置、停产停业损失等补偿标准以及补助和奖励办法另行制定。"2015年《宁波市国有土地上房屋征收补偿、补助、奖励规定》分别从房屋征收补偿、房屋征收补助和房屋征收奖励三个方面作出明确规定。宁波市的做法对本市具有借鉴意义。

本《办法》所规定的房屋征收补助和奖励仅包括搬迁补助费、临时安

置补助费和搬迁奖励。《A市国有土地上房屋征收与补偿若干问题的规定》对停产停业损失补偿作出规定。《补充规定》规定房屋附属设施补偿参照《房屋装饰装修及附属设施补偿协商价格标准》协商确定，同时在房屋征收补偿奖励中增加了签约奖励，细化了搬迁奖励。前述规定总体看存在以下问题：一是将"补偿"与"补助"混为一谈，搬迁补助费和临时安置费应纳入征收补偿的类型。二是房屋征收补助和奖励的类型过于单一，制度设计较为粗疏，难以充分调动被征收人的积极性，不利于充分保障被征收人的合法权益。建议借鉴宁波市和其他地方的立法经验，一种方式是在修订后的《A市国有土地上房屋征收与补偿办法》中对房屋征收补偿作出系统完整的规定，包括被征收房屋价值补偿、搬迁补偿、临时安置补偿、停产停业损失补偿和房屋装修补偿，同时在修订后的《A市国有土地上房屋征收补助与奖励办法》中对房屋征收补助和房屋征收奖励作出更为完善的规定，其中，房屋征收补助主要包括货币补偿补助（即对选择货币补偿方式的被征收人、承租人，按被征收房屋评估价值的一定比例给予货币补偿补助）、住宅房屋产权调换差价结算补助、住宅房屋产权调换公摊面积补助、困难补助、房屋用途改变补助、异地安置补助等类型；房屋征收奖励主要包括签约奖励、提前搬迁奖励、选择货币补偿奖励、面积奖励等类型。另一种方式是将本《办法》调整为《A市国有土地上房屋征收补偿、补助与奖励办法》，分别对房屋征收补偿、房屋征收补助和房屋征收奖励作出系统规定，其中房屋征收补偿主要涉及搬迁补偿、临时安置补偿、停产停业损失补偿和房屋装修补偿，被征收房屋价值补偿纳入修订后的《A市国有土地上房屋征收与补偿办法》予以明确规定。

2. 搬迁补助费和临时安置补助费的标准设计不合理

近几年，由于本市房地产市场价格涨幅偏高且棚改体量较大，搬家费用和房屋租金也随之上涨，各个市辖区的临时安置补助费（过渡费）也存在不少差距。而根据《办法》第三条、第四条的规定，搬迁补助费标准按被征收房屋合法建筑面积8元/平方米计算，搬迁补助费一次不足800元的，按800元计算。临时安置补助费标准按被征收房屋合法建筑面积8元/平方米/月计算。月临时安置补助费不足600元的按600元计算。这种单一固定的标准没有考虑被征收房屋所在的不同区位，难以适应不断变化的房地产市场以及各区经济发展不平衡的现状。此外，搬迁补助费和临时安置补助费的确定还受到被征收房屋所在的区位、房屋用途（住宅/非住宅）、是否有特种设备的搬迁、被征收人选择的是货币补偿还是产权调换等诸多因素的影响。如《泰州市市区国有土地上房屋征收补助和奖励办法》第四条规定，征收住宅房屋的，按照被征收房屋合法建筑面积10元/平方米的标准支付搬迁补助费；征收非住宅房屋的，按照被征收房屋合法建筑面积20元/平方米的标准支付搬迁补助费。《慈溪市国有土地上房屋征收补偿、补助、奖励规定》将"非住宅房屋搬迁和临时安置费"进一步区分为"商业、办公用房"和"工业、仓储用房"两类并设计不同的标准，其中前者为被征收房屋评估价值（不包括装修、附属物等）的1%，后者为3%。《南京市国有土地上房屋征收补偿补助奖励规定》规定，搬迁费用按照被征收房屋合法建筑面积计算；设备迁移费用根据被征收房屋内管道煤气、空调、固定电话、有线电视、热水器、宽带网等设备情况，参照市场收费价格计算。

据此，建议适当提高搬迁补助费和临时安置补助费的标准，在具体操作方式上可按照被征收房屋评估价值（不包括装修等附属设施）的一定比例并综合考量房屋用途（住宅/非住宅）、是否有特种设备的搬迁、被征收人选择的是货币补偿还是产权调换等因素确定搬迁补助费和临时安置补助费，同时设置一个最低标准（如11元/平方米/月），由各县、区在此基础上根据自身实际制定具体标准并报市人民政府备案。

（三）协调性评估

《办法》根据《国有土地上房屋征收与补偿条例》的有关规定而制定，在内容上与《国有土地上房屋征收评估办法》《江苏省贯彻实施〈国有土地上房屋征收与补偿条例〉若干问题的规定》等新的上级文件规定不存在直接冲突，并注重与《A市国有土地上房屋征收与补偿规定》保持协调一致、互为补充，从而更好地保障房屋被征收人的合法权益。继其后出台的《A市市区国有土地上房屋征收与补偿相关问题的补充规定》，在《办法》的基础上又对签约奖励和搬迁奖励作出更为详细的规定，但二者的有些条款规定之间不太一致，相互衔接不够，需要进一步整合和理顺。

1. 《办法》与《补充规定》关于搬迁奖励标准的规定不一致

《办法》仅对"搬迁奖励"作了原则性规定，其中搬迁奖励的最低标准统一按照被征收房屋评估价值的一定比例计算，这有利于使房屋征收奖励制度与快速发展变化的房地产市场保持协调。《补充规定》在《办法》的基础上分别对签约奖励和搬迁奖励作了进一步细化，其中签约奖励按照被征收房屋评估价的一定比例计算，而搬迁奖励则区分"征收个人房屋"和"征收企业单位房屋和土地"两类情形，并根据搬迁期限分别按照合法建筑面积每平方米的固定金额和房屋、土地补偿价值的一定比例计算。可见，搬迁奖励的计算标准发生了改变，而且分别对个人房屋与企业单位房屋、土地实行不同的计算标准，显然不利于房屋被征收的公民（个人）合法权益的保护，也难以充分调动被征收个人主动配合房屋征收活动的积极性。综观其他地方关于房屋征收奖励的规定，多数均按照被征收房屋评估价的一定比例计算，如《慈溪市国有土地上房屋征收补偿、补助、奖励规定》规定，被征收人、承租人在签约期限内签订补偿协议并在搬迁期限内完成搬迁的，住宅房屋按被征收房屋评估价值（不包括装修、附属物等）的10%给予签约搬迁奖励，每户低于2万元的，按2万元奖励；非住宅房屋按被征收房屋评估价值（不包括装修、附属物等）的5%给予签约搬迁奖励。《泰州市市区国有土地上房屋征收补助和奖励办法》规定，被征收人在规定的第一奖励时段内签订征收补偿协议并腾空交房的，按被征收房屋评估价值的5%和房屋合法建筑面积300元/平方米的标准给予奖励……据此，建议将《补充规定》关于签约奖励和搬迁奖励的规定整合进《办法》中，统一搬迁奖励的计算标准，按照被征收房屋评估价的一定比例计算。

2. 《办法》与《补充规定》关于产权调换规定之间的衔接不够

《补充规定》在"关于产权调换问题"中规定，鼓励老城区的被征收人到建成区、新城区进行安置，鼓励被征收人选择货币补偿或参与住宅性房屋产权调换，鼓励符合产业政策的企业进相关园区安置。但这些规定的落实因没有配套的补助或奖励制度，难以收到预期的效果。为使上述制度设计有效实施，建议借鉴其他地方立法经验，在《办法》中增加异地安置补助、房屋用途改变补助、选择货币补偿奖励等补助和奖励类型。

（四）操作性评估

《办法》结合上位法的规定和本市房屋征收与补偿工作的实际需要，重点对搬迁补助费、临时安置补助费和搬迁奖励的适用对象、计算标准、计算方式等内容作出明确规定，如规定搬迁补助费标准按被征收房屋合法建筑面积 8 元/平方米计算。搬迁补助费一次不足 800 元的，按 800 元计算。被征收人选择货币补偿的按一次计算搬迁补助费；选择产权调换的按两次计算搬迁补助费。规定临时安置补助费标准按被征收房屋合法建筑面积 8 元/平方米/月计算。月临时安置补助费不足 600 元的按 600 元计算。被征收人选择货币补偿的，按 6 个月支付临时安置补助费。这些规定具体可行，简洁明了，易于操作，能够解决本市国有土地上房屋征收与补偿中面临的部分实际问题，但《办法》关于搬迁奖励期限的规定，尤其是关于分期奖励时限的规定还需要进一步细化。此外，《办法》在总体上存在重实体、轻程序的问题，对房屋征收补助与奖励的程序性规定比较欠缺，有待进一步补充。

1.《办法》应增加房屋征收补助与奖励的程序性规定

包括本《办法》在内的多数地方关于国有土地上房屋征收与补助的规定均存在重实体、轻程序的问题，在具体实施过程中容易出现人为执法、暗箱操作、区别对待等问题。目前在房屋征收补助与奖励的程序方面并未出台全国统一的立法，但根据《国有土地上房屋征收与补偿条例》第三条的规定，房屋征收与补偿应当遵循决策民主、程序正当、结果公开的原则。房屋征收补助与奖励作为房屋征收与补偿工作的有机组成部分，也应遵循上述原则。此外，根据行政行为的一般理论，房屋征收补助与奖励是由行政主体依据法定职权行使的行政给付行为和行政奖励行为，理应遵循行政程序的基本原理和原则。2015 年《江苏省行政程序规定》在"总则"部分确立了依法行政、行政公开、行政公平、行政公正、公众参与、信赖保护、高效便民的基本原则，统一适用于本省行政机关，法律、法规授权的组织和依法受委托的组织行使行政职权的行为，其中包括国有土地上房屋征收与补助行为。《长沙市国有土地上房屋征收奖励和补助办法》对困难补助的程序作出详细规定，同时规定搬迁补助的操作程序按照申请、公示、个案核实、复核、发放等五个程序进行。为贯彻落实《国有土地上房屋征收与补偿条例》确立的房屋征收与补偿原则以及《江苏省行政程序规定》的精神与要求，进一步规范房屋征收补助与奖励活动，保障被征收人的合法权益，建议在《办法》中对房屋征收与补助的操作程序作出规定。

2. 《办法》第六条应增加市人民政府批准的规定

《办法》第六条规定："各县人民政府可参照本暂行办法制定具体办法。"目前A下辖三个市辖区和三个县级行政区，各县、区经济发展水平不一致，房屋征收中的搬迁、安置、迁移等实际发生费用均有所不同，再加上近年来房地产市场发展速度较快，相关费用标准也应适当调整。据此，建议将部分补偿补助奖励标准下放至各县、区人民政府，由各县、区人民政府结合本地实际制定具体标准，并报市人民政府备案后公布实施，以保证房屋征收补助和奖励制度的规范、有效实施。

3. 《办法》关于搬迁奖励的期限应进一步细化

《办法》第五条规定，被征收人在征收补偿方案规定的搬迁奖励期限内签订征收补偿协议并完成搬迁的，征收部门应当给予奖励，超出搬迁奖励期限签约、搬迁的，不予奖励。房屋征收部门根据征收范围内被征收人户数、房屋总面积及进度要求，设定搬迁奖励期限及分期奖励时限。但《办法》没有对搬迁奖励期限及分期奖励期限作出明确规定，《补充规定》在《办法》的基础上将搬迁奖励期限划分为第一奖励期和第二奖励期并设置不同的奖励标准。但这一规定仍然过于笼统，不便于实际操作。考察其他地方的立法经验，通常设置更为细致的分期奖励期限，如南京市对45日内完成搬迁并办理交接手续的，给予不超过房地产评估价格20%的提前搬迁奖励费；30日内搬迁的，每平方米1000元计算搬迁奖励；31~40日搬迁的，每日递减5%；41~45日搬迁的，每日递减10%。宿迁市对15日内搬迁的给予不超过补偿总额7%的签约奖励，15~30日为4%，31~40日为2%，41日以后不予奖励。建议《办法》进一步细化搬迁奖励期限，根据被征收人的搬迁时间，分阶段、分档次，按照被征收房屋评估价的一定比例分别设置搬迁奖励标准，或者授权各县、区人民政府根据实际情况设置具体分段时间和档次。

（五）完善性评估

《办法》在《A市国有土地上房屋征收与补偿暂行办法》的基础上，重点对搬迁补助费、临时安置补助费和搬迁奖励作出规定，弥补了现行规定的缺失，能够解决房屋征收与补偿中的部分实际问题，有利于更好地保障房屋被征收人的合法权益。但随着城市化进程的深入推进以及房屋征收工作难度的加大，《办法》规定的房屋征收补助与奖励制度可以发挥作用的空间有限，需要更为精细和完备的制度设计，如增加停产停业损失补偿、困难补助、住宅房屋产权调换公摊面积补助和选择货币补偿奖励，明确作为补助和奖励费用计算依据的房屋评估价值的具体内涵等，以进一步规范房屋征收补助与奖励制度。

1. 《办法》应增加"停产停业损失补偿"的规定

随着我国城市化进程的加快，关于企业拆迁和门面房等商业拆迁问题越来越多，停产停业损失补偿问题日益引起重视。根据《国有土地上房屋征收与补偿条例》和《国有土地上房屋征收评估办法》对停产停业损失补偿的确定因素和确定方式作出原则性规定。目前，北京市、重庆市、河南省、陕西省、贵州省以及常州市、泰州市、赣州市、鹰潭市等地方立法均对国有土地上房屋征收停产停业损失补偿作出专门规定。《江苏省贯彻实施〈国有土地上房屋征收与补偿条例〉若干问题的规定》第十一条至第十七条对停产停业损失补偿作出较为详细的规定。《A市国有土地上房屋征收与补偿暂行办法》和本《办法》均未对停产停业损失补偿作出明确规定，而是由《A市国有土地上房屋征收与补偿若干问题的规定》单独进行规定，这不利于房屋征收补偿工作的统一开展。建议借鉴其他地方的立法经验，一方面，在修订后的《A市国有土地上房屋征收与补偿暂行办法》中对停产停业损失补偿的基本内容作出规定，另一方面，在本《办法》关于搬迁补偿和临时安置补偿的规定之后，对停产停业损失补偿的具体标准作出更为细化的规定，从而形成更为完善的停产停业损失补偿制度体系。

2. 《办法》应增加"困难补助"的规定

《办法》关于征收补偿补助项目的规定仅限于搬迁补助费和临时安置

补助费，对因意外事故、疾病、贫穷等原因而陷入搬迁困难的被征收人尚未纳入补助范围，未真正体现以人为本的法律理念，也不利于推动房屋征收工作的有序开展。2017年《南京市国有土地上房屋征收补偿补助奖励规定》规定：（1）被征收人、直管公房承租人及同户籍内直系亲属，患重大疾病且符合医疗救助条件的，区人民政府可以给予补助费。（2）被征收人、直管公房承租人家庭生活特别困难并符合救助条件的，区人民政府可以给予补助费。2016年《长沙市国有土地上房屋征收奖励和补助办法》第九条第一款规定："在房屋征收补偿方案确定的签约期限内，被征收人因重大疾病、突发重大意外事故、丧失劳动能力或家庭生活特别困难等情况确有搬迁困难的，由本人申请，经房屋所在地的街道办事处（乡镇人民政府）以及区房屋征收、民政等部门核实，对符合条件的，由房屋所在地的街道办事处（乡镇人民政府）会同区房屋征收部门适当给予房屋搬迁补助。监察部门应当加强对补助工作的监督。"为真正贯彻落实民生工程，保护被征收人的合法权益，保障房屋征收工作有序进行，促进本市房地产市场持续健康发展，建议在《办法》中扩大房屋征收补偿补助的适用范围，将因重大疾病、重大意外事故、丧失劳动能力或家庭生活特别困难等情况确有搬迁困难的被征收人纳入补助范围，同时应建立困难补助的申请、公示、个案合适、复核等操作程序，加强对困难补助的监督。

3. 《办法》应增加"住宅房屋产权调换公摊面积补助"的规定

近年来，随着城镇化进程的迅速扩张，城市土地资源变得日益紧张，高层建筑开发日益增多，房屋征收基本上为征收多层、补偿高层，高层住宅的公摊面积一般远远大于多层住宅，在一定程度上影响了被征收人居住条件的改善，实践中也成为房屋征收矛盾的多发点。《中华人民共和国物权法》第四十二条第三款规定："征收单位、个人的房屋及其他不动产，应当依法给予拆迁补偿，维护被征收人的合法权益；征收个人住宅的，还应当保障被征收人的居住条件。"其中"保障被征收人的居住条件"意味着房屋被征收人的居住条件不能因为征收拆迁而降低，由此引申出"拆一还一"的最低原则。所谓的"拆一还一"应当是指房屋的实用面积，而不是包含公摊面积在内的建筑面积，否则被征收人的居住条件难以得到保障。《国有土地上房屋征收与补偿条例》没有对"公摊面积"作出直接规定,但第十九条第一款规定"对被征收房屋价值的补偿,不得低于房屋征收决定公告之日被征收房屋类似房地产的市场价格",而"房地产的市场价格"本身就包含房屋公摊面积价格,这意味着对被征收房屋价值的补偿应当考虑公摊面积。

一些地方在房屋征收补助与奖励规定中设置了住宅房屋产权调换公摊面积补助,如《武汉市国有土地上房屋征收与补偿实施办法》第四十一条规定,被征收住宅房屋建筑面积公摊系数低于产权调换房屋建筑面积公摊系数的,应当对被征收人或公有房屋承租人增加建筑面积补助。建筑面积补助原则上不超过被征收房屋建筑面积的10%。9层及以下的被征收房屋调换为18层及以上建筑的,建筑面积补助原则上不超过被征收房屋建筑面积的12%。建筑面积补助的具体标准由各区人民政府根据项目实际情况确定。《宁波市国有土地上房屋征收补偿、补助、奖励规定》规定,产权调换住宅房屋为高层建筑的,在向最接近产权调换住宅房屋建筑面积的套型上靠前给予公摊面积补助:每单元设置一部电梯的,补助建筑面积3平方米;每单元设置二部及以上电梯的,补助建筑面积10平方米。补助面积部分不支付房款。《包头市国有土地上房屋征收与补偿办法》第二十四条第二款规定,被征收房屋为平房住宅、简易楼房、非成套独用居住房屋、多层住宅,实行产权调换房屋为高层住宅的,在"征一还一"的基础上,按照满足被征收房屋原有套内面积使用功能的原则补助公摊面积。补助的公摊面积最高不超过被征收房屋计算面积的10%。具体补助标准由作出房屋征收决定的人民政府确定。《办法》没有对住宅房屋产权调换公摊面积补助。随着本市高层建筑的日益增多,为了更好地保障被征收人的合法权益,改善被征收人的居住条件,建议借鉴其他地方的立法经验,增加关于"住宅房屋产权调换公摊面积补助"的规定。

4.《办法》应增加"选择货币补偿奖励"的规定

目前,本市部分区域的安置房源不足,为鼓励货币化安置、缓解安置房源不足并促进房地产市场平稳健康发展,2016年市政府办公室出台《A市市区棚户区(危旧房)改造货币化安置工作实施办法》,提出自2016年起,各县、区棚户区(危旧房)改造货币化安置比例原则上不低于50%,要求各县、区在对选择货币补偿的棚户区居民按照市场估价水平予以补偿的基础上，可根据实际情况给予一定比例的奖励。但《办法》和《补充规定》均未对选择货币补偿奖励作出明确规定。不少地方均在国有土地上房屋征收补助与奖励规定中设置了选择货币补偿奖励，如《南京市国有土地上房屋征收补偿补助奖励规定》规定，被征收人、直管公房承租人在签约期限内搬迁，仅选择货币补偿且放弃申购征收安置房和保障性住房的，可以给予房地产评估价格 20% 的货币安置奖励费。《长沙市国有土地上房屋征收奖励和补助办法》规定，在房屋征收决定公告发布之日起 60 日内签订补偿协议，并按协议约定期限搬迁的被征收人，可按被征收房屋的合法建筑面积给予 200 元/平方米的选择货币补偿奖励，但每户最高不超过 20000 元。据此，建议在《办法》中设置"选择货币补偿奖励"，在原签约搬迁的奖励标准上，再给予不超过合法房屋评估价一定比例的货币安置奖励，使货币化安置享受的优惠高于产权调换，才能真正吸引被征收人选择货币化安置，从而缩短安置周期，节省过渡费用，满足群众多样化的居住需求，使安置工作更加公平有效。

5. 《办法》中应明确房屋评估价值中是否包括装饰装修等费用

已被废止的 2001 年《城市房屋拆迁管理条例》第二十四条规定，货币补偿的金额，根据被拆迁房屋的区位、用途、建筑面积等因素，以房地产市场评估价格确定。具体办法由省、自治区、直辖市人民政府制定。继其后出台的《国有土地上房屋征收与补偿条例》并未对此作出明确规定。《国有土地上房屋征收评估办法》第十四条规定："被征收房屋价值评估应当考虑被征收房屋的区位、用途、建筑结构、新旧程度、建筑面积以及占地面积、土地使用权等影响被征收房屋价值的因素。被征收房屋室内装饰装修价值，机器设备、物资等搬迁费用，以及停产停业损失等补偿，由征收当事人协商确定；协商不成的，可以委托房地产价格评估机构通过评估确定。"从立法解释的角度分析，《国有土地上房屋征收评估办法》既未明确将装饰装修费用列为被征收房屋价值评估必须考虑的因素，也未明确禁止，而是要求由征收当事人协商确定，协商不成的，可以委托评估。根据《江苏省城市房屋拆迁管理条例》第十八条的规定，拆迁评估应当综合考虑被拆迁房屋的区位、用途、建筑面积、装饰装修和其他因素。尽管作为其上位法依据的《城市房屋拆迁管理条例》已被废止，但《江苏省城市房屋拆迁管理条例》并不当然因此而废止，仍处于有效状态。

《A市国有土地上房屋征收与补偿暂行办法》第二十六条规定，被征收房屋价值评估应当考虑被征收房屋的区位、用途、建筑结构、使用年限、装饰装修及占地面积大小等影响房地产价格的因素，但不考虑被征收房屋租赁、抵押、查封等因素的影响。被征收房屋室内装饰装修的价值和其他不动产的价值应当与被征收房屋主体的价值分别评估。被征收房屋室内装饰、装修的价值应当根据工程造价的计价方法重新确定。《补充规定》进一步规定，被征收房屋附属设施价值由征收双方根据附属设施的新旧程度，参照《房屋装饰装修及附属设施补偿协商价格标准》协商确定，协商不成的，委托评估机构评估确定。上述规定符合《上位法》法规文件的规定，但本《办法》和《补充规定》在规定按照被征收房屋评估价值的一定比例计算房屋征收奖励费用时并未明确是否包括装饰装修等费用。

考察其他地方的立法经验，如《慈溪市国有土地上房屋征收补偿、补助、奖励规定》在规定按照被征收房屋评估价值的一定比例计算房屋征收搬迁和临时安置费、停产停业损失补偿费、房屋征收补助和奖励费用时，均明确将"装修、附属物等"费用排除出"被征收房屋评估价值"。《泰州市市区国有土地上房屋征收补助和奖励办法》第六条在关于提前搬迁奖励费用计算的规定中也明确将"装饰装潢等费用"排除除"房屋评估价值"。为避免在实施过程中产生争议，建议《办法》在规定按照被征收房屋评估价值的一定比例计算房屋征收补助和奖励费用时，进一步明确界定作为计算依据的"被征收房屋评估价值"是否包括"装饰装修等费用"。

（六）规范性评估

《办法》的体例结构非常简单，没有分设章节，分别从立法目的、适用对象、搬迁补助费、临时安置补助费、搬迁奖励、授权条款和生效时间几个方面作出规定，具有一定的逻辑结构，简洁明了，文字表述比较规范，能够有效解决国有土地上房屋征收补助与奖励中面临的部分实际问题，但《办法》在文件名称、生效时间等方面还有待进一步规范。

1. 《办法》的名称应去掉"暂行"二字

"暂行规定"主要适用于在上位法未作规定时就某一领域所作的授权立法、试验性立法或临时性规定。"暂行规定"的有效期一般不超过2年，如《湖南省行政程序规定》第五十一条规定："规范性文件有效期为5年。标注'暂行''试行'的，有效期为2年。有效期满的，规范性文件自动失效。制定机关应当在规范性文件有效期届满前6个月内进行评估，认为需要继续施行的，应当重新公布；需要修订的，按制定程序办理。"《山东省行政程序规定》第五十三条规定，规范性文件有效期为3年至5年；标注"暂行""试行"的规范性文件，有效期为1年至2年。尽管《江苏省行政程序规定》未对规范性文件的有效期作出明确规定，但标注"暂行""试行"的规范性文件应及时修订完善，已成为公认的立法实践。自2011年《国有土地上房屋征收与补偿条例》对"市、县级人民政府制定补助和奖励办法"作出授权性规定以来，各地相继出台了专门规定，积累了较为丰富的立法经验。本《办法》自2011年以来已施行六年多时间，建议在新一轮修订中不再使用"暂行"二字。

2. 《办法》第七条规定的逻辑结构不够严密

《办法》第七条规定："本暂行办法自公布之日起施行。《国有土地上房屋征收与补偿条例》施行前已依法取得房屋拆迁许可证的项目不适用本暂行办法，继续执行原有标准。"《国有土地上房屋征收与补偿条例》自2011年1月21日公布实施，而本《办法》自2011年5月15日公布实施，由此产生的问题是，在2011年1月22日至2011年5月14日之间依法取得房屋拆迁许可证的项目是否继续执行原有标准，《办法》并未明确，出现立法空白。《江苏省规范性文件制定和备案规定》第二十一条规定："规范性文件不溯及既往，但法律、法规、规章另有规定的特殊情形除外。"根据《立法法》第九十三条的规定，法律、行政法规、地方性法规、自治条例和单行条例、规章不溯及既往，但为了更好地保护公民、法人和其他组织的权利和利益而作的特别规定除外。可见，规范性文件原则上不溯及既往，如果基于保护公民、法人和其他组织利益的需要而溯及既往的话，需要在规范性文件中作出特殊规定。考察泰州、南京等其他地方的立法经验，均以自身施行日期作为分界点，对施行前的项目仍按照原规定执行。据此，建议将本《办法》第七条调整如下："本办法自公布之日起施行。本办法施行前已依法取得房屋拆迁许可证的项目，继续按照原规定执行。"

（七）实施效果评估

《办法》作为《A市国有土地上房屋征收与补偿暂行办法》的配套政策，自2011年实施以来，得到社会各界的普遍遵守与执行，对规范房屋征收补助标准，引导和鼓励被征收房屋所有权人先签约后搬迁，保障房屋征收与补偿工作的顺利开展发挥了重要作用，为有效推动一批重点工程建设项目房屋征收与补偿工作的有序开展提供了保障，实现了预期的目的。《办法》总体上合乎《国有土地上房屋征收与补偿条例》等上位法的规定，与本市正在实施的其他规范性文件不存在明显冲突，符合规范性文件合法性的要求，但随着本市城市化进程的持续推进，国有土地上房屋征收的难度不断加大，对房屋征收补助与奖励制度的要求进一步提高，《办法》存在的不足日益凸显，如《办法》关于房屋征收补偿、补助和奖励的界定不清楚，制度设计不够精细化；相关费用的标准设计不尽合理；重实体、轻程序，可操作性不够；条文表述不够规范；制度设计较为分散，与相关规范性文件应予以整合等，需要进一步修改完善。

三、评估结论

根据评估情况，建议尽快对本《办法》进行修改，一是在形式上，建议将《办法》与《A市市区国有土地上房屋征收与补偿相关问题的补充规定》的相关规定予以整合，去掉"暂行"二字，分别从实体和程序两个方面建构本市国有土地上房屋征收补助与奖励制度体系。二是在内容上，一种方式是将搬迁补偿、临时安置补偿、停产停业损失补偿和房屋装修补偿统一纳入修订后的《A市国有土地上房屋征收与补偿办法》，同时在修订后的《A市国有土地上房屋征收补助与奖励办法》中对房屋征收补助和房屋征收奖励作出更为完善细致的规定，其中，房屋征收补助主要包括货币补偿补助、住宅房屋产权调换面积补助、住宅房屋产权调换公摊面积补助、困难补助、房屋用途改变补助、异地安置补助等类型；房屋征收奖励主要包括签约奖励、提前搬迁奖励、选择货币补偿奖励、面积奖励等类型。另一种方式是将本《办法》调整为《A市国有土地上房屋征收补偿、补助与奖励办法》，分别对房屋征收补偿、房屋征收补助和房屋征收奖励作出系统规定，其中房屋征收补偿主要涉及搬迁补偿、临时安置补偿、停产停业损失补偿和房屋装修补偿，被征收房屋价值补偿纳入修订后的《A市国有土地上房屋征收与补偿办法》予以明确规定。

附　录　《小贩规例》

（第132章，附属法例 AI）
HAWKER REGULATION
（CAP. 132 sub. leg. AI）

目　录

条次

第一部　前　言

1. （废除）

2. 释义

3. 适用范围

4. 小贩认可营业地点

第二部　小贩牌照

5. 小贩须领有牌照

5A. 对在特别范围内贩卖的限制

6. 对发牌的限制

7. 申请牌照

8. 固定摊位小贩牌照的发出

9. 流动小贩牌照

10. 临时牌照

10A. 小贩证

11. 替手

12. 助手

13. 摊档、牌照及摊位证不得分租或转让

14. 牌照等不得更改或污损

15. 管有牌照

16. 持牌人须在要求下出示牌照以供查阅

17. 牌照复本的发出

18. 牌照的有效期

19. 牌照的取消等

20. 牌照须于终止生效时交还

21. 牌照的绩期

22. 对持牌人可贩卖的范围的限制

23. （废除）

24. 详情有所更改时须通知署长

25. 署长可要求出示牌照以作修订

26. 牌照登记册须予备存

第三部　固定摊位

27. 固定摊位的划定

28－30. （废除）

31. 对使用固定摊位的管制

32. 暂时封闭摊位

33. 固定摊位的编配

34. 署长可要求持牌人永久或暂时腾空获编配的摊位

35. 摊位的编配须应持牌人的要求而取消

36. 摊位只限固定摊位小贩牌照持有人使用

37. 摊位的使用

38. 固定摊位持牌人须在所有合理时间在场

39. 固定摊位须保持在安全及清洁状况

第四部　小贩摊档及小贩设备

40. 固定摊位小贩牌照及临时小贩牌照持有人所用的摊档

41. 在某些情况下可竖设靠墙摊档

42. 流动小贩牌照持有人所用的摊档

43. 在牌照上批注批准

44. 摊档只限作贩卖用途

45. 将摊档移动摊位

46. 持牌人不得毁坏摊位

47. 摊档不得相连

48. 持牌人不得将商品及设备放置在摊位以外地方

49. 获授权经营饮品或熟食的固定摊位小贩牌照持有人使用台桌

50. 设备须保持在安全及清洁状况

51. 垃圾桶须予设置

52. 有关经营饮品或熟食的持牌人所提供的设备的特别条文

53. 持牌人不得造成妨碍

54. 电力设备未经署长批准不得安装

第五部　杂项条文

55. 持牌人须遵从牌照所载的条件

55A. 小贩市场

56. 罪行及罚则

57. 裁判官可建议取消或暂时吊销牌照

58. （废除）

附表　　（废除）

《小贩规例》

(1999 年 78 号第 7 条)

(第 132 章第 83A 条)

[1972 年 11 月 3 日]

第一部　前　言

1. （由 1999 年第 78 号第 7 条废除）

2. 释义

在本条例中，除文意另有所指外——（1999年第78号第7条）

小贩（hawker）包括其替手；（1999年第78号第7条）

小贩市场（hawker bazaar）指由署长划界和编配予小贩使用的地面范围；（1999年第78号第7条）

小贩认可区（hawker permitted area）指任何按照第4（1）条宣布为小贩认可区的范围；

小贩证（hawker badge）指根据第10A条发出的小贩证；（1999年第78号第7条）

使用（to use）就固定摊位而言，包括将任何商品、设备或其他物体放置在摊位上的摊档，或默许他人如此办；

固定摊位（fixed pitch）指根据第72条在地上划定的摊位，或在根据第8（1）条发出的固定摊位小贩牌照内所指明的摊位；（1973年第73号法律公告）

固定摊位小贩牌照（fixed-pitch hawker licence）指根据第8条发出的牌照；

房屋委员会产业（Housing Authority estate）指归属房屋委员会的任何土地，或房屋委员会管辖与管理的任何土地；（1973年第23号第36条）

界线（boundaries）就摊位而言，指由署长按照本规例划定的摊位界线；（1999年第78号第7条）

流动小贩牌照（itinerant hawker licence）指根据第9条发出的牌照；

商品（commodities）指任何货品、货物或销售品；并包括货品、货物及销售的任何样本及式样；

设备（equipment）包括小贩所适用与贩卖有关的摊档、台桌、凳、椅、用具、贴水器、垃圾桶或销售品；但不包括该小贩所售卖的商品，或小贩为出售而展出的商品；

替手（deputy）指小贩根据第11条委任为其助手的人；（1999年第78条第7条）

牌照（licence）指根据本规例发给任何人以作贩卖之用的牌照；而持牌人（licensee）具有相应的含义；（1999年第78条第7号）

饮品（drink）包括每种已配置的饮料，但在制造时密封于瓶或罐内的饮料除外；

署长（Director）指事物环境卫生署署长；（1999年第78号第7条）

靠墙摊档（wall stall）指附于任何建筑物或相类构筑物的外部而面向街道的摊档，或靠着任何建筑物或相类建造物的外部放置而面向街道的摊档；

腾空（to vacate）就固定摊位而言，包括由适用该摊位的持牌人将放置在摊位或放置在摊位上的摊档的商品、设备或其他物体移走，或在其默许下如此办；

摊档（stall）指用作能够用进行贩卖的摊档、竖设物、构造物、盒、独轮或多轮推车或拖车或客货车。

(1999年第78号第7条)

3. 适用范围

（1）（由1999年第78条第7号废除）

（2）本规例不适用于任何——（1999年第78条第7条）

（a）以汽车清洁人员身份进行贩卖；并

（b）持有根据《道路交通（泊车）规例》（第374章，附属法例C）第24条发出的清洁车辆许可证的小贩。

（3）本规例适用于在凭借从政府取得的租契或许可证而持有的固封土地上贩卖的小贩。（1999年第78号第7条）

(2013年第1号编辑修订记录)

4. 小贩认可营业地点

（1）署长可借宪报刊登的公告——

（a）宣布根据本条例第83B条被拨作贩卖用途的任何街道或部分街道为小贩认可区，或宣布其辖下的公众地方被宣布在每天的指明时间内作为小贩认可区；及（1973年第3号法律公告；1975年第71号法律公告）

（b）宣布任何小贩认可区只限于某类别或某些类别的牌照的小贩贩卖。

（2）署长可竖设适当标志以明示——

（a）小贩认可区；

(b) 获准在该等认可区贩卖的持牌人的类别；及

(c) 持牌人获准在该等认可区贩卖的时间。（1975 年第 71 号法律公告）

（3）署长须——

(a) 备拟一份或多份清楚划定每个小贩认可区的地图；及

(b) 在该等地图上示明可在该等地区贩卖的持牌人的类别。

（4）署长须将其必须根据第（3）条备拟的地图全部保存在其办公室，以供任何欲查阅该等地图的公众人士在该办公室的通常办公时间内查阅。

(1999 年第 78 号第 7 条)

第二部　小贩牌照

5. 小贩须领有牌照

（1）（由 1987 年第 143 号法律公告废除）

（2）持牌人不得贩卖任何未有在其牌照内指明的商品或服务。

（2A）尽管有第（2）款的规定，如署长借宪报公告拨出任何地方或范围（不论是否小贩市场）供人在内无牌照贩卖，则任何人均可于该地方或范围如此拨出的期间在内无牌贩卖。（1999 年第 78 号第 7 条）

（3）任何人不得为贩卖而烹煮任何事物或给任何食物加热，或管有任何拟作烹煮食物或给食物加热用途的煮食炉或加热器具，但如根据并按照授权人经营熟食的牌照，则属例外。（1996 年第 217 号法律公告；1999 年第 78 号第 7 条）

5A. 对在特别范围内贩卖的限制

署长可借宪报刊登的公告，订明任何地方或范围（小贩市场除外）禁止小贩在其内贩卖，但如该小贩持有牌照，而署长在其牌照上批注准许该小贩在该地方或范围贩卖，则属例外。

(1999 年第 78 号第 7 条)

6. 对发牌的限制

牌照不得发给——

(a) 未满 18 周岁的人；或

(b) 已是有效牌照持有人的人。

7. 申请牌照

（1） 凡申请牌照者，须——

（a） 以署长合理规定的形式以书面向署长提出，内容须包含署长合理地规定的详情；

（b） 指明所要求的固定摊位小贩牌照、流动小贩牌照或临时小贩牌照；

（c） 附上订明的费用及申请人的半身正面照片4张，其大小须如同护照的照片，样貌须与申请人相像并可予辨认。

（2） 如申请人申请固定摊位小贩牌照，署长可暂时不发出牌照——

（a） 直至拟用于持牌人所经营的业余的摊档及设备已按照署长批准的规格建造或设置；（1973年第73号法律公告）

（b） （如所申请的牌照授权申请人经营饮品或熟食）直至有适当的摊位可根据第33（1）条编配予他。

（1999年第78号第7条）

8. 固定摊位小贩牌照的发出

（1） 署长如批准任何固定摊位小贩牌照的申请，须在符合第（2）款的规定下，向申请人发给具署长认为适当的格式的固定摊位小贩牌照，授权该申请人在固定摊位贩卖。

（2） 此类牌照须——

（a） 在正面述明此乃固定摊位小贩牌照；

（b） 载明摊位的识别号码或大约位置；（1973年第73号法律公告）

（c） 载明持牌人的姓名及地址；

（d） 载明持牌人所拟售卖的商品的性质或所拟提供的服务的性质；

（e） 载明有关摊位的位置的详情（如持牌人已获编配固定摊位）；

（f） 贴有随申请书附上的其中一张照片；及

（g） 述明此牌照是以持牌人遵从本规例为条件而发出的。

（3） 在不限制第（2）款的原则下，署长可在此类牌照内——

（a） 就持牌人贩卖其获准售卖的商品或提供其获准提供的服务（视属何情况而定），向持牌人施加条件；

（b） 订明持牌人获准贩卖的时间；

（c）载明持牌人可贩卖的范围（如持牌人为获编配固定摊位）；

（d）载明署长认为必需的其他详情。

(1999年第78号第7条)

9. 流动小贩牌照

（1）署长如批准任何流动小贩牌照的申请，须在符合第（2）款的规定下，向申请人发给具署长认为适当的格式的流动小贩牌照，授权该申请人在小贩认可区或在该牌照内所指明的地方贩卖（但在固定摊位贩卖除外）。(1974年第35号法律公告)

（2）此类牌照须——

（a）在正面述明此乃流动小贩牌照；

（b）载明识别号码；

（c）载明持牌人的姓名及地址；

（d）载明拟售卖的商品的性质或拟提供的服务的性质（视属何情况而定）；

（e）贴有随申请书附上的其中一张照片；

（f）述明此牌照是以持牌人遵从本规例为条件而发出的。

（3）在不限制第（2）款的原则下，署长可在此类牌照内——

（a）就持牌人售卖其获准贩卖的商品或提供其获准提供的服务（视属何情况而定），向持牌人施加条件；

（b）订明持牌人可贩卖的时间；

（c）载明持牌人可贩卖的范围；

（d）载明署长认为必需的其他详情。

(1999年第78号第7条)

10. 临时牌照

署长如批准任何临时牌照的申请，须在署长认为适当并在牌照上载明的条件的规限下，向申请人发给具署长认为适当的格式的临时牌照，准许持牌人在署长于拍照内所指明的时间（不超越1个月）贩卖，而贩卖的目的亦有署长在牌照内指明。

(1999年第78号第7条)

10A. 小贩证

（1）署长在根据本规例发出牌照或将牌照续期时，须向持牌人发给小贩证，而该证上须载有牌照有效期的届满日期。

（2）小贩证所关乎的牌照一旦届满，被取消或终止生效（以最早发生者为准），该小贩证即告失效。

（3）获发给小贩证的持牌人在贩卖时须佩戴该证，而该证须附在其外衣的显眼位置，使该证上所载的资料清晰可见。

(1989 年第 346 号法律公告；1999 年第 78 号第 7 条)

11. 替手

（1）持牌人如离开或拟离开香港超过 8 天，或因患病而丧失工作能力超过 8 天，可在事先获得署长额书面准许，以及在缴付订明的费用后，委任任何有资格持有小贩牌照的人，在其本人离港或丧失工作能力期间作其替手。

（2）署长如根据第（1）款给予准许，须向该名替手发给具署长认为适当的格式并载有署长认为适当的详情的许可证，以及发给载有该许可证有效期的届满日期的小贩证，而本规例的所有条文，只要是适用的以及经任何必要的修改后，均适用于该许可证，犹如该许可证是牌照一样，或适用于该小贩证，犹如该小贩证是向持牌人发出的小贩证一样。(1989 年第 346 号法律公告)

（3）除在署长认为适当的特别情况外，署长不得根据第（1）款授予准许为期超过 6 个月。

（4）持牌人的替手根据本条代持牌人行事时，须遵从根据本规例委予该持牌人的责任，而该名替手如违反本规例，亦可被检控，犹如该人是持牌人一样。

(1999 年第 78 号第 7 条)

12. 助手

（1）持有固定摊位小贩牌照的持牌人，可为经营其业务而雇佣其认为所需数目的助手，但该等助手不得在该持牌人离开其摊位期间从事贩卖（但如该持牌人因合理因由而离开，则属例外）。

（1A）在不抵触第（1）款的规定下，任何小贩不得雇佣姓名未经署长批注在其牌照上的人从事贩卖，亦不得让该等人士协助贩卖。(1999 年

第78号第7条)

(2) 持有流动小贩牌照的持牌人不得雇佣任何助手。

(3) 任何人在违反第(1)或(2)款的情况下充当助手,须被当作违反本规例第83B条的情况下无牌贩卖。(1987年第143号法律公告)

(4) 雇佣助手的持牌人因该助手作出或遗漏作出的行为亦须承担法律责任(倘若该项所作为由持牌人本人作出或遗漏作出即构成本规例所定的罪行);而该持牌人可因该罪行而被检控与处置,犹如其本人犯了该罪行一样。(1999年第78号第7条)

13. 摊档、牌照及摊位不得分租或转让

(1) 除非获得署长的书面同意,否则小贩不得将摊档分租、转让或借予他人,亦不得将其牌照或摊位证(如有的话)转让他人。

(2) 牌照不得借法律的施行而传转。

(1999年第78号第7条;2013年第1号编辑修订记录)

14. 牌照等不得更改或污损

(1) 任何人不得更改或污损牌照、小贩证或摊位证,亦不得在其上作任何擦除。

(2) 任何人不得适用或为意图使用而管有曾在其上作擦除或曾被更改或污损的牌照、小贩证或摊位证,除非——

(a) 该项更改是获授权而作出的;或

(b) 该牌照、小贩证或摊位证是因意外而污损或损坏的。

(1999年第78号第7条)

15. 管有牌照

(1) 持牌人除必须按照本规例向署长或任何人出示其牌照或将其牌照交还署长或任何人外,持牌人在贩卖时须时刻携带其牌照。

(2) 除非为施行第20(2)条,或除非获本规例或牌照授权,否则任何人不得明知而管有已发给他人的牌照。

(3) 持牌人除必须按照本规例向署长或任何人出示其牌照或小贩证,或将其牌照或小贩证交还署长或任何人外,不得明知而将其牌照或小贩证交由他人管有。(1989年第346号法律公告)

16. 持牌人须在要求下出示牌照以供查阅

凡在当其时从事贩卖的持牌人，须在下述人员要求下，出示其牌照或小贩证以供该人员查阅——（1989年第346号法律公告；1999年第78号第7条）

（a）任何获署长以书面授权的公职人员；（1999年第78号第7条）

（b）（由1979年第77号第4条废除）

（c）任何警务人员；或

（d）如持牌人在房屋委员会产业内贩卖，则房屋署人员。（1973年第23号第36条）

17. 牌照复本的发出

署长如信纳牌照或小贩证意外地遗失或意外地销毁或污损，须于收取定明的费用后，向持牌人发给该牌照或小贩证的复本。

（1989年第346号法律公告；1999年第78号第7条）

18. 牌照的有效期

除临时牌照外，任何牌照的有效期于牌照发出日期起计的12个月后届满，除非该牌照提早绩期。

19. 牌照的取消等

（1）在不损害本条例第125条的原则下，署长须应持牌人的要求，取消其牌照。

（2）即使本规例有任何相反规定，持牌人一旦死亡，牌照即当作被取消。

（3）如任何牌照并非由获发该牌照的小贩行为失当而被取消或终止生效，署长可酌情决定向该小贩或其法定遗产代理人退还一笔款项，而退款额占该牌照费用的比率，须相等于该牌照如非因终止生效则本应尚余的有效期占其批出时的有效期的比率。（1999年第78号第7条）

（1999年第78号第7条）

20. 牌照须于终止生效时交还

（1）如牌照并非因持牌人死亡而被终止生效，该牌照的持有人须在不迟于该牌照被终止生效的30天，将该牌照及其小贩证交还署长或食物环境卫生署人员。（1973年73号法律公告）

（2）如牌照因持牌人死亡而被终止生效，其遗产代理人须在不迟于持牌人死亡后的 30 天，将该牌照及持牌人的小贩证交还署长。

(1989 年第 346 号法律公告；1999 年第 78 号第 7 条)

21. 牌照的续期

（1）如持牌人在其牌照的有效期届满前向署长申请续期，署长可将该牌照（并非临时牌照或替手许可证）续期 12 个月。(1973 年第 3 号法律公告)

（2）每份此类申请书均须有署长所指明的格式以及载有署长所指明的详情，并须附上订明的费用及持牌人的牌照。

（3）凡持牌人在其牌照的有效期届满前申请续期而署长未有在该日期或之前给予续期，则该牌照仍然完全有效，直至持牌人获通知该牌照获得续期获通知署长已拒绝给予续期（视属何情况而定）为止，但如该牌照根据本条例获本规例提早终止，则属例外。

（4）本条并不阻止署长将有效期已届满的牌照续期，但此举并不使该牌照在其有效期届满日期与其续期日期之间的一段期间有效。

(1999 年第 78 号第 7 条)

22. 对持牌人可贩卖的范围的限制

（1）就某个小贩认可区而获发给牌照的持牌人，不得在该牌照所指的小贩认可区以外的地方贩卖。

（2）任何小贩认可区如已被署长根据第 4（1）条宣布为只限某类别的持牌人使用的小贩认可区，而持牌人并非属该类别，则持牌人不得在该小贩认可区贩卖。

（3）署长可随时在流动小贩牌照上批注条件，禁止持牌人在指明的街道或地方以外的其他地方贩卖。

(1973 年第 73 号法律公告；1999 年第 78 号第 7 条)

23. （由 1973 年第 73 号法律公告废除）

24. 详情有所更改时须通知署长

如在根据第 7 条提出申请后的任何时间，申请书内所提供的详情或依据本条所提供的详情有任何重大的更改（而该项更改未为署长获悉者），申请人或已获发给牌照的持牌人须在不迟于获悉该项更改后的 7 天，以书面将该项更改通知署长。

但即使上述更改由并非持牌人的人通知署长,持牌人仍当作已遵从本条的规定。

(1999 年第 78 号第 7 条)

25. 署长可要求出示牌照以作修订

(1) 署长可向持牌人送还书面通知,要求该人向署长出示牌照,以便——

(a) 署长在该牌照上作出本规例所规定或授权的批注;或

(b) 署长在该牌照上的批注所指的准许已被撤回时将该项批注删去。(1999 年第 78 号第 7 条)

(2) 根据第(1)款获送达通知书的持牌人,须在不迟于其获送还该通知书后的 7 天予以遵从。

26. 牌照登记册须予保存

(1) 署长须保存一份牌照登记册及一份持牌人登记册;该等登记册须采用署长认为需要的格式及载有署长认为需要的详情。(1999 年第 78 号第 7 条)

(2) 上述登记册须存放在署长的办公室、以供任何欲查阅该等登记册的公众人士在该办公室的通常办公时间内查阅。

(3) 署长如在任何时候信纳登记册内的任何记项有错误,须采取必需的步骤将该项错误更正。

(4) 凡由署长签署证明某人持有或不持有本规例所定的牌照的证明书,或载有上述其中一份登记册内的记项的副本的证明书,如无相反证据,即须在所有根据本规例进行的法律程序中,构成证明其内容为真实的足够证据;而且为进行该等法律程序,署长无须出席作证,而该登记册亦无须出示作为证据。

(1999 年第 78 号第 7 条)

第三部　固定摊位

27. 固定摊位的划定

(1) 署长可不时安排在任何地方或街道或在任何小贩认可区拨出固定摊位,供固定摊位小贩牌照持有人使用。(1999 年第 78 号第 7 条)

（2）这类摊位可以下述方法划定——

（a）在地上用油漆髹上连续线；或

（b）在地上钉上路钉。

（1973年第73号法律公告）

28－30（由1999年第78号第7条废除）

31. 对使用固定摊位的管制

署长可借着在地上用油漆髹上文字或在固定摊位竖设适当的标志，就下列事项施加其认为适当的条件——（1999年第78号第7条）

（a）可在摊位贩卖的商品及服务；

（b）摊位可用作贩卖的时段；及

（c）可使用摊位的持牌人的类别。

32. 暂时封闭摊位

凡署长已在固定摊位竖设有标志，而标志上载有公告说明该摊位在所指明的期间内禁止使用，则任何持牌人不得在该段期间内使用该摊位。

（1999年第78号第7条）

33. 固定摊位的编配

（1）凡持牌人持有授权他经营饮品或熟食的固定摊位小贩牌照，则署长须于收取订明的费用后编配一个固定摊位予该人。

（2）凡持牌人持有其他类别的固定摊位小贩牌照，署长可在收取订明的费用后编配一个固定摊位予该人，但须视乎是否有固定摊位可供编配。

（3）（由1999年第78号第7条）

（1999年第78号第7条）

34. 署长可要求持牌人永久或暂时腾空获编配的摊位

（1）凡署长向已根据第33条获编配固定摊位的持牌人送达通知，命令该人腾空该摊位，则该人须在通知所指明的期限内遵办，而该段期限由通知送达日期起计不得少于15天。

（2）在上述通知所指明的期限届满时，该摊位即终止编配予上述持牌人，除非署长另有指示。

（3）署长如命令持有授权持牌人经营饮品或熟食的固定摊位小贩牌照的人永久腾空其摊位，则须按照第33条编配另一个固定摊位予该人。

(4) 在不损害第（1）款的原则下，如必须在某个固定摊位或其附近一带清洁街道、修葺街道或清扫垃圾，或如在某个固定摊位或其附近发生天灾、火警、意外、暴动、骚乱或其他紧急事故，而以下人士——

(a) 任何获署长授权的公职人员；（1999年第78号第7条）

(b) （由1979年第77号第4条废除）

(c) 警务人员；或

(d) 如该摊位在房屋委员会产业内；则房屋署人员；（1973年第23号第36条）

认为为了使上述的清洁、修葺或清扫垃圾工作（视属何情况而定）能够进行，或为持牌人或任何公众人士的安全着想，该摊位必须腾空，则该名人员可借书面或口头通知指示持牌人在其指明的时间及在其指明的期间内暂时腾空该摊位；而持牌人须由该时间开始及在该段期间内遵从该项指示。

(5) 凡持牌人在根据本条获送或获发给的通知或指示内所指明的期间内，没有遵从该项通知或指示，则署长或任何在署长授权下行事的人员，可将遗留在摊位上的设备、商品及其他物品全部移走；而在不损害持牌人可被处以本规例或本条例所订的其他惩罚或没收的原则下，署长可以追讨欠政府的债项的同样方式向持牌人追讨移走上述物品的费用。

(1999年第78号第7条)

35. 摊位的编配须应持牌人的要求而取消

署长须应当其时根据第33条获编配固定摊位的持牌人的要求，随即取消该项编配。

(1999年第78号第7条)

36. 摊位只限固定摊位小贩牌照持有人使用

(1) 任何人（不论是否为持牌人）除非是固定摊位小贩牌照的持有人，否则不得使用固定摊位。

(2) 持有固定摊位小贩牌照的持牌人，不得在其牌照所指的地方以外贩卖。（1973年第73号法律公告）

37. 摊位的使用

持有固定摊位小贩牌照的持牌人，不得使用当其时编配予另一名持牌人的固定摊位或使用正被另一名持牌人合法使用的固定摊位。

38. 固定摊位持牌人须在所有合理时间在场

当根据第 33 条获编配固定摊位的持牌人营业时，该持牌人须亲自在场，并在该处亲自处理业务或从旁监督，但如基于某些合理因由而不在场，则属例外。

39. 固定摊位须保持在安全及清洁状况

（1）（由 1999 年第 78 号第 7 条废除）

（2）持有固定摊位小贩牌照并占用根据第 33 条获编配的固定摊位的持牌人，须时刻保持该摊位及其紧贴范围在清洁及安全状况，并确保该摊位及该范围没有垃圾（包括由他人弃置的垃圾）。(1999 年第 78 号第 7 条)

第四部　小贩摊档及小贩设备

40. 固定摊档小贩牌照及临时小贩牌照持有人所用的摊档

（1）如持有固定摊位小贩牌照的持牌人当其时根据第 33 条获编配一个固定摊位，而署长并无在该摊位上设置摊档，则他可自费设置一些按照署长事先批准的规格设计和建造的摊档（靠墙摊档除外），并可在该摊档贩卖。

（2）持牌人如持有授权他在固定摊位贩卖的临时贩卖牌照，可设置一个按照署长事先批准的规格设计和建造的摊档（靠墙摊档除外），并可在该摊档贩卖。

(1999 年第 78 号第 7 条)

41. 在某些情况下可竖设靠墙摊档

尽管有第 40 条的规定，署长仍可于接获持有固定摊位小贩牌照的持牌人提交的书面申请时，准许该人在他当其时根据第 33 条获编配固定摊位上（署长设有摊位除外），竖设一个按照署长事先批准的规格设计和建造的靠墙摊档。

(1999 年第 78 号第 7 条)

42. 流动小贩牌照持有人所用的摊档

持有流动小贩牌照的持牌人可设置一个按照署长事先批准的规格设计

和建造的流动摊档,并可在该流动摊档贩卖。

(1999 年第 78 号第 7 条)

43. 在牌照上批注批准

署长如根据第 40 至 42 条给予持牌人任何批准,须安排在持牌人的牌照上批注该项批准及在给予该项批准时所附加的条件。

(1999 年第 78 号第 7 条)

44. 摊档只限作贩卖用途

持牌人及任何其他人均不得利用摊档作贩卖以外的用途。

45. 将摊档移离摊位

(1) 持牌人不得竖设或使用任何不可随时移离固定摊位的摊档,除非该摊档是由署长在该摊位设置。(1999 年第 78 号第 7 条)

(2) 在固定摊位设置摊档的持牌人一旦不再有权使用该摊位,就须将该摊档移离该摊位。

46. 持牌人不得毁坏摊位

持牌人在固定摊位竖设摊档时,不得安排或授权他人在该摊位或其附近地方开洞或造成其他损坏。

47. 摊档不得相连

持牌人——

(a) 不得将一个摊档相附于另一个摊档或准许他人如此办;或

(b) 不得在相附于另一个摊档的摊档贩卖,但如属房屋委员会产业内经房屋委员会准许而设立的摊档,或如属署长所设置的摊档,则属例外。(1973 年第 23 号第 36 条;1999 年第 78 号第 7 条)

48. 持牌人不得将商品及设备放置在摊档以外地方

除第 49 条另有规定外,持牌人在使用固定摊位时,须确保其所贩卖或由他人代其贩卖的一切商品及其使用一切与贩卖有关的设备或其他物体,均放置在该摊位的界线之内。

49. 获授权经营饮品或熟食的固定摊位小贩牌照持有人使用台桌和凳

(1) 凡持牌人持有授权他经营饮品或熟食的固定摊位小贩牌照,而他当其时根据第 33(1) 条或编配一个固定摊位,署长可在其牌照上批注准许他在该摊位的紧接地方或署长批准的范围,按照本条放置该项批注所指明数目的台桌、凳和椅。

(2) 署长在根据第(1)款给予该凳持牌人准许时,须于牌照上附上——

(a) 示明固定摊位及小贩获准许放置台桌和凳的范围的比例图一份;及

(b) 摊位及其紧接地方的照片一张。

(3) 此类持牌人须确保——

(a) 每张获准许放置的台桌

(i) 表面面积不超过 0.4 平方米;(1979 年第 89 号法律公告)

(ii) 均可折叠;及

(iii) 存放在准许范围内;及

(b) 每张获准许放置的凳或椅——

(i) 均可折叠,及

(ii) 存放在准许范围内。

(4) 署长可随时将根据第(1)款给予的准许撤回。

(1999 年第 78 号第 7 条)

50. 设备须保持在安全及清洁状况

(1) 持牌人须时刻确保其所使用与其业务有关的设备保持在安全,清洁及卫生状况。

(2) 在不损害第(1)款的原则下,持牌人须按署长或署长为此而授权的人员所作的指示,经常将摊档清洁或髹上油漆。(1999 年第 78 号第 7 条)

51. 垃圾桶须予设置

(1) 不论是流动摊位的持牌人或是在固定摊位经营的持牌人,均须设置所需数目并符合第(2)款规定的垃圾桶或盛器,以装载因经营其业务而引致的垃圾。

(2) 上述的垃圾桶或盛器须具良好的构造,并符合署长不时指明的规定及规格。

(3) 凡须根据本条设置垃圾桶或盛器的持牌人,均须确保该等垃圾桶或盛器时刻保持在良好的维修状况。署长、任何获署长授权的食物环境卫生署人员或任何警务人员，如认为该等垃圾桶或盛器并非处于良好的维修状况，可要求持牌人更换该等垃圾桶或盛器，而该持牌人须在接获通知后24小时内遵从该项要求。

（4）在不损害第39条的原则下，持牌人及其助手均须将经营持牌人的业务所产生的垃圾或废料，弃置在根据第（1）款须予设置的垃圾桶或盛器内。

（5）持牌人须确保在根据第（1）款设置的垃圾桶或盛器内所积存的所有垃圾，均被弃置在公众垃圾桶内或食物环境卫生署所操作的垃圾处置车内。

（6）持牌人及其助手均不得将废弃的液体弃置在街道或其他公众地方。

（7）为施行本条，署长可指明持牌人所须设置的垃圾桶或盛器的大小、形状、设计及用料。

（1999年第78号第7条）

52. 有关经营饮品或熟食的持牌人所提供的设备的特别条文。

（1）在不损害第50条的原则下，凡任何持牌人持有授权他经营饮品或熟食的固定摊位小贩牌照，须确保——

（a）其用作配制食物或饮品的摊档或地方以及一切与营业有关的器具及用具均保持清洁、既无有害物质，亦不受到污染；

（b）用玻璃、塑料或金属包封物或其他经署长批准的方法使上述食物或饮品保持清洁卫生，使其不受尘埃、污物、昆虫、虫鼠污染；（1999年第78号第7条）

（c）其本人及其助手的个人衣服均保持在清洁状况；

（d）其所使用与营业有关的贮水器，最少每星期用一种经署长批准的消毒剂擦洗一次；（1999年第78号第7条）

（e）其摊位所售卖的食物的包装方式不让食物触及任何不洁的纸张。

（2）根据固定摊位小贩牌照获授权经营饮品或熟食的小贩在经营熟食档时只可使用或容许他人使用合卫生的水准备饮品或食物，而合卫生的水须从下述水源取得——

（a）政府供水总水管

(b) 政府供水总水管以外经署长以书面批准的水源。(1999年第78号第7条)

53. 持牌人不得造成妨碍

（1）持牌人须确保其在营业过程中所使用的摊档或其他设备，其竖设或放置方式不致对车辆交通的自由流通或行人的自由流动造成妨碍或干扰。(1999年第78号第7条)

（2）任何小贩及任何助手不得作出缠扰他人或刻意妨碍骚扰他人或令人烦扰的举止。(1999年第78号第7条)

54. 电力设备未经署长批准不得安装

（1）持牌人除非事先获得署长的书面批准，否则不得为经营其业务而安装或接驳任何电气用具、电线或其他电力设备。(1999年第78号第7条)

（2）持牌人须确保他已根据第（1）款获批准安装获接驳任何电气用具、电线或电力设备，对任何人或任何财产均不构成危险或危害。

第五部　杂项条文

55. 持牌人须遵从牌照所载的条件

（1）持牌人须遵从——

(a) 其牌照所载的条件

(b) 任何已通知他而他是根据第31条获通知的条件；及

(c) 署长根据本规例向其给予批准时所附加的条件。(1999年第78号第7条)

（2）持牌人须确保他在经营其业务中所雇佣的助手并无违反上述任何条件。

55A. 小贩市场

（1）凡署长已设立小贩市场，署长可以他认为适当的方式——

(a) 将市场内的摊位编配予任何持牌小贩；

(b) 指明摊位可售卖的商品。

（2）凡署长已根据第（1）(b)款指明商品，任何人不得在该摊位贩卖任何其他商品。

(1999年第78号第7条)

56. 罪行及罚则

(1) 任何人违反第5(2)条,即属犯罪——

(a) 如属首次定罪,可处第2级罚款及监禁3个月;及

(b) 如属第二次或其后再度定罪,可处第3级罚款及监禁6个月。(1996年第217号法律公告)

(2) 持牌人违反第5(2)、10A(3)、12(1A)、13(1)、15(1)、15(3)、16、22、24、25(2)、32、34(1)、34(4)、37至39、45至48、49(3)、51(1)、51(3)、51(5)、52、54、55及55A(2)条的任何条文,即属犯罪,一经犯罪,可处第2级罚款;如该罪行属持续的罪行,则可按该罪行持续的日数,每日另加罚款$100。(1989年第346号法律公告。

(2A) 持牌人违反第53条,即属犯罪,一经定罪,可处第2级罚款及监禁1个月;如该罪行属持续的罪行,则可每日另加罚款$100。(1987年第296号法律公告)

(3) 持牌人或其雇佣的助手违反第51(4)或(6)条,即属犯罪,可处第2级罚款。(1989年第347号法律公告)

(4) 任何曾是持牌人的人或是已故持牌人的遗产代理人,如没有遵从第20条的规定,即属犯罪,一经定罪,可处第1级罚款。

(5) 任何人(不论是都为持牌人)违反第14、15(2)、36及44条的任何条文,即属犯罪,一经犯罪,可处第2级罚款;如该罪行属持续的罪行,则可按该罪行持续的日数,每日另加罚款$100。

(5A) 任何小贩违反第5A条,即属犯罪——

(a) 如属首次定罪,可处第1级罚款;及

(b) 如属第二次或其后再度定罪,可处第2级罚款。(1999年第78号第7条)

(6) 任何人知道或理应知道持牌人尚未得到署长准许他以持牌人的替手身份行事,而以该身份行事,即属犯罪,一经定罪,可处第2级罚款;如该罪行属持续的罪行,则可按该罪行持续的日数,每日另加罚款$300。

(7) 任何人(不论是否为持牌人)为了其本人或他人根据本规例取得

牌照、准许或批准，而向署长或食物环境卫生署人员作出其本人知道在要项上属虚假的口头或书面陈述，即属犯法，一经定罪，可处第 3 级罚款及监禁 6 个月。

（8）凡未有就本规例所订罪行的某要素指明过失的程度，被告人须在该要素方面有所疏忽，始构成该罪行。在任何该等个案中，如无相反证明，疏忽可被视为已告成立。凡有证据证明该项过失的轻重程度疏忽为高，则疏忽须被视作已告成立。

（9）就第（8）款而言，任何人如没有在其处境中运用一个合理的人在其处境下会运用的谨慎、技术或预见而行事，即属疏忽。

(1987 年第 296 号法律公告；1996 年第 177 号法律公告；
1999 年第 78 号第 7 条)

57. 裁判官可建议取消或暂时吊销牌照

凡持牌人被裁定犯了本规例所订的罪名，而以往该人亦曾被裁定犯了相类罪行或本规例所订的其他罪行（不论是以持牌人的身份或其他身份被定罪），则裁定该人有罪的裁判官可建议署长根据本条例第 125 条将该持牌人的牌照取消或暂时吊销，以代替判处第 56 条所授权的刑罚，亦可除了判处第 56 条所授权的刑罚外，建议署长根据本条例第 125 条将该持牌人的牌照取消或暂时吊销。

(1999 年第 78 号第 7 条)

58.（由 1999 年第 102 号法律公告废除）

后 记

本书是我近四年来潜心研究设区的市立法相关问题并从事地方立法实务的代表性成果展示。难以忘记无数个日日夜夜、严寒酷暑坚持写作的充实日子，难以忘记亲赴苏州、镇江、杭州等地方实务部门调研交流并深受启迪的美好时光，难以忘记课题结项报告和规范性文件评估报告顺利完成的瞬间喜悦。《立法法》的修改使全国 280 多个设区的市陆续获得立法权，无论是以往"较大的市"还是新获得立法权的"其他设区的市"，都面临着许多亟待研究解决的理论与现实问题，这为地方立法研究开拓了一片崭新而又广阔的学术天地，尤其是地方高校的法律学者应充分利用这一契机，结合地方经济社会发展需要，持续关注并跟踪研究设区的市立法相关问题，为提高设区的市立法质量、提高地方治理水平和推进全面依法治国贡献力量。

衷心感谢大学时代为我传授《立法学》知识的中央民族大学张俊杰教授、中国人民大学冯玉军教授和朱力宇教授，她（他）们是我步入立法学殿堂的领路人；感谢培养、指导并点拨我的莫于川老师和刘旺洪老师，使我在设区的市立法研究的道路上不断前行；感谢为课题研究提供宝贵咨询意见的王贵松教授、郭庆珠教授、倪斐教授等多位专家，使我对设区的市立法问题的认识日趋深入；感谢为课题调研提供帮助的镇江市、苏州市、连云港市、杭州市等地方人大、政府及相关部门的法制人员，他们主动学习的劲头和无私奉献的精神是我学习的榜样；感谢知识产权出版社蔡虹主编为本书出版提供的鼎力协助，多年的合作奠定深厚的友谊；感谢淮海工学院财务处和科研处的工作人员，无数次的耐心解答和悉心指导为课题研究工作的规范开展保驾护航；感谢法律与公共管理学院的领导和老师们，他们为我提供了宽松自由的工作环境、专业的科研平台和扎实进取的立法团队，期待在大家的共同努力下为不断提高设区的市立法质量积极献计献策。

最后感谢家人的陪伴和支持，他们是我努力奋斗、拼搏进取的动力源泉！

2018 年 8 月于欣园家中